国际税收行政合作的新发展及其法律问题研究

崔晓静 ◎ 著

中国社会科学出版社

图书在版编目(CIP)数据

国际税收行政合作的新发展及其法律问题研究／崔晓静著．—北京：中国社会科学出版社，2014.8

ISBN 978-7-5161-4284-4

Ⅰ.①国… Ⅱ.①崔… Ⅲ.①国际税收-税收管理-研究-中国 ②国际税法-研究 Ⅳ.①F812.423②D996.3

中国版本图书馆 CIP 数据核字（2014）第 097901 号

出 版 人	赵剑英
责任编辑	任　明
特约编辑	乔继堂
责任校对	安　全
责任印制	李　建

出　　版	中国社会科学出版社
社　　址	北京鼓楼西大街甲 158 号（邮编 100720）
网　　址	http：//www.csspw.cn
	中文域名：中国社科网　010-64070619
发 行 部	010-84083685
门 市 部	010-84029450
经　　销	新华书店及其他书店
印刷装订	北京市兴怀印刷厂
版　　次	2014 年 8 月第 1 版
印　　次	2014 年 8 月第 1 次印刷
开　　本	710×1000　1/16
印　　张	15.5
插　　页	2
字　　数	301 千字
定　　价	55.00 元

凡购买中国社会科学出版社图书，如有质量问题请与本社联系调换
电话：010-64009791
版权所有　侵权必究

前　言

国际税收行政合作是国际税法研究领域中一个至关重要的前沿问题，也是国际税法学界所关注的热点问题之一。随着经济全球化的深入发展，人员、货物、服务、技术、资本等要素的自由流动性的不断增强，经济发展开始超越国界的藩篱，国家之间的经济联系与经济交往空前地扩大和深化，逐步达到相互融合的状态。一方面，经济的日益全球化增强了国家之间税收政策和税收制度的相互联系，各国在制定税收政策和税收制度时不仅要考虑本国的经济发展水平和财政收支状况，而且也要评估其可能对其他国家税收利益产生的影响。另一方面，国家间商品交易、技术转让、资本流动和人员交往的日益频繁，引发了国际税收领域许多全新的问题，恶性税收竞争愈演愈烈，国际逃避税现象此起彼伏，导致了全球范围内税基侵蚀、贸易扭曲等严重的后果。各国税收政策的相互影响和相互联系不断加强，国际税收领域的新问题与新挑战层出不穷，因此各国需要进行广泛深入的国际税收行政合作，才能妥善地应对税收冲突，合理地协调各国的税收利益。

2008年由美国次贷危机所引发的金融危机波及全球，对世界经济和国际社会产生了深重的影响，也充分暴露了现有国际税收行政合作的缺陷与局限：银行保密制度所确立的权利义务与国际税收信息交换制度的需求之间存在矛盾，制约了税收信息交换制度的发展；税收信息交换制度的碎片化，严重影响了税收信息交换制度的权威性和可执行性，让执法者莫衷一是，无所适从；由于缺乏国内法域外实施的国际协调合作机制，国内法上的监管措施往往难以奏效，国内监管不力成为国际税收法律监管制度发展和完善的一个"瓶颈"。

国际金融危机的爆发，使得各国政府越来越清楚地意识到，仅仅依靠某一单独国家的力量已不足以有效解决目前国际税收领域不断涌现的新问题，国际税收行政合作成为应对金融危机的有效措施和手段，引起了各国政府和首脑在政治上的高度敏感和关注。

自2009年4月伦敦峰会以来，20国集团一直致力于建立一个富有活力、高效和公平的国际税收体系。当今世界经济去国界化趋势越来越明显，加强国际税收行政合作已经成为保障一国税收制度完整性和维护政府信用的根本措施。蔓延全球的金融危机的爆发，再次让纳税人滥用避税地逃税的问题浮出水面。据统计2009年各国约有7.4万亿美元的资产流失海外（约占全球总资产的6.6%），其中超过1/4的拉美财富和大约1/3的中东和非洲财富是海外持有。面对猖獗的海外逃避税行为，各国决定重拳出击拒不合作的国际避税地。2009年4月，20国集团领导人通过《伦敦峰会公报》，宣布"采取行动反对'国际避税地'等不合作的行为……已经做好了制裁这些行为的准备以保护公共财政……银行拥有保密权的时代已经结束……"。伦敦峰会确定了国际税收透明度与信息交换的标准和原则，呼吁国际社会共同努力加强金融监管，倡导开展国际税收行政合作打击逃避税。在2009年9月召开的匹兹堡峰会上，20国集团发表领导人声明，承诺将继续加强打击避税地和反洗钱活动领域的国际合作，并且特别欢迎发展中国家参与全球税收论坛框架下的国际税收行政合作。2009年9月全球税收论坛在墨西哥召开了改组会议，来自70个国家和各国际组织的170名代表参加了会议。这次会议的重大成果在于，授权全球税收论坛建立一个充满活力的综合性同行评议程序，监控和审查各个国家在充分有效的信息交换中执行国际税收透明度原则的状况。2010年3月，全球税收论坛正式启动同行评议机制，对全球税收论坛所有成员以及被认定为与其工作相关的其他国家和地区，进行同行评议，审查其是否充分执行国际税收透明度原则，并计划于2014年6月完成全部审查。在此过程中，正因为有了20国集团的大力支持，同行评议机制不再只是一种无关痛痒的审查——未能通过审议的国家和地区，必须充分执行同行评议对其提出的改进建议，否则将有可能面临来自国际社会的制裁。同行评议机制的启动，被认为是全球税收论坛历史上具有里程碑意义的一刻，同时也是税收透明度与信息交换领域内的重要转折。在2012年的墨西哥峰会上，20国集团承诺强化税收透明度与信息交换的标准，提高综合性信息交换的水平，强烈呼吁所有国家签署《多边税收征管互助公约》，并以此为基础加强国际税收行政合作，打击非法活动。迄今为止，63个国家已经加入了

《公约》，47个国家已经批准了《公约》，可以预见该《公约》将来有可能成为开展自动信息交换的法律基础。2013年9月6日，20国集团峰会领导人在俄罗斯圣彼得堡发布关于税收问题的声明，此次峰会首次将税收问题作为一个重要议题，显示出税收问题已经成为国际政治经济交流与合作的核心话题。该声明表明，各国只有加强合作才能更好地维护自己的税收利益。在当前经济要素在全球范围内自由、快速流动的形势下，一国仅靠自身的力量，很难有效维护其税制的完整和财政收入的利益，因此必须与其他国家的税务当局一起共同应对税收问题，防止税收流失，维护税收主权。

本书抓住了目前国际税收领域的焦点问题，综合运用历史分析、比较分析、经济分析、实证研究等方法，通过梳理比较世界主要国家和国际社会开展国际税收行政合作的现有成果与最新动态，为我国日后进一步参与国际税收行政合作提供了理论依据和实践参考。全书共有七章，围绕近年来国际税收行政合作的现状和未来发展趋势进行论述：第一章对构建新的负责任税收主权观并以此作为国际税收行政合作的新基础进行了探讨，笔者深入分析了传统税收主权观的局限性，简单梳理了新的负责任的税收主权观的形成过程，并简要介绍了新税收主权观的法理依据及其含义，此章的论述为后文的进一步阐述提供了理论基础。第二章对国际税收行政合作的新原则——税收透明度与信息交换原则进行了评析，笔者分别从该原则的产生背景、法律渊源、基本内涵等方面进行阐述，并从税收主权与税收环境透明化以及金融隐私权与税收信息交换两方面简要论述了该原则的适用及其影响。第三章对国际税收行政合作的新平台——全球税收论坛进行了介绍，主要包括全球税收论坛设立、改组的背景和概况，全球税收论坛的工作领域和进展情况，全球税收论坛在国际税收行政合作方面发挥的重要作用。第四章对国际税收行政合作的新措施——同行评议机制进行了分析，主要涉及同行评议机制的产生背景、发展过程和执行现状，该机制的作用机理与主要内容，以及下一阶段同行评议的工作重点。第五章对国际税收行政合作的新框架——《多边税收征管互助公约》进行了研究，简要介绍了《多边税收征管互助公约》修订的背景，并且详细阐述了《多边税收征管互助公约》修订后的主要改变。第六章对国际税收行政合作的自主新实践进行了介绍，包括美国《海外账户税收合规法案》，《瑞英税收行政合作协定》，欧盟《利息税指令》以及专项税收信息交换协定四种不同的模式，笔者详细介绍了这四种模式产生的背景及其主要内容，并对这四种合作模式进行了深入的比较分析。第七章对国际税收行政合作发展对中国的新考验进行了论述，笔者阐述了我国接受全球税收论坛同行评议应注意的无记名股票、名义持有人、涉外信托、离岸公司等法律问题，探讨了我国签订《多边税收征管互助共约》后将面临的税收信息交换、税务追缴协助以及文书送达等义务的挑战，研究了我国签署《海外账户税收合规法案》政府间协议可能产生的实际影响以及具体应对方案，并分析了我国今后应充分利用20国集团框架参与国际税收行政合作的必要性与可行性。

目前，各国开展国际税收行政合作的主要方法包括以下几种不同途径：（1）单边模式。国家从自身着手，加强和完善本国开展国际税收行政合作的法律制度，美国《海外账户税收合规法案》规定的直接实施模式正是遵循了此种途径；（2）双边协定合作模式。一国政府通过直接与其他国家政府谈判以达成符合双方共同利益的协议开展合作，此种途径的典型做法有美国《海外账户税收合规法案》政府间协议模式，以及《瑞英税收行政合作协定》模式；（3）区域组织合作模式。区域性国际组织对区域性国际税收行政合作起到了至关重要的作用，是开展区域性税收行政合作的坚实基础。一般而言，参与区域性行政合作的国家或地区一定程度上具有相同水平的经济基础。但是，上述三种模式都存在一定的弊端，难以实现更高水平的国际税收行政合作。在全球化背景下，各国税务主管当局都意识到，要对跨境纳税人实施有效的税收征管，就必须寻求一种适应全球化趋势的方法，鼓励更多国家和地区参与到国际税收行政合作之中，多边税收行政合作的倡导应运而生。（4）多边合作模式。以《多边税收征管互助公约》为代表的多边税收公约，为将来国家间开展多边税收行政合作奠定了法律基础。与以前注重双边合作不同，多边框架下的国际税收行政合作被认为是目前最富有效率的合作机制。可以预见，多边框架在国际税收行政合作领域将扮演越来越重要的角色。那么如何建立全新的多边税收行政合作机制；如何促进多边机制的推广实施；如何保障发展中国家和新兴经济体的利益，这些都是我们需要深入研究分析的问题。

我国作为世界上最大的发展中国家，在国际税收事务上表现活跃，以负责任大国的态度主动参与国际税收行政合作的讨论，积极推动国际税收行政合作的发展与变革,在国际税收决策中展示了重要的影响力。一方面,我国一直同经合组织、全球税收论坛、20国集团等国际组织保持密切合作,支持经合组织与20国集团的提案,接受全球税收论坛的同行评议,在税收合作领域成绩斐然,据经合组织秘书长安赫尔·古里亚介绍,在经合组织即将发布的对100多个国家的税收评级报告中,对中国的评价是"几无瑕疵"。另一方面,鉴于目前发达国家主导20国集团,新兴经济体和发展中国家在20国集团中话语权旁落的局面,我国作为一个对世界经济具有影响力的重要经济体,在历届20国集团峰会上都代表广大发展中国家发出了响亮的声音,引领广大发展中国家和新兴经济体参与构建全新的国际税收合作秩序。2013年8月27日,时任国家税务总局局长王军代表中国政府在位于法国巴黎的经合组织总部正式签署了《多边税收征管互助公约》,这是中国签署的第一个多边税收协议,表明中国在参与国际多边税收合作机制的道路上又迈出了历史性的、坚实的一步。王军局长在签字仪式上表示,中国积极参与国际税收合作,展现了一个负责任大国的形象。经合组织秘书长安赫尔·古里亚评价说,中国签署《公约》不仅"时机非常好",而且"意义重大"。中国加入《公约》是国际社会打击偷税漏税的里程碑事件,反映出国际社会在共同面对税收问题上的一致决心。在20国集团圣彼得堡峰会召开前夕,中国签署《公约》无疑将受到特别的欢迎,对于还未加入到《公约》的国家将起到"示范作用"。

基于国际税收合作秩序的不断发展,我国应当顺应时代潮流,更加全面深入地参与20国集团、全球税收论坛等国际协商决策机制的各种活动与组织建设,加强与世界各国的税收协作,特别是注重开展多边税收合作,团结广大发展中国家,仔细研究经合组织的税收政策,在国际税收的舞台上确立自己的话语权,发挥积极和重要的作用,同时深化税制改革、调整税收政策,提出有针对性的、代表国家主权利益的方案和计划,充分维护本国以及广大发展中国家的金融、税收主权与国家利益,建立起符合经济发展方向的税收制度,推动国际税收合作中的协商决策走向更大的具有实质的包容性与代表性。

本书的出版,得到了国家社会科学基金2011年度青年研究项目"全球化背景下国际税收行政合作法律问题研究"(项目批准号11CFX078)的大力资助,得到了武汉大学国际法研究所和中国社会科学出版社的鼎力支持，得到了余敏友教授、曾令良教授和石磊副教授的诸多指导。此外，我的硕士研究生熊昕、朱越、刘笑云、顾雅慧、余萍等也为之付出了辛勤的劳动。在此，谨表谢意。

崔晓静
2013 年 12 月于珞珈山

目 录

第一章 国际税收行政合作的新基础：新的负责任的税收主权观 …（1）
  第一节 传统税收主权观的局限性 ……………………………（2）
    一、传统主权观 ……………………………………………（2）
    二、传统税收主权的绝对性 ………………………………（7）
    三、传统税收主权的非合作性 ……………………………（10）
    四、经合组织规制有害税收竞争计划以及由此引发的主权
       之争 ……………………………………………………（16）
  第二节 新税收主权观的形成与内涵 ……………………………（20）
    一、新税收主权观形成的背景 ……………………………（20）
    二、新税收主权观的法理基础 ……………………………（23）
    三、新税收主权观的内涵 …………………………………（27）

**第二章 国际税收行政合作新原则：税收信息交换透明度
    原则** …………………………………………………………（37）
  第一节 原则的产生背景 …………………………………………（37）
  第二节 原则的法律渊源 …………………………………………（39）
    一、主要法律渊源 …………………………………………（39）
    二、辅助性法律渊源 ………………………………………（41）
  第三节 原则的内涵解析 …………………………………………（43）
    一、信息交换的范围 ………………………………………（43）
    二、信息交换的义务 ………………………………………（44）
    三、信息交换义务的例外 …………………………………（46）
    四、信息交换义务下对纳税人权利的保护 ………………（46）
  第四节 原则的适用与影响 ………………………………………（47）

一、税收主权与税收环境透明化 …………………………… (48)
　　二、金融隐私权与税收信息交换 …………………………… (51)
　第五节　原则的体现 …………………………………………… (52)

第三章　国际税收行政合作的新平台：全球税收论坛 ……… (57)
　第一节　全球税收论坛的设立与改组 ………………………… (57)
　　一、全球税收论坛的设立 …………………………………… (57)
　　二、全球税收论坛的改组 …………………………………… (58)
　第二节　全球税收论坛的概况 ………………………………… (61)
　第三节　全球税收论坛的进展情况 …………………………… (62)
　　一、第一阶段指令：2009—2012 …………………………… (62)
　　二、后续步骤 ………………………………………………… (63)
　第四节　全球税收论坛工作领域 ……………………………… (64)
　　一、同行评议程序 …………………………………………… (64)
　　二、技术协助 ………………………………………………… (65)
　　三、评议员培训 ……………………………………………… (65)
　　四、区域研讨会 ……………………………………………… (65)
　　五、技术支持协调平台 ……………………………………… (66)
　　六、为发展中国家提供的支持 ……………………………… (67)
　　七、首次主管机构会议 ……………………………………… (67)
　　八、与相关国际组织合作 …………………………………… (68)
　第五节　全球税收论坛秘书处 ………………………………… (68)
　第六节　全球税收论坛的挑战 ………………………………… (70)

第四章　国际税收行政合作的新措施：同行评议 …………… (72)
　第一节　同行评议机制的产生背景 …………………………… (72)
　第二节　同行评议的发展 ……………………………………… (74)
　第三节　同行评议的现状 ……………………………………… (76)
　　一、概述 ……………………………………………………… (76)
　　二、审议结果 ………………………………………………… (76)
　　三、结果分析 ………………………………………………… (80)
　第四节　同行评议机制的作用机理 …………………………… (83)

第五节　同行评议机制的主要内容 …………………………… (84)
　　一、实体内容 …………………………………………………… (84)
　　二、程序内容 …………………………………………………… (90)
第六节　同行评议的下一阶段工作重点 ………………………… (94)

第五章　国际税收行政合作的新框架：《多边税收征管互助公约》 ……………………………………………………… (96)
　第一节　《公约》出台与修订的现实背景 ……………………… (97)
　第二节　《公约》修订后的新改变 ……………………………… (99)

第六章　国际税收行政合作的自主新实践：不同模式分析 ……… (105)
　第一节　由单边立法向双边合作模式转变：美国海外账户税收合规制度 ……………………………………………… (106)
　　一、美国海外账户监管的困境 ……………………………… (107)
　　二、美国海外账户监管的新发展：海外账户税收合规制度的确立 ………………………………………………………… (118)
　　三、美国海外账户税务合规制度提出的挑战 ……………… (132)
　　四、《合规法案》的替代模式：政府间协议 ………………… (135)
　　五、我国的对策：双边—多边信息合作机制的建立 ……… (144)
　第二节　选择性的匿名预提模式：《瑞英税收合作协议》 …… (150)
　　一、《瑞英税收合作协议》的主要内容 ……………………… (151)
　　二、《瑞英税收合作协议》与《合规法案》的比较研究 …… (154)
　第三节　欧盟区域性合作模式：《利息税指令》 ……………… (157)
　　一、《利息税指令》出台的过程 ……………………………… (158)
　　二、《利息税指令》的主要内容 ……………………………… (160)
　　三、对《利息税指令》的评价 ………………………………… (164)
　　四、欧盟《利息税指令》对我国的借鉴 ……………………… (167)
　第四节　全球多边合作模式：税收信息交换协定 …………… (169)

第七章　国际税收行政合作发展对中国的新考验：挑战及应对 …… (175)
　第一节　全球税收论坛对中国的同行评议法律问题研究 …… (175)
　　一、无记名股票 ……………………………………………… (176)

二、名义股东 …………………………………………………（183）
三、涉外信托 …………………………………………………（189）
四、离岸公司 …………………………………………………（196）

第二节 我国加入《多边税收征管互助公约》的具体应对
方案 ……………………………………………………（198）
一、国际税收信息交换义务中要解决的问题 ………………（200）
二、税收追缴协助问题 ………………………………………（202）
三、文书送达问题 ……………………………………………（205）

第三节 我国谈签《合规法案》政府间协议的应对方案研究 …（206）
一、政府间协议的实际影响效果分析 ………………………（206）
二、政府间协议的应对方案分析 ……………………………（212）

第四节 充分利用20国集团框架下的全球税收治理机制 ………（220）
一、20国集团与经合组织在税收决策权上的比较 …………（221）
二、发展中国家在国际税收决策中的话语权问题 …………（222）
三、中国参与税收决策中的作用 ……………………………（224）

参考文献 ………………………………………………………（227）

第一章

国际税收行政合作的新基础：
新的负责任的税收主权观

主权理论自诞生以来就一直是广受争议的热门话题，而税收主权作为国家主权的固有成分，也免不了这种境遇。进入21世纪以来，随着经济全球化的深入发展，劳动力、资本、技术等生产要素在全世界范围内自由流动，跨国公司的全球化战略更是模糊了国别界限。在这种背景下，各国为了吸引外国投资，纷纷出台了优惠税收政策和优惠税率，引发了全球范围内的税收竞争。过度的税收竞争引发了侵蚀税基，扭曲贸易和投资方式等问题，为此经合组织于1998年发布了一份题为《有害税收竞争——一个新兴的全球性课题》的报告（Harmful Tax Competition: An Emerging Global Issue，以下简称《1998年报告》），由此进一步激化了有关税收主权的论战。《1998年报告》遭到了部分国家的抵制，他们坚称：国家主权原则是现代国际法的基本原则，每个国家都有权制定自己的税收政策和法律，任何对这种权利的干涉都是违反国际法和不干涉原则的。这些国家认为经合组织的活动是经合组织成员国代表组织外管辖区的立法，因此侵犯了他们的主权。

在经济全球化的背景下，国家之间的依存度增强，为避免经济不稳定、有效促进繁荣，各国有必要对因国内经济行动而产生的外部影响负起责任来。因此，一国在制定税收法律和制度时，不仅要考虑国内的经济发展水平和财政收支状况，也需要考虑对他国税收利益的影响。作为国际社会的一员，这是国家应当承担的国际义务和责任。就税收领域而言，各国税收政策的相互影响和相互联系不断加强，因此各国需要进行广泛深入的国际税收行政合作，才能妥善应对税收冲突，合理地协调各国的税收利益。尤其是全球金融危机爆发后，国际税收行政合作成为应对金融危机的有效措施和手段，引起了各国政府和首脑在政治上的高度敏感和关注。迫于国际社会的重重压力,二十国集团伦敦峰会后,许多国家已不再坚持绝对的税收主权观,转而同意在国际平台上开展国际税收行政合作。

在国际税收行政合作发生如此重大的变革时,我们不禁要思考是什么导致了这些国家税收主权观念的改变?经济全球化以及全球金融危机在税收主权观的嬗变过程中发挥了什么作用?新税收主权产生的理论基础是什么以及如何实现?笔者将在本章对这些问题进行一一解答。

第一节 传统税收主权观的局限性

主权理论对于国际税收问题的解决至关重要,几乎所有的国际税收争议都涉及税收主权。然而,在全球化背景下,传统的税收主权观似乎无益于一些问题的解决,尤其是在国际避税地的规制问题上。本节笔者将具体分析传统税收主权观在国际税收行政合作中的局限性。

一、传统主权观

在传统的国际法理论与实践层面,主权往往被区分为对内主权和对外主权。对内主权意味着国家在国内社会的最高性和排他性,对外主权则被解释为国家在国际社会里的独立自主性。① 尤其需要指出的是,一些国际

---

① 格劳秀斯将主权划分为对内主权和对外主权。他在1625年出版的《战争与和平法》一书中指出:"凡行为不从属于其他人的法律控制,从而不致因其他人意志的行使而使之无效的权力,称为'主权'。"[荷]格劳秀斯:《战争与和平法》,[美]坎贝尔英译,何勤华等中译,上海人民出版社2005年版,第88页。菲德罗斯认为:"完全的自治构成国家主权的内侧,而独立则构成它的外面。这样,我们就有了主权国家的现代概念,主权国家是完全自治的、因而是独立的、不服从任何其他国家法律秩序的社会。"[奥]菲德罗斯等:《国际法》(上册),李浩培译,商务印书馆1981年版,第12页。詹宁斯、瓦茨则认为:"主权是最高权威,这在国际上并非意味着高于所有其他国家的法律权威,而是在法律上并不从属于任何其他世俗权威的法律权威。因此,依照最严格和最狭隘的意义,主权含有全面独立的意思,无论在国土以内或在国土以外都是独立的",[英]詹宁斯、瓦茨:《奥本海国际法》(第九版),中国大百科全书出版社1995年版,第92页。阿库斯特指出:"当国际法学家说国家是有主权的,其全部真正的意思就是:国家是独立的,这就是说;它不是其他任何国家的附属国。他们的意思绝不是说,国家都在法律之上。如果以'独立'一词代替'主权',那就会好得多。如果说'主权'除了'独立'以外还包括其他什么含义的话,它并不是一个具有确定含义的法律名词,而完全是一个表示感情的名词。"[英]阿库斯特:《现代国际法概论》,汪瑄等译,中国社会科学出版社1981版,第18—19页。

法学者特别地深入分析论证了主权所具有的独立自主性与平等性的内涵。凯尔森把主权看作是一个国内法秩序不从属于另一个国内法秩序，并把这种独立关系认为是国家的一个主要特质，凯尔森尤其强调了主权在本质上是国家之间的相互独立的关系。① 英国学者布朗利则认为："国家对其领土的能力通常可以用主权和管辖权这两个术语进行描述。主权是某种法律人格的法律速记，或国家地位的法律速记；管辖权是指问题的特殊方面，尤其是权利、自由和权力。"② "主权主要表现为国家依据法律与其他国家（以及国家所组成的国际组织）之间的关系"，同时，"主权亦用于描述国家一般具有的法律权能，或指这种权能的某一特别功能，或为这种权能的某一方面提供理由。"③ 菲德罗斯也是将领土权利区分为领土主权和领土最高权，领土主权也被抽象为主体关系上的独立自主性，而实际的控制、

关于主权，苏联国际法理论认为：在历史发展的现阶段，对国家主权可以作出如下的定义："国家主权是国家在不侵犯其他国家的权利及国际法原则和规范的情况下，有权自由地根据自己的考虑处理对内对外事务的独立。"苏联科学院法学研究所编：《国际法》，世界知识出版社1961年版，第92页。苏联国际法学者童金认为："国家主权意味着在本国领土上的无限权利和在国际关系中的独立性。"[苏] 童金主编：《国际法》，邵天任、刘文宗译，法律出版社1988年版，第116页。韩国学者柳炳华认为："今天主权已不再被视为绝对权力，而演变为'独立'之意。"[韩] 柳炳华：《国际法》（上卷），朴国哲等译，中国政法大学出版社1997年版，第251页。周鲠生认为，严格地说来，主权是一国最高的权力，是不受任何人世权力支配之权力。换句话说，主权是说一国之完全的独立。就国际法说，一国的主权当然不是对于他国之最高权，主权之第一义是独立。所谓主权的国家，是谓国家之全不受他国支配者。而在附带的次一义，主权亦寓至尊，最高之意。对内的主权，是说关于内政处理之不受外界支配。对外的主权，是说关于对外关系之不受外界的支配或干涉。周鲠生：《国际法大纲》，周莉勘校，中国方正出版社2004年版，第22—23页。王铁崖认为，主权，即国家主权，是国家最重要的属性，是国家固有的在国内的最高权力和在国际上的独立权力。由于这种权力不可分割和不可让与，不从属于外来的意志与干预，因此，主权在国内是最高的，在国际上是独立的。质言之，国家独立自主地处理自己的内外事务、管理自己国家的权力就是国家主权。王铁崖：《国际法》，法律出版社1981年版，第85页。李浩培认为："更简单地说，在国际法上，主权就是独立，主权国家就是独立国家。"李浩培：《国际法的概念与渊源》，载李浩培《李浩培法学文集》，法律出版社2006年版，第218页。

① 参见 [美] 凯尔森《国际法原理》，王铁崖译，华夏出版社1989版，第94—95、131—132页。

② [英] 布朗利：《国际公法原理》，曾令良、余敏友等译，法律出版社2003版，第122—123页。

③ 同上书，第319—320页。

支配权利则被概括为领土最高权。①

在国际政治、国际关系的理论与实践层面，主权同样意味着国家在国际社会里所具有的独立自主性与平等性。芝加哥政治学派代表人物梅里亚姆在对卢梭以来的主权学说梳理分析后总结认为，除了用于国内层面外，"主权还被看作是一国与其他国家之间的关系。在此意义上，该词意味着一个政治社会相对于所有其他政治社会的独立性或自足性。从这一点来看，主权可以被界定为国际上的自主或独立性。"② 美国国际关系学者奥尔森等认为："主权一俟确立，则意味着这个国家有权注意利用其民力及资源，而不必顾及国土内外的任何政治权威。"③ 罗伯特·杰克逊认为："从内部看，主权意味着一个统治权威对于居住于其领土管辖范围内的，构成其政策和法律对象的任何人的最高性。内部主权是一国宪法规定的，统治者和被统治者之间的基本权威关系。从外部看，主权意味着一个统治权威对于其他统治权威的独立性。外部主权是由国际法规定的国家之间的基本权威关系。"④ 英国学者纳夫里认为，主权是一种基础性的概念，它支撑着现代法律与政治秩序。主权代表政治自主性。主权来自一种内在的集体性之权力理念，它可以被认为是一种"关系性的现象"（Relational Phenomenon）。⑤

从有关主权的国际规范和传统实践来看，主权被赋予的主要是独立自主性与平等性的内涵。联合国宪章就明确规定各国的主权平等和独立，并以此作为宪章的基础。1946 年联合国大会通过的《国家权利义务宣言草

---

① 菲德罗斯精辟地把领土权利区分为领土主权与领土最高权，并指出："领土主权是一个独立的、可以从领土最高权分离的一个权利，有其自己的价值。……领土主权是对一个领土的一个特定的国际法上的权利，而不是对这个领土的实际上的支配。……领土主权是对其他国家的一个国际法上的权利，而领土最高权则是一个国家在一个特定领土内对在那里的人根据它自己的国内法律秩序实行的一种支配。"［奥］菲德罗斯等：《国际法》（上册），李浩培译，商务印书馆1981 年版，第 323 页。

② ［美］小查尔斯·爱德华·梅里亚姆：《卢梭以来的主权学说史》，毕洪海译，法律出版社 2006 年版，第 186 页。

③ ［美］威廉·奥尔森、戴维·麦克莱伦、弗雷德·桑德曼编：《国际关系的理论与实践》，王沿、孔宪倬译，中国社会科学出版社 1987 年版，第 8 页。

④ See Robert Jackson, "Sovereignty in World Politics: A Glance at the Conceptual and Historical Landscape", *Political Studies*, Vol. 47, No. 3, 1999, pp. 431—456.

⑤ Martin Loughlin, *The Idea of Public Law*, London: Oxford University Press, 2003, p. 80.

案》（Draft Declaration on Rights and Duties of States）规定了主权国家之间的独立、平等的并且不受干涉的相互关系。1965 年联合国大会通过了《关于各国内政不容干涉及其独立与主权保护宣言》（Declaration on the Inadmissibility of Intervention in the Domestic Affairs of States and the Protection of Their Independence and Sovereignty），强调了主权所具有的排除他国干涉的属性和规范要求。联合国大会 1970 年通过的《国际法原则宣言》进一步规定了主权平等的要素，从这些要素所表述的内容来看，国际关系上的主权就是各国在相互关系上的独立、平等。1981 年联合国大会通过的《不容干涉和干预别国内政宣言》（Declaration on the Inadmissibility of Intervention and Interference in the Internal Affairs of States）继续重申、强调了主权独立与不干涉内政原则，进一步细化了尊重他国主权独立和不干涉原则的各项具体义务。在区域性的国际条约、组织宪章和宣言也都确立了尊重主权独立和领土完整原则，并强调了不干涉原则。如 1963 年的《非洲统一组织宪章》（Organization of African Unity: Charter）、1948 年的《美洲国家组织宪章》（Organization of American States: Charter）等。因此，总的来看，国际法规范文件主要是从国家之间的相互关系的角度来定义和规范主权的。通过引入和强调不干涉内政原则，进一步强化了主权所具有的独立自主性与平等性的基本内涵。这样的内涵明确地支持国家有权独立自主地从事内政、外交行动，在国际实践中已经成为处理国际关系和解决国际问题的重要依据。

综上，由于在传统的理论与实践中主权意味着独立自主性与平等性，一国拥有和行使主权也就具有了绝对性或不可损抑性。第一，独立自主性与平等关系意味着在主权国家之上没有也不允许存在着更高的权威。主权国家完全可以独立自主地决策和行动，无须征得其他国家或者国际组织包括联合国的同意或许可。第二，独立自主性与平等关系意味着主权国家不接受任何外来的干预和强迫，主权国家完全可以按照自己的意愿和利益需要自主地决策和行动。只有通过平等地协商，在主权国家自愿接受或同意的基础上，主权国家的决策和行动才能得到调整、变更。第三，现代国际社会中的主权观念并不认为主权不受任何限制，相反，一国拥有和行使主权必须要受到国际关系基本准则和强行法规范的约束。但是，主权所具有的独立自主性与平等性意味着，在国际关系基本准则和强行法规范之外，一国拥有和行使主权没有更多的约束、限制。实际上，只要不违反联合国宪章所确立的基本准则和强行法规范,主权国家就拥有广泛的行动自由,可以按照自己的意愿和利益需要自主地决策和行动。

在独立自主性与平等性之外,主权同时还意味着国家对其领土、资源、居民等的实际掌握、控制、管辖上的各种权力或能力,以及做出排他性的最高权威决策的能力。无论是在国际社会还是在国内社会,主权都构成一种实际上的权力、能力,权力的属性与功能已成为主权的一个侧面。①"当代主权原则最重要的代表人物之一欣斯利(Hinsley)正确地提醒我们,尽管人们无拘无束地谈论主权的获得、失去或被侵蚀的方式,但主权并不是一个事实(Fact)。它是一个关于政治权力如何行使或应该如何行使的概念(Concept)或主张(Claim)。"②在现代国际社会中,国家的主权权力已经不仅仅局限于政治、军事和外交等方面,在发展中国家的斗争和努力下,国际法上逐渐出现了自然资源主权、经济主权等新的主权权力。随着国际社会实践和观念的发展,国家主权权力的内涵已从政治扩及到经济、社会、文化乃至环境领域,形成了一个综合性的主权权力概念。货币主权、金融主权、文化主权、信息主权、环境主权等相继以独立的主权权力的形态出现,并得到了广泛的承认。这些都是由于国家需要在相应领域充分维护自身利益,应对各种问题和挑战而形成的。在一个实力和资源不平等的国际社会中,对于许多国家及其人民来说,确保足够的主权权力是对他们谋划和决定自己命运的一种手段和保障。也是公平合理地分享贸易、投资、技术和通信全球化利益的最佳手段。对于广大的发展中国家或小国而言,这显得尤为必要。即便是美国这样的发达国家,为维护自身的国家利益也长期坚守其主权权力,不容许其受到损抑。美国参议院外交关系委员会主席海默斯曾经指出,美国参议院在50多年前批准了联合国宪章,但并没有放弃美国主权的任何一个音节,为了神圣的国际正义事业而牺牲一些主权的想法是可笑的。欧洲国家越来越多地将权力让渡给

---

① 杰克逊认为,在大多数情况下,当用于当前的政策辩论时,主权确切地是指权力的分配问题,通常是指政府的决策权。这些权力分配将遵循着相应的价值目标,有的价值目标要求主权权力更多地向国际层面转移,有的价值目标要求主权权力被配置在基层社会。不同价值目标之间需要平衡协调。See John H. Jackson, *Sovereignty, the WTO and Changing Fundamentals of International Law*, London: Cambridge University Press, 2006, pp. 70—78。

② [澳]凯米莱里·福尔克:《主权的终结?——日趋"缩小"和"碎片化"的世界政治》,李东燕译,浙江人民出版社2001年版,第13页。

像欧盟这样的超国家机构，而美国则反对权力的集中化，要确保美国在国内事务上的拥有唯一的决定权。①

从传统的主权观念来看，一方面，维护、谋取本国利益是一国拥有和行使主权权力的正当目的和责任所在，只要不违反联合国宪章所确立的基本准则和强行法规范；另一方面，除非存在着相应的利益协调方面的条约义务或习惯法义务，一国拥有和行使主权权力没有必须考虑他国的利益得失的强制义务或责任。在国际实践中，主权国家总是力图把主权权力保留在自己手中，而不轻易地移交出去或接受外来的干预，以追求和实现自身权力与利益的最大化。除非主权国家经过利益权衡自愿地让渡或限制其部分的主权权力，国际法并不能强迫主权国家让渡或限制其主权权力。因此，根据传统的主权观念，一国拥有和行使主权权力具有绝对性或不可损抑性。

综上分析，国家主权不仅是国际社会的组织原则（The Organizing Principle），而且也是国际关系的运作原则（The Operational Principle）。国家主权意味着国家依据国际法并受国际法保护的独立自主地处理自己内外事务的最高权力。主权不仅意味着国家在对外关系方面是独立的和平等的，而且意味着在对内方面享有对其领土内的一切人、物和行为的排他性的最高管辖权，以及做出有关人民和资源的权威决策的能力。虽然国家主权不仅在国内要受宪法的限制，而且在国际上也要受到国际社会的基本准则或强行法的约束，但传统的国家主权在性质和内容上依然是绝对的或不可损抑的。

二、传统税收主权的绝对性

目前，对于什么是税收主权，无论是国内学术界还是国际学术界都缺乏明确的界定。有的学者认为税收主权即意味着一国在决定其实行怎样的涉外税收制度以及如何实行这一制度方面有完全的自主权，不受其他国家和组织的干涉，② 即税收主权为一国税收上独立自主、不受干涉之权力。也有一些学者认为，税收具有的单向性、强制性、无偿性，本身就是至高

---

① Jesse Helms, "American Sovereignty and the UN", *The National Interest on International Law & Order*, New Brunswick/London: Transaction Publishers, 2003, pp. 88—92.

② 刘剑文：《国际税法学》，北京大学出版社2004年版，第54页。

无上的权力象征,所以税收是现代国家主权的表征。① 还有学者认为税收主权是指税收是主权身份一个固有的核心部分。税收主权是主权在税收领域的具体表现,因此,可以参考主权的含义来界定税收主权。尽管主权的内涵一直处于变化之中,并极富争议,但一般认为,国家主权至少包含两个方面的内容,对内的最高的权力和对外的独立性。一个主权国家必须具有事实上的最高权力,并且至少在某种程度上能够控制它的领土、人口和政权。也就是说,主权国家代表了其对于内部事务的权威的至高权力的来源。另外,一个主权国家必须展示其某些事实上的对外的独立性——"这种对外独立性并非是指一个国家凌驾于另一个国家的至高权力,而是指一个国家独立于其他国家的状态。"② 因此,可将税收主权定义为对内制定本国的税收法律法规、管理本国的税收事务的最高权力以及对外独立自主不受他国干涉的权利。

在传统的理论与实践中,税收主权尤其意味着国家在本国税收管辖领域的独立自主性。与其他领域的具体主权相比,税收主权更加明显地具有绝对性或不可损抑性。

第一,税收领域的独立自主性意味着在主权国家之上没有也不允许存在着更高的税收管辖权威。事实上,即便与其他领域已存在的国际协调机制相比,税收领域至今也没有形成强有力的国际协调机制。因此,主权国家完全可以独立自主地制定本国的税收政策、法规,以及做出相关的税收决策和采取税收执法行动。

第二,税收领域的独立自主性意味着主权国家在税收领域不接受任何外来的干预和强迫,由于税收制度的建立和执行是一国推进社会、经济发展等政策目标的重要手段,制定国内税收政策、法规以及对其遵守执行等事项明显属于一国内政,主权国家完全可以按照自己的意愿和利益需要自主地决策和行动。只有在平等协商的基础上,主权国家的税收政策、法规和行动才能得到调整、变更。

第三,税收领域的独立自主性意味着,在国际关系基本准则和强行法

---

① 刘剑文、熊伟:《税法基础理论》,北京大学出版社 2004 年版,第 31 页。

② See, e.g., Stephen D. Krasner, "Sovereignty, Regimes and Human Rights", *Regime Theory and International Relations*, 1993, p. 142 ("Sovereignty is a system of political order based on territory. The territorially grounded nature of sovereignty distinguishes it from other forms of political order such as tribes...").

规范之外,一国拥有和行使税收主权没有更多的约束、限制。即便是存在着相应的利益协调方面的条约义务或习惯法义务,那也是主权国家自愿接受或国家实践中所普遍认可的,因此,主权国家在税收管辖领域拥有广泛的立法和行动自由。

除了独立自主性这一基本内涵之外,税收主权同时意味着国家在税收领域的实际控制、管辖上的各种权力或能力,以及做出排他性的最高权威决策的权力。一国拥有和行使税收主权权力尤其具有绝对性或不可损抑性。国家之间的税收争议通常都涉及到主权权力问题,如税收管辖权冲突,应不应该就某税收事项达成合作,在多大程度上屈服于对方的意志,这都关系着主权权力的行使与维护。税收是主权身份固有的权利或权益,主权身份似乎涵盖了某种形式的税收权利,所以对税收权利的侵犯就是对主权本身的侵犯。[①] 而且有人认为税收对主权尤其重要,所以设计税制时的自治比其他管辖领域的自治更值得保护。[②]

那么为什么税收对主权来说如此重要呢?笔者认为这同税收的功能密切相关。通常认为税收具有三项基本功能:

第一,税收可以获取财政收益。收益是税收最基本的功能,政府通过征税获得财政收入以支付其执行职能时的各项花费,保障政府的持续运行。"税收对于获取收益是非常必要的,这些收益将被用于公共利益、基础设施建设,以及支持其他各种有助于公共福利和经济增长的公共服务。"[③] 同时,税收收益还要为诸如国防、法律制度建设之类的支出买单,因为这些产品是无法由一个未被规制的市场本身提供的。

第二,税收是宏观调控、执行财政政策的重要手段。"任何能够产生收益的税收,都会通过某些方式影响社会秩序和经济秩序。"[④] 现实世界

[①] See Allison Christians, "Sovereignty, Taxation and Social Contract", *Minnesota Journal of International Law*, Vol. 18, No. 1, 2009, p. 112.

[②] See, e.g., Rajiv Biswas, "Introduction: Globalisation, Tax Competition and Economic Development", *International Tax Competition: Globalisation and Fiscal Sovereignty*, London: Commonwealth Secretariat, 2002, pp. 1—2.

[③] Kenneth L. Sokoloff and Eric M. Zolt, "Inequality and Taxation: Evidence from the Americas on How Inequality May Influence Tax Institutions", *Tax Law Review*, Vol. 59, No. 2, 2006, pp. 167—168.

[④] Randolph E. Paul, *Taxation for Prosperity*, Indiana: The Bobbs-Merrill Company, 1947, p. 214.

中并不存在那种只产生收益，而不对经济造成任何影响的税收。财政政策的概念表达出了收益获得与政府支出之间的联系。整个20世纪，人们都希望通过一国的财政政策影响经济中的整体需求，以期达到经济增长、价格稳定，以及充分就业的目标。[①] 国家能够通过税收控制经济的步伐和走向。例如，一国可以通过出口退税政策促进出口的增长，从而达到拉动经济增长的目标。税收可以用来增加或者减少通货膨胀和购买力、刺激投资，以及阻止财富过分集中。

第三，税收是调节收入分配，实现社会公平的有效途径。由于个人能力的不同、社会资源分配的不公等原因，导致财富在社会中的分配也是不均衡的。这个时候，就可以利用税收这个杠杆来调节收入分配。高收入人群适用高额累进税率，低收入人群适用较低税率或不征税。这样，政府可以利用从富人手中征收的税款进行公用基础设施建设或社会保障体系建设，从而达到缩小贫富差距、实现社会稳定的目的。

正因为税收制度在维护、谋取本国利益上的重要功能与作用，在一个实力和资源不平等的国际社会中，充分地拥有和自主行使税收主权权力已经成为维护、谋取本国利益的重要手段和保障。同时，在传统的税收主权观看来，除了那些经过平等协商达成的税收利益协调方面的条约义务，目前国际社会没有一般性的强制义务或责任约束税收主权权力。一国行使税收主权权力首要考虑的是对本国人民和国家利益负责，没有义务必须考虑他国的利益得失。因此，一国拥有和行使税收主权尤其具有绝对性或不可损抑性。

三、传统税收主权的非合作性

当各国在经济事务等方面很难获得绝对排他性时，各国已经开始在独立自治和合作之间进行权衡和协调。一国的税收主权通常被认为不是绝对排他性而是具有相互关联性的。最明显的表现就是，各国通常不会阻止其他的国家向其境外国民或在其领土范围内向他国国民征税，前提是其他国家对所征税的项目或个人能够提出合理关联。为此，各国之间已经较多地

[①] See, e.g., James R. Schlesinger, "Emerging Attitudes towards Fiscal Policy", *Political Science Quarterly*, Vol. 77, No. 1, 1962, pp. 1—13; See also John B. Taylor, "Reassessing Discretionary Fiscal Policy", *Journal of Economic Perspectives*, Vol. 14, No. 3, 2000, p. 26.

签订了有关避免重复征税的协定。这意味着各国对他国税收主权的特别尊重和相互协调。这种特别尊重和相互协调可以被界定为税收主权在最低限度上的合作性，但是，对于经济全球化所提出的合作协调要求，在绝大多数的情况下，税收主权表现的是明显的非合作性。在全球化背景下，传统税收主权的绝对性与非合作性已经明显的不利于争议的和平解决，无法调和各国由于税收利益分配而产生的矛盾，不利于各国精诚合作以达到互利共赢的局面。本节将从有害税收竞争、税收信息交换障碍的角度分析传统税收主权观的非合作性，并着重介绍经合组织规制有害税收竞争的行动以及由此引发的主权之争。

(一) 有害税收竞争与税收主权非合作性

1. 国际税收竞争的含义

税收竞争是经济全球化的产物。随着经济全球化的不断深化，各国的交往越来越密切，资本、技术、劳动力可以在世界范围内自由流动，资金的融通早已超出国界的限制。税收问题也不再局限于国内，变得日益复杂、日益国际化，一国的税制往往会对其他国家产生影响，即所谓的外部性效应。一些国家为从经济全球化中获益，往往为投资者提供较低的税率或者优惠的税收政策，以吸引国际上的流动资本，这势必会侵蚀其他国家和地区的税基。而相关国家为了不失去在全球市场中的份额，不得不调整自己的税收政策，为投资者提供相同或更为优惠的条件。这样，税收竞争就不可避免。税收竞争实质上反映了经济全球化大背景下国家（或地区）之间的经济利益分配关系。[①]

然而，对于什么是税收竞争，学界并没有形成权威性的定义。西方财政学界有一种解释："税收竞争是指各地区通过竞相降低有效税率或实施有关税收优惠等途径，以吸引其他地区财源流入本地区的政府自利行为。"那么，如果我们将这种竞争延伸到国家之间就属于国际税收竞争。[②] 日本学者谷口和繁认为："税收竞争指的是为了把国际间的流动资本吸引到本国，各国均对这种资本实施减税措施而引发的减税竞争。"而国内有学者则认为："税收竞争是政府运用税收手段，以更多地吸引经济资源到

[①] 靳东升、龚辉文：《经济全球化下的税收竞争与协调》，中国税务出版社2008年版，第21页。

[②] 转引自廖益新、朱炎生《国际税法学》，高等教育出版社2008年版，第311页。

自己辖区的一种竞争行为。"① 另外还有学者认为:"国际税收竞争是指在经济全球化的背景下,各国(地区)政府通过降低税率、增加税收优惠,甚至通过采用'避税地税制模式'等方式,减少纳税人的税收负担,从而吸引国际流动资本、国际流动贸易等流动性要素,促进本国经济增长的行为。"②

虽然学者们对于税收竞争的含义理解不尽相同,但我们还是可以从中窥探出国际税收竞争的一般特征:第一,税收竞争的主体是政府,而且是具有完全或部分税收管辖权的政府。也就是说,税收竞争是国家的一种主权行为;第二,税收竞争的手段是降低税率或实施税收优惠措施;③ 第三,税收竞争的目的是吸引国际流动资本。④

2. 国际税收竞争的效应

对于国际税收竞争引发的效应,学界也有不同的意见。一种意见认为税收竞争具有积极性,颇具正面效应。而另一种观点则针锋相对地认为税收竞争会引发诸多问题,其负面效应不可小觑。

持肯定意见的一派的主要理由有:

第一,各国进行税收竞争实质上也是一种主动行使主权的行为。根据税收主权理论,一国实行什么样的税制、税率的高低、是否实行税收优惠措施,完全是主权范围内的事项,不受其他任何国家的干涉。国家有权根据实际情况,制定有利于本国的税制,实行合理的课税安排。因此,国家为了防止资本外流,主动选择减税或实行税收优惠政策,是自主选择的结果,完全符合主权原则。

第二,税收竞争符合效率原则。有人认为税收竞争会使政府服务进入有效的市场。税收可以被视为不同政府以一定的对价即税,提供不同组合的商品和服务(如安全、道路、受过良好教育的劳动力)的市场。国家

---

① 靳东升、龚辉文:《经济全球化下的税收竞争与协调》,中国税务出版社 2008 年版,第22页。

② 杨春国:《经济全球化推动下的税收竞争及其对我国税制的挑战》,《涉外税务》2001年第2期。

③ 关于税收竞争的手段,有的定义描述得比较概括,认为税收竞争就是运用税收手段的竞争行为。

④ 关于税收竞争的目的,表述也不尽相同,如有些学者将税收竞争的目的描述为吸引"经济资源"、"投资"、"生产要素"等。

间的相互竞争会实现以最优的价格提供商品和服务。通过消除商品和服务中的浪费和无效率，一国可以降低价格而变得更有效率。[①] 持该种观点的人可能同时会认为政府服务的初始定价是不准确的，投资者会通过他们的投资热情来告诉政府定价是高了还是低了，而政府有权修改定价。税收在一国国内可能承担着调节收入分配、维护社会公平的责任，但在国外却无这种义务，这是主权本质的体现。

第三，税收竞争有利于贯彻税收中性原则。税收竞争使各国纷纷改变税制，降低税率，以扩大税基。而通常认为，高税率、歧视性的课税范围和不规范的税制内容等都将作用于经济，影响纳税人的决策和行为，从而破坏税收中性。[②] 因此，旨在降低税率的税收竞争活动能减小税制对经济的扭曲作用，从而维护了税收中性原则。

持否定意见的一派的主要观点有：

第一，税收竞争会侵蚀各国税基。优惠的税收措施将会促使流动性资本由高税负国转向低税负国，影响跨国投资者的投资决策。如果各国竞相减税而不受任何约束的话，流动性强的经济活动将从各国税基中消失，最终导致所有国家税收主权的弱化甚至丧失，进而导致世界性税基被侵蚀，使全球性财政功能弱化。[③] 在各国税基被侵蚀的同时，受益的却是国际避税者。国际避税者可以通过转移定价、滥用税收协定等方式来达到全球避税的目的。正所谓"鹬蚌相争，渔翁得利"，说的就是这种情形。

第二，税收竞争会扭曲税负分配，违背了税收公平原则。税收的一个重要职能就是调节收入分配，从而实现社会公平。税收竞争使流动性资本流向竞争优势国，从而使劣势国的税收收入减少。为了维持政府的持续运行，劣势国只好加重流动性弱的经营活动的税负负担。本来属于高收入者的税负义务，却被转移到了普通劳动者身上，这会进一步加剧贫富差距，扩大社会的不公平，有违政府调控的目标。

第三，税收竞争会导致税收持续的非理性化。经济全球化建立了一个全球市场，各个主权国家都想抢占这个新兴市场的份额，国家间的博弈加

[①] See Diane Ring, "Democracy, Sovereignty and Tax Competition: The Role of Tax Sovereignty in Shaping Tax Cooperation", *Florida Tax Review*, Vol. 9, No. 5, 2009, p. 583.

[②] 靳东升、龚辉文：《经济全球化下的税收竞争与协调》，中国税务出版社2008年版，第36页。

[③] 廖益新、朱炎生：《国际税法学》，高等教育出版社2008年版，第315页。

剧。在主权至上原则的指导下，各国以自己的经济利益最大化为出发点，各自独立作出的最优选择往往会导致集体的非理性，最终使所有国家的利益受损，使国际税收竞争必然演变成有害的税收竞争，侵害各国的税收主权。①

笔者认为，税收竞争是一把双刃剑，既有其正面积极的一面，又有其负面消极的另一面。税收竞争是否能起积极作用，关键要看竞争的度。适度的竞争能促使资源的合理配置，但竞争过度，只会让参与竞争的国家两败俱伤，而让国际避税者得利。但各国在传统税收主权观的影响下，坚持税收主权的绝对性，往往会陷入非理性竞争，无法把握好这个度。过度的税收竞争是有害的。同时，由于各国在税收竞争领域坚持税收主权的绝对性或不可损抑性，税收竞争领域的国际协调与合作将难以形成。随着国际社会相互联系依赖的日益加强，国际社会需要各国在真诚的善意基础上进行广泛的合作。《联合国宪章》第1条第3款就明确规定联合国的宗旨为，促进国际合作，以解决国际间属于经济、社会、文化及人类福利性质的国际问题，从而"在国际社会建构起一个用合作、互惠、公正的行为规则来加以治理的理性秩序——合作性国际秩序，以达到国际秩序与国家主权的平衡"②。与其他领域日益强化的主权协调合作秩序相比，由于各国一直坚持税收主权的绝对性或不可损抑性这一传统观念，税收竞争领域的税收主权依然处于各自为政的非合作状态。针对这种由于税收主权非合作性而导致的有害税收竞争，经合组织开展了一系列活动，同时也引发了一场激烈的税收主权论战。

（二）税收信息交换障碍与税收主权非合作性

国际税收信息交换是指各国税务主管当局之间为税收征管目的而彼此交换情报的过程。为了对跨国经营的纳税人实行合理征税，既不出现重复征税，又不使其逃避税收，就必须对其跨国经营状况或涉税活动有一个清楚的理解和把握。③ 税收信息交换在规制逃税和避税活动中起着关键的作用。

传统的税收主权非合作性除了会引发有害的税收竞争行为，也可能会

---

① 崔晓静：《欧盟税收协调法律制度研究》，人民出版社2011年版，第37页。
② 杨泽伟：《主权论——国际法上的主权问题及其发展趋势研究》，北京大学出版社2006年版，第248页。
③ 廖益新、朱炎生：《国际税法学》，高等教育出版社2008年版，第301页。

导致税收信息交换障碍。传统的税收主权观认为，国家有权独立制定本国的税收政策和法律并不受其他国家干涉的权利。同样地，一国有权决定是否交换税收信息，并且自主决定交换的税种、条件、原则、范围和内容。由于税收具有相关性，传统的税收主权观将严重削弱避税者母国控制本国税收的能力，让母国的税收主管当局无法了解跨国纳税人的真实财务情况，造成了税收信息交换障碍。

一般来说，税收信息交换障碍主要来源于以下几个方面：

第一，严格的银行保密制度。全球化致使世界经济联系日益紧密，跨国纳税人可以在世界范围内进行税收筹划，利用避税港的低税负和优惠税制，规避母国的高额税收。国际避税者母国为了监管这种避税行为，必须了解其居民纳税人在避税港的经济活动情报。但避税地国家出于自身的经济利益考量，大都设有严格的银行保密制度，禁止银行擅自披露所掌握的客户信息。因此，严格的银行保密制度会阻碍税收信息的有效交换。

第二，缺乏税收信息交换的途径。一些传统的避税天堂由于国土面积小，资源匮乏，往往只能靠优惠税制来吸引投资，获取财政收入。为了维持这种税收优势，它们往往拒绝与其他国家签订税收信息交换协定。如，2000年以前，百慕大仅与美国签订了《双边税收信息交换协定》和《避免双重征税协定》。[①] 开曼群岛现有3个《避免双重征税协定》和30个《双边税收信息交换协定》，除了2001年与美国签订的《双边税收信息交换协定》，其余的全是在2009年以后签订的。[②] 双边税收协定的匮乏，让投资者母国无法与避税地国家就税收信息交换作出制度性安排。这样，母国若要向避税地国家提出税收信息交换的请求，只能通过外交途径。交换能否成功进行完全取决于被请求国的态度（而这些国家往往是不愿意提供相关税收信息的），这大大增加了税收信息交换的不确定性。

第三，没有可交换的税收信息。一国的国内立法可能会导致税收信息没有被收集或不能被收集。例如，一些国家允许发行无记名股票，如果跨国纳税者通过购买这种股票逃避母国的税收监管，东道国将无法向其母国提供这些股票持有人的身份信息。这样，东道国若不修改国内立法中有关

---

① See OECD, Bermuda Exchange of Information Relationships（http：//www.eoi-tax.org/jurisdictions/BMJHJagreements）.

② See OECD, Cayman Islands Exchange of Information Relationships（http：//www.eoi-tax.org/jurisdictions/KYJHJagreements）.

无记名股票的规定,将会导致税收信息交换障碍。此外,一些国家往往还附有国内税收利益要求、双重犯罪标准等条件,这也会影响税收信息的有效交换。

税收竞争涉及的是各国独立自主地制定本国税制结构的问题,触及的是税收主权的最核心部分。税制结构问题直接关系到各国如何统筹考虑和实施本国政治、经济、社会政策目标,一国有权决定实行什么样的税制而不受其他任何国家的干涉,因此,深刻的国内社会背景与需要决定了税收主权在税收竞争领域的非合作性。在税收信息交换领域,由于并不涉及税制结构的协调合作这一深层次的复杂问题,各国应该较为容易地形成税收信息交换上的协调合作,但税收信息交换涉及到经济利益的得失问题,由于没有任何强制义务要求一国在行使税收主权时必须协助他国的税收征管,一些国家在经过利益权衡以后,为维护、谋取本国的经济利益往往不愿在税收信息交换领域开展积极有效的协调合作。与各国之间的有害税收竞争相比,税收信息交换障碍进一步反映了税收主权的非合作性。

四、经合组织规制有害税收竞争计划以及由此引发的主权之争

(一)经合组织规制有害税收竞争计划

随着税收竞争的不断发展和世界性的蔓延,它对世界经济产生的消极作用和对国家的财政税收的危害,已经引起了国际社会的普遍关注。1996年,经合组织应各成员国部长的要求开始关注有害税收竞争的问题,并于1998年在经合组织财政事务委员会召开的"税收竞争特别会议"上提交了《1998年报告》。经合组织在报告中认定有害税收竞争是超出国家税收主权界限的行为,谴责避税港和优惠税制为"有害的税收竞争",并在报告中提出了认定有害优惠税制和避税港的关键要素。根据报告,确认一项优惠税制是否属于有害优惠税制的四个关键要素包括:(1)没有或仅有名义上的税收;(2)制度的"围栏"(Ring-Fencing)效应,它是指优惠税制的部分或全部与实施该税制的国内市场脱节,主要包括两种方式,第一种是在税制中明确或不明确地排除本国居民受惠于该税制,第二种是受惠于该税制的企业可以明确或不明确地被禁止在国内市场经营;(3)缺乏透明度;(4)缺少有效的情报交换。确认避税港的关键要素包括:(1)没有或仅有名义上的税收,这是界定避税港的起点;(2)缺少有效的情报交换,避税港在其信贷法或行政管理实践中,都有典型的使经营活动和

个人可以受惠于严格的保密规定及其他防止税务当局详查的规定；（3）缺乏透明度，避税港往往在立法、司法和行政规定中缺少透明度，这是判定避税港的又一大因素；（4）没有实质性的经济活动。① 经合组织还在报告中提出了涉及国内立法和实践、税收协定以及国际合作等多方面的建议。

2000年6月26日，经合组织又发布了题为《迈向全球税收合作：认定和消除有害税收竞争行为的进展》的后续报告（Towards Global Tax Co-Operation：Progress In Identifying And Eliminating Harmful Tax Practices，以下简称《2000年报告》）。在该报告中，经合组织根据《1998年报告》中提出的认定标准，公布了设置有害税收优惠制度的成员国名单，并将成员国所采用的47种优惠税制判定为有害税制，认为其存在潜在危害。同时，经合组织还公布了一份包含35个符合避税港标准的国家和地区的名单。经合组织为这些国家和地区提供选择，要么在12个月内做出消除有害税收行为的实质性承诺，并于2005年12月31日前，公布行动方案消除其有害税收行为，要么将被自动列入非合作避税港清单。② 经合组织在报告中还呼吁非成员国参与消除有害税收的行动，并建议成员国对非合作管辖区采取迅速而有效的防范性措施，以消除来自这些管辖区的负面影响。但经合组织同意将是否单方面针对任何管辖区采取或不采取防范措施的权利保留给成员国。

（二）经合组织规制有害税收竞争计划引发的主权之争

尽管经合组织开展的消除有害税收的行动取得了初步成功，③ 但也由此引发了一场激烈的税收主权论战。经合组织和所谓的避税地国家和地区的观点针锋相对，但值得注意的是，双方的观点都是建立在认同税收主权的基础上的，只是对其理解各有侧重。

经合组织从一个特殊的视角解读了消除有害税收竞争对国家税收主权

---

① See OECD, *Harmful Tax Competition：An Emerging Global Issue*, OECD Publishing, 1998 （http：//www.oecd.org/tax/transparency/44430243.pdf）.

② 经济合作与发展组织：《有害税收竞争——经济合作与发展组织的两个研究报告》，国家税务总局国际税务司译，中国税务出版社2003年版，第74页。

③ 为了避免被列入35个不合作离岸避税港的名单中，百慕大、开曼群岛、塞浦路斯、马耳他、毛里求斯、圣马力诺六国在2000年初与经合组织签署了承诺书，承诺在指定时间之前在刑事事项和民事事项上提供有效的税务信息交流。其他国家也在2000年和2001年向经合组织提供了类似的承诺书，经合组织正准备将这些作出承诺的国家从名单中删除。截至2002年年中，经合组织的不合作避税港的正式名单上实际上只有7个国家。

的影响，为其行为提出了辩护。经合组织的第一个辩护观点是消除有害税收的协调行动不但没有削弱各个国家的主权，而且从事实上维护了各国的财政主权，并支持主权免受来自被称为"全球化的黑暗面"的威胁。如果任由税收竞争自由发展而不加以任何干涉，各国出于本国的经济利益考量，势必纷纷降低税率或实行更为优惠的税收政策，从而陷入比赛的陷阱。最终，经过激烈的竞争，它最终将迫使各国的直接税事实上协调在零税率上，并促使直接税向消费税的转换，使各国丧失财政主权。这实际上是一种协调悖论。通过鼓励和迫使其他国家放弃损害性税收实践，经合组织保护国家的"真正"，"有效"或事实上的财政主权。然而，经合组织的结论只是建立在一种宏观假设上——税收竞争会引起各国的竞相效仿，最终导致最后的协调税率为零。但这种假设真的成立吗？各国放弃税收竞争能带来同等或更大的经济效益吗？如果不能，避税地国家或地区又有何理由要放弃自己的税收利益，并参与到国际协调行动中来。经合组织的第二个辩护观点是主权不仅包括免受外在干涉，还包含不损害其他主权国家法律的附随责任。因此，一国主权的行使不得以侵害其他国家的主权为前提。美国在1998年的反洗钱报告中指出："被联合国的成员国所认可，并在国际法中得到运用的主权原则给予了主权国家对其领土、公民和居民的控制。该原则的一个必然结论是成员国不能协助居民或其他国家居民违反他们母国的法律。"根据该结论，避税地不应该颁布旨在允许外国人通过税收欺诈等手段规避他们母国的税收法律和法规。一般来说，税收主权并不排除国家应当遵守被普遍接受的原则的要求。但什么是被普遍接受的原则呢？又由谁来认定或解释呢？经合组织对此并没有给出回答。

　　针对经合组织的辩护，那些被视为避税地的国家和地区回应称：作为主权国家，他们有权决定本国的税收事项，并不受其他任何国家或国际组织的干涉。任何形式的干涉都是违反国际法和不干涉原则的。这些国家或地区还指出，经合组织作为一个不具有强制力的国际组织，并没有任何法律或道德上的权力将自己的标准强加给非成员国，并要求一种超国家的管辖权。并且，经合组织在缺乏非成员国参与的情况下，单方面将其认定为不合作的避税港，这种做法不具有程序上的正当性和民主性，是一种不合法的认定，其实质是要绑架非成员国主权，以期这些国家或地区按照自己的期望行事。通过签订世界性的贸易协议而丧失的主权……是可以容忍的，因为是在协商之后丧失的。经合组织非经协商而采取干预措施，损害了这些被视为避税地国家的主权。

反对的声音不仅来自作为非成员国的离岸管辖区,作为经合组织成员国的瑞士和卢森堡对此也持保留意见。它们都对如何能在税收事项上与国家主权原则获得相容提出了质疑。早在经合组织发布《1998年报告》时,瑞士和卢森堡就投了弃权票。瑞士在随后发布的声明中指出,报告一方面承认各国对自己的税制拥有主权,各国的税率设置可以不同,另一方面又将两国之间的税率差异作为识别有害优惠税制的标准,其结果是税率设置高的国家得到了保护,损害了低税率国家的主权,这是不能接受的。

另一个强烈反对经合组织行动的声音来自美国自由与繁荣中心(Center for Freedom And Prosperity,以下简称中心)。该组织成立于2000年,其肩负的任务就是挑战经合组织的反有害税收竞争计划。该中心一方面积极游说美国国会反对经合组织的反税收竞争计划,一方面敦促被认定为避税天堂的国家或地区抵制经合组织的行动。中心同时敦促美国退出经合组织的反税收竞争计划,因为"它会危及美国的国家利益。更重要的是,它还会对纳税人造成负面影响;它会破坏国家主权、金融隐私,并且会阻碍技术革新,导致贸易保护主义,破坏法律规则"[1]。中心的努力没有白费,2001年5月美国国务卿奥尼尔发表这样一项声明:"美国不支持任何干涉别国税率和税制的行为,并且也不会参加任何统一世界税制的行动方案。美国对于遏制能够迫使政府提高效率的税收竞争没有兴趣。"美国撤回支持的行为给予经合组织反税收竞争计划巨大的打击,尽管美国随后撤销了这一声明,却使反税收竞争项目的重心大部分转移到了信息交换。

综上,针对日益突出的税收竞争等问题,为逐步建立和推进税收国际协调合作秩序,经合组织试图重新诠释税收主权的内涵,强调税收主权应当包含不损害他国利益的附随责任。同时,试图揭示有害税收竞争最终将实际损害各国的税收主权,而协调合作才能在事实上真正地维护各国的税收主权。然而,经合组织逐步推进的反税收竞争计划及其所提出的关于税收主权的新诠释没有获得广泛的接受,经合组织成员国之外的许多国家依

---

[1] See Diane Ring, "What's at Stake in the Sovereignty Debate?: International Tax and the Nation-State", *Virginia Journal of International Law*, Vol. 49, No. 1, 2008, p. 195.

然坚持传统的税收主权观,甚至经合组织成员国之间以及国内也存在不同意见。经合组织的反税收竞争计划所引发的税收主权之争再次反映了传统税收主权观依然在发挥作用。但是,在经济全球化的条件下,传统税收主权观所具有的绝对性与非合作性确实导致了各种严重的问题,这就需要塑造一种能够充分协调和平衡各国利益的新税收主权观。经合组织虽然对税收主权提出了新诠释,但在内容和程序上没有充分地协调平衡各国利益,过多地迎合了发达国家的需要,这势必无法塑造一种为各国所广泛接受的新税收主权观。

第二节 新税收主权观的形成与内涵

一、新税收主权观形成的背景

传统税收主权观的局限性凸显,已越来越不能适应时代的需要,无益于纷繁复杂的国际税收争议的解决。由主权理论的发展轨迹我们得知,主权并不是一个一成不变的哲学式教条,而是一个应时而变的政治和法律概念。当社会现实改变之后,主权内涵的改变也势所必然。如今,社会政治经济已发生了深刻变化,税收主权观的转变不可避免。本节将从三个方面分析新税收主权观形成的背景。

(一)经济全球化对传统税收主权的冲击

从一般意义上来说,经济全球化的目的是要加强各国间的经济联系,并最终建立一个全球市场。在这个全球性的市场中,商品和资本、技术、劳动力等生产要素将不再局限于一国之内,而是可以在世界范围内自由流动,资源也可以在世界范围内进行合理配置。在经济全球化的过程中,民族性越来越弱,世界性越来越强。而主权是在欧洲割据、分化时期,伴随着近代国家的产生而出现的概念。这决定了主权是为划定界限而生,其作用是确保统治者对特定范围内的领土、人口实施最高控制权。两者产生时的本质差异导致了它们之间的巨大矛盾与冲突。

经济全球化的深化发展要求打破国别界限,这势必会对存在于国家之上的主权造成冲击。具体来说,经济全球化对传统国家主权的冲击表现在三个方面:

第一,来自于国际组织(协定)的冲击。在经济全球化背景下,一项经济活动可能会跨越国界，涉及到多个国家。单个国家的立法无法对这种经济活动实行有效的监管，这就需要制定相应的国际规则及执行这些规则的国际组织。然而，在国家同意制定相关的国际规则后，就要受这些规则的约束，无法像以前一样随心所欲。这意味着，国家通过制定国际规则，同意将一部分主权让渡给国际组织，以便国际组织履行其职能。如此，增加了国际组织的权力，却限制了国家主权。

第二，来自跨国公司的冲击。跨国公司是全球化的最大受益者，它通过一系列的全球战略，在世界范围内积累财富，具有雄厚的经济实力。跨国公司对主权的冲击主要体现在：（1）利用其强劲的经济实力和庞大的全球网络，可以逃脱母国和东道国的控制；（2）通过直接施加压力和寻求或培植代理人，影响东道国和母国的决策；（3）通过"公司文化"的营造和推广，传播管理方式、价值观念、文化意识等，改变东道国和母国的旧有传统价值；（4）通过培训超越国籍和种族的"公司公民"，形成"无国界经济"或"无国籍企业"，将对公司的忠诚提升到对国家的忠诚之上；（5）跨国公司创造的税收，更使单一民族国家要从原先的国有化运动转向主动限制主权，与整个世界竞争。①

第三，来自非政府组织的冲击。非政府组织往往是一国内的非国家利益主体结成的公开支持或反对全球化运动的组织。非政府组织往往从自身利益出发，对政府决策施加压力，从而影响国家主权的行使。

主权与经济全球化有着内在的根本矛盾，作为主权的一个方面和一种表现，税收主权与经济全球化也存在相似的矛盾。但在与经济全球化的关系中，税收主权既有主权普遍具有的属性，也有自身的特殊之处。② 如传统主权的基本出发点是权力，税收主权作为主权的固有部分，当然也是彰显权力的途径。但税收毕竟是获得财政收入、支撑国家机器正常运行的重要手段，因而税收主权也以利益为考量点，行使权力是为了获得利益和再分配利益。从这一点上来看，税收主权与完全由利益推动的经济全球化是相通的。

随着经济全球化的深入发展，国际上出现了"主权过时"的论调，

---

① 刘力：《经济全球化对国家主权的冲击与"新主权观"》，《世界经济与政治》2002年第4期。

② 侯茜：《经济全球化背景下的税收主权问题研究》，博士学位论文，重庆大学，2007年4月。

一些学者断定,传统的国家主权已经开始彻底崩溃,国家主权已经成为一个过时的概念,国际政治的"后威斯特伐利亚"时代已经来临。① 国家的工具作用和它对主权的要求更可能成为问题的一部分,而无助于问题的解决。② 这些论调过分夸大了经济全球化对主权的冲击,是完全没有根据的。尽管主权受到了一定冲击,但现在的国际社会仍然以主权国家为基本单位。主权国家仍然是国际规则的主要制定者,国家利益仍然是最根本的政治利益,短期内并无法建立一个"世界政府",凌驾于主权国家之上。尽管现代国际社会建立了各种各样的国际机制,而且其功能日益强大和完善,但是,国际机制的运行和实际效用仍然主要依赖于各参与国家的具体的实际行动,相反,如果不与主权国家相联系并作为依托,国际机制的作用就会飘忽不定。国际机制不应该被视为构成一种"超越民族国家至上"的新国际秩序的要素,而应该从行为者自身利益的推动下所达成的一系列协议安排的意义上来理解。国际机制主要构成了国际社会中的一种调解性因素(Intermediate Factors)或者是"干扰性的变量"(Intervening Variables)。③

税收主权虽然并未消亡,却亟待改变。传统的税收主权观建立在各国经济相对独立的基础上,强调绝对性、独占性。但经济全球化却使各国经济联系日益紧密,使各国的税收政策日益相关。一国实行什么样的税制往往会影响其他相关国家的税收能力,从而产生溢出效应。这时如果再坚持绝对的税收主权观,势必在国家间形成主权对抗,造成两败俱伤的局面。因此,经济全球化呼唤"新税收主权观"的出现。

(二)经合组织的活动加速了新税收主权观的形成

经合组织可谓是挑战传统税收主权的急先锋。早在 1996 年,经合组织就开始了规制有害税收竞争的活动,并于 1998 年发布了《1998 年报告》。该报告确定了识别有害优惠税制和避税港的标准。在 2000 年发布的后续报告中,经合组织更是公布了一份符合避税港标准的国家和地区的名单,并要求它们承诺消除有害税收,否则将被列入不合作避税港的名单

---

① 俞可平:《论全球化与国家主权》,《马克思主义与现实》2004 年第 1 期。
② [澳]凯米莱里、福尔克:《主权的终结?——日趋"缩小"和"碎片化"的世界政治》,李东燕译,浙江人民出版社 2001 年版,第 224 页。
③ 参见[美]罗伯特·基欧汉《霸权之后:世界政治经济中的合作与纷争》,苏长和等译,上海人民出版社 2006 年版,第 61—63 页。

中。尽管经合组织的这一行动遭到了避税地国家的激烈反弹,并受到多方批评和指摘,却引发了有关税收主权的有益探讨。经合组织在回应避税地国家指责其干涉主权的时候提出了一种值得探讨的观点,"主权不仅包括免受外在干涉,还包含不损害其他主权国家法律的附随责任"。这种观点是否正确我们暂不讨论,但经合组织确实突破了传统税收主权观的藩篱,为税收主权的内涵分析提供了一种新的视角。另外,经合组织还一直致力于推动税收信息交换工作的开展,并取得了一定成效。这也间接促进了税收主权观的转变。

总之,经合组织开展的各项税收活动或直接或间接地推动了税收主权观的转变。虽然,在这过程中经合组织并不总是正确,但它却会引起人们关注、讨论,让相关各方都参与进来,进而加速了新税收主权观的形成。

(三) 金融危机的爆发是新税收主权观最终形成的直接动因

2008年,全球金融危机爆发,并以迅雷不及掩耳之势向全世界蔓延。一些发达国家的国库本就捉襟见肘,又常年入不敷出,债台高筑,金融危机的爆发更恶化了这一状况。为了渡过危机,增加财政收入,这些国家选择向避税天堂开刀,规制国际避税的热情从未如此高涨。而危机的迅速蔓延也让避税地国家认识到各国的经济息息相关,对抗只能两败俱伤,合作才能谋求共赢。在随后的一年里,各国纷纷采纳了经合组织有关税收透明度与信息交换的国际标准,并积极与相关国家开展双边税收协定的谈判。似乎,新税收主权观的时代已经来临。

二、新税收主权观的法理基础

(一) 主权责任理论

在国际社会里,依据传统的主权观念,每个主权国家都有着独立自主地决定本国内外事务的权利,不容他国干涉,也就是说,只要不违反国际法上的禁止性规范,以及所承担的具体的条约义务或习惯法义务,国家可以自由地行使主权以实现本国的利益。至于是否影响、损害了他国权益则不是一个应当必须考虑的问题。但是,在一个相互联系依赖日益紧密的国际社会里,各自为政地行使主权容易出现各种矛盾、冲突。20世纪初的希腊国际法学家波利蒂斯就认为:"国际关系的发展愈迅速,国家的自由就愈受限制,当国际关系在连带关系上每前进一步,国家的自由就会受到一种新的限制。"① 因此，为了能形成一个合作协调的国际秩序，各国主权需要得到协调、限制。为此，"权利行使不损害他人"这一罗马法上的古老原则在现代国际社会中已经得到逐步确认，其在国际法上基本含义就是指，为了应对各种复杂多样的跨国层面的问题，以及各国的合法权益之间的矛盾冲突，一国在合法行使自己的主权时，不能损害他国的主权、利益以及国际社会的共同利益。詹宁斯·瓦茨认为，"使用自己财产应不损及他人财产"的格言，就像适用于个人之间的关系一样，也适用于国家之间的关系，在国际法上的主要目的是平衡，一方面是国家自由地做出其有权做出的一切事情的权利；另一方面是其他国家享有同样行动自由而不受来自其边界以外的有害干预的权利。② 马尔科姆·N. 肖指出："基于绝对的领土主权，国家可以不顾对其他国家的影响而为所欲为，这样做被认为是为国际法所支持的观点长期以来已遭到质疑。国家承担的基本责任是不要做出有损于他国权利的行为。"③ 在联合国国际法委员会关于国际责任的讨论和意见中，"权利行使不损害他人"的罗马法原则也得到了广泛的承认，并成为对国际责任分析研究和编纂的基础。国际法委员会认为，如果认为只要国际法和国际协定未禁止什么，国家就可以为所欲为地行使权利，实质上就是回到了无法律的原始状态，其结果强国必将牺牲弱国利益。因此，国际法委员会在其《关于国际法不加禁止的行为所造成损害的国际责任的条款草案及其评注》中指出，条款草案应遵循国际法中的牢固原则，即"使用自己的财产应不损及他人的财产"。总之，现代国际法已经对各国行使主权提出了一个基本的原则性限制，即"行使主权应不损害他国权益以及国际社会的共同利益"。

在20世纪进入尾声时，国际社会出现了一种新的观点——主权权力伴随着主权责任，即要建立一种负责任的主权。负责任主权是由非洲政治家、学者弗朗西斯·邓在20世纪90年代最先提出来的，他认为负责任主权意味着："国家政府有义务保障国民最低水准的安全和社会福祉，对本

---

① [希腊] 尼古拉斯·波利蒂斯：《国际法的新趋势》，原江译，云南人民出版社2004年版，第10页。

② 参见 [英] 詹宁斯·瓦茨修订《奥本海国际法》第一卷第一分册，王铁崖译，中国大百科全书出版社1995年版，第304页。

③ [英] 马尔科姆·N. 肖：《国际法》（第五版）下，北京大学出版社2005年版（英文2003年版影印本），第760页。

国国民和国际社会均负有责任。"① 负责任主权是与传统主权不同的，传统主权强调不干涉原则，而负责任主权则认为国家对于本国国民和其他国家均负有责任。在随后的发展中，负责任主权的内涵被进一步拓展："负责任主权号召所有国家对自己那些产生国际影响的行为负责任，要求国家将相互负责作为重建和扩展国际秩序基础的核心原则、作为国家为本国国民提供福祉时的核心原则。在一个安全相互依存的世界上，国家在履行对国民责任的同时，必然与其他国家发生关联。负责任主权还意味着世界强国负有积极的责任，帮助较弱的国家加强行使主权的能力，这就是建设责任。"② 拓展后的负责任主权更加强化了一国对于其他国家和国际社会的责任。

"负责任主权"作为一个偏正短语，其核心词汇是主权，负责任是对主权的限制。尽管主权受到了全球化的大力冲击，但在当今世界，主权国家仍然是最重要的国际法主体，主权原则仍将在相当长的一段时间内继续存在，并发挥着保护主权国家不受侵犯的重要作用。然而，主权有时候也会被主权国家用作逃避自己行为责任的挡箭牌，如果不建立一种负责任的主权，则很难解决任何重大的国际问题。强调负责任，是因为在一个充满跨国问题的世界上，传统主权已不能保证国际秩序，在一些重要领域甚至破坏了秩序。③ 国际社会里的主权既不是神赐的先验性的绝对权力，也不算世俗世界所凭空拥有的权力魔杖，它是一定条件下国际社会既存的共同规则约束下的产物，它不能脱离它赖以产生的客观环境和社会规则。④ 因此，在全球化的今天，"主权不仅意味着权利，而且意味着责任。主权意味着双重的责任：对外是尊重别国的主权，对内是尊重国内所有人的尊严和基本权利。在某种程度上作为责任的主权，在国际实践中日益得到广泛承认"。⑤

---

① Francis M. Deng and others, *Sovereignty as Responsibility: Conflict Management in Africa*, Washington DC: Brookings Institution Press, 1996, pp. 14—20.

② ［美］布鲁斯·琼斯、卡洛斯·帕斯夸尔、斯蒂芬·约翰·斯特德曼：《权力与责任：构建跨国威胁时代的国际秩序》，秦亚青、朱立群、王燕、魏玲译，世界知识出版社2009年版，第9页。

③ 同上书，第10页。

④ 赵洲：《主权责任论》，法律出版社2010年版，第49页。

⑤ 余敏友：《全球治理与中国》，载曾令良、余敏友主编《全球化时代的国际法——基础、结构与挑战》，武汉大学出版社2005年版，第5页。

税收主权作为主权的一种具体形式，也要强调其负责任性。事实上，由于税收具有关联性，一国的税制往往会对其他国家造成影响，从而产生溢出效应。出于主权责任理论，一国要尽量减少本国税收政策的负外部性。强调税收主权的负责任性，不是为了削弱各国的税收主权，恰恰是让各国更好地维护它。

（二）全球社会契约理论

社会契约理论最早是由霍布斯提出的。该理论指出在国家产生以前，人类处于一种互相对抗的原初自然状态，在这种自然状态下，人人平等而自由，却又可能因为利益而不断争斗，为了保障安全，人们在自然法的指引下签订契约，将属于自己所有的一部分权利让渡给一个人或一些人，从此人类脱离了原初的自然状态，开始进入政治社会。这个政治社会就是国家，接受原初状态下的人类让渡的权利的人就是这个国家的统治者，他拥有最高权力，所有订立契约的人都得服从他的意志。社会契约理论阐述了主权权力的合法性来源，论证了国家统治的正当性。

美国学者约翰·罗尔斯进一步把社会契约的自由观念拓展到万民法。他指出，存在两种原初状态，第一种存在处于国内社会之中，第二种存在于全球性社会之中。假设处于无政府"原初状态"下的人们对自己在社会中的最终地位不明确，他们就会在他们中间建立一个公正的社会契约。形成的契约要求每个人都能平等地享受一系列的基本自由权利，在这些基本权利之外的社会和经济的不平等只能以机会均等以及维持和改善最弱势群体的命运为前提。罗尔斯下结论说，因为所有理性的民族都会追求这些相同的理想，所有的社会将建立在这些原则之上，以成为他所说的"有序"社会。① 在《万民法》中，罗尔斯在提出"公共理性新论"使得社会契约理论具有国际意义，他扩展了《正义论》的主题，将世界各国比作第二级的原始状态成员，成员国通过达成第二级别的社会契约来确立管理国际社会的公正方式。② 罗尔斯认为代表成员国的官方代表将会选择重视成员国之间相互独立和不干涉原则的国际制度，同时为所有成员国赋予一系列的基本权利。罗尔斯认为在政治与社会世界里，有五种类型的国内

---

① See Allison Christians, "Sovereignty, Taxation and Social Contract", *Minnesota Journal of International Law*, Vol. 18, No. 1, 2009, p. 146.

② [美]约翰·罗尔斯：《万民法——公共理性观念新论》，张晓辉、李仁良、邵红丽、李鑫等译，吉林人民出版社2011年版，第25—26页。

社会，分别为自由社会、合宜社会、法外国家、负担不利条件的社会和仁慈专制主义社会。① 全球社会契约首先在自由社会之间得以订立，然后合宜的等级制社会（理性但不一定自由）自愿加入这个第二级别的契约，因为这符合它们的根本利益。

根据罗尔斯的理论，人类第一次结成契约、摆脱原初状态后组成了主权国家。然而，从全球层面来看，各自拥有主权的国家又进入了第二层次的原初状态。为了摆脱这种原初状态，国家间选择订立契约来限制自己的一部分主权权力。然而，罗尔斯的理论并不足以解释国家间合作的原因，因为存在这样一种情况，即国家不会选择签订契约，因为在签订契约之后没有占据比原初状态下更为有利的地位。这里，我们有必要引入主权责任理论，来解释国家签订契约寻求合作的原因。在没有签订全球社会契约以前，各国在税收领域处于自由竞争的无序状态，并利用各自的主权互相进行对抗。在意识到各国税收政策具有相关性、一国的税收主权要依靠其他国家的尊重才能实现时，主权国家纷纷选择摆脱这种无序的原初状态，主动与其他国家订立契约，限制自己的一部分主权权力。这样，通过订立全球社会契约，各国逐渐放弃绝对的税收主权观，转而青睐负责任的新税收主权观。

三、新税收主权观的内涵

在经济全球化的大背景下，各国的税收越来越具有相关性。一国的税收政策往往不只对国内产生影响，还会影响其他国家的税收能力。传统税收主权观由于其绝对性和非合作性，已不能解决现今愈演愈烈的税收矛盾和争议，甚至会阻碍国际税收行政合作的发展。在这种情况下，税收主权观的嬗变势所必然，新的税收主权观应运而生。

新的税收主权观是一种负责任的主权观。对于它的理解有两个要点：一方面税收是一国保障政府持续运行、推进财政政策以调控经济和维护社会公平的重要资源和手段，因此，新税收主权观首先承认各国拥有税收主权，承认一国有根据自己的经济发展目标制定相应的税收政策的权力；另

---

① ［美］约翰·罗尔斯：《万民法——公共理性观念新论》，张晓辉、李仁良、邵红丽、李鑫等译，吉林人民出版社2011年版，第51页。

一方面税收的相关性使各国税收政策的溢出效应增强,为了减少一国税制的负外部影响,新税收主权观在强调税收主权的同时又指出这种权力不是绝对的、不受限制的,它要受到责任观点的制约——不仅要对本国国民负责,也要对其他国家和整个国际社会负责。

新的负责任的税收主权观要求各国不仅要关注国内税收利益,更要关注国际税收利益;不仅要着眼于眼前利益,更要协调规划长远利益;不仅要推动本国的经济社会发展,更要致力于国际社会的共同发展。负责任的税收主权并不意味着硬性限制税收主权权力,它赋予主权以一种弹性的平衡调整性质,其效果是产生一种结构性的规范约束效力,从而促使各国在享有税收行动自由的同时,与相关各方进行必要的协调平衡。①

下面,笔者将从负责任性和合作性两个方面具体论述新税收主权观的内涵和表现。

(一) 负责任性

新的税收主权观在主权理论中引入了责任观点,并且认为一国在设计其税制时不仅要对本国国民负责,还要对其他国家和国际社会负责。然而,关于主权责任的标准到底是什么,又由谁来制定这一标准,国际上好像并没有统一定论。经合组织作为推进国际税收合作、促进税收主权观转变的主要机构,其对于责任标准虽然并没有明确定义,我们却可以从它历年发布的报告中一窥端倪。根据经合组织历年发布的报告,我们可以提炼出隐含的责任标准:

第一,任何国家不得为其他国家的居民提供逃税、避税的便利条件,侵蚀其他国家的税基。在《1998 年报告》中,经合组织提出的界定避税港的四个要素中的其中一个就是跨国纳税人在避税港缺乏实际的经济活动,而只是被动拥有投资,利用避税港的低税率和严格的保密制度来逃避母国的税收监管。因此,经合组织认为避税天堂"可能给其他国家的税收制度带来危害,因为避税国促进了企业及个人所得税的逃税和避税"。②同样的,在定义税收优惠体制时,经合组织指出因持有被动投资或账面利

---

① 崔晓静:《论国际税收协调法律机制之构建——以负责任税收主权为基础》,《法学评论》2010 年第 5 期。

② See OECD, *Harmful Tax Competition: An Emerging Global Issue*, OECD Publishing, 1998 (http://www.oecd.org/tax/transparency/44430243.pdf).

润，国家会利用这些优惠体制提供位置优势，或者会使资本流出母国国界。它还指出这些税收优惠税制"将只对国外课税基础产生负面影响"，将允许东道国"几乎或完全不承担其优惠税收立法的经济负担"，将允许纳税人受益于母国基础设施但不承担费用，并且将在竞争中保护国内市场的同时对其他国家产生"不利的外溢影响"。[①] 因此，主权责任的第一个标准就是不得为跨国纳税人的"免费搭车"行为提供便利，从而影响其他国家的税收能力。

第二，主权国家有责任保障税收信息的有效交换，采纳国际税收透明度与信息交换标准，维护税收中立性原则。经合组织将税收信息交换与税收透明度当作健全税收体制的两大支柱，并指出缺乏这些标准的国家"将会使东道国很难采取防御措施"。这种情况"可能导致相同背景下的纳税人受到不平等待遇"，从而会造成国际税收体系的非中立性。[②] 一国的税收信息若不透明或缺乏有效的交换途径，往往会为跨国纳税人的避税活动撑起一把保护伞，使其母国无法获得跨国纳税人的真实财务状况，从而无法监管其避税活动。跨国避税者享受了母国提供的健全的基础设施和良好的政治法律环境，却完全不用为此付出对价，成为公用基础设施的免费搭车者。这会加重非跨国纳税主体的税负负担，违反了税收中立原则。因此，经合组织在报告中提出了不破坏其他国家的税收中立和税负公平的隐含责任。

第三，任何国家不得追求无保障的竞争优势，削弱其他国家的税收自治权。经合组织试图为国家间的恰当的税收竞争制定标准，但这一做法却引发了对传统主权理论的挑战。《2000年的报告》具体讨论了国家如何利用各种税收惯例来追求一种"没有保障的"竞争优势。[③] 如果有一国为了吸引国际流动资本而降低税率或实行优惠税收制度，其他国家为了保持竞争优势，竞相效仿降低税率，从而使各国陷入非理性的比赛陷阱当中。最终，会将直接税的有效税率协调在零税率上，从而减少了每个参与竞争国家的税收收入。经合组织成员国及非成员国被认为"置身于因有害税收

---

① See OECD, *Harmful Tax Competition: An Emerging Global Issue*, OECD Publishing, 1998 (http://www.oecd.org/tax/transparency/44430243.pdf).

② See Id.

③ See OECD, *Towards Global Tax Co-operation: Progress in Identifying and Eliminating Harmful Tax Practices*, 2000, p. 22 (http://www.oecd.org/tax/transparency/44430257.pdf).

竞争导致的重大税收损失风险中",这"对发展中国家的经济将是一个重大威胁"。① 有害税收实践因此被定义为"重大扭曲","会导致从某些特定活动向经合组织区以外经济体的转移,为他们提供没有保障的竞争优势,限制经合组织整体合作的有效性"。②

第四,主权国家有责任遵守某些公认的国际标准,并利用国际网络推广这些标准。在《1998年报告》中,经合组织指出"国家有构建他们税收体系的自由,只要他们同时遵守了国际法上的被认可的标准"。③ 而在后续的进展报告中不再谈论税收竞争的危害,而是将重点转向"所有国家和法域之间的公平竞争环境"的标准。④ 经合组织认为所有国家都采取这些标准是很关键的,并且,经合组织指出个别国家应该通过"公正、公平和均衡"的方法鼓励其他国家采取这些标准。⑤ 例如,经合组织指出,国家"可以考虑如何利用其所属的组织、所参加的论坛以及与其商业团体之间的交流来鼓励其他国家采取这些惯例"。

关于主权国家在行使税收主权时要对哪些事项负责、怎么负责,国际上尚无定论。就连一向致力于主权责任理论推广的经合组织在其报告中也是语焉不详,我们只能凭其措辞猜测一二。对于主权责任标准的明确,有待于进一步研究和论证。但笔者认为,对主权责任标准应严格解释,防止相关国家作扩大化解释,从而将其作为攻击其他国家主权的工具。我们强调负责任并不是弱国对强国单方面的责任,而是建立在平等基础上的互相负责。然而,由于在政治、经济和军事实力上的差距,每个国家维护自己主权的能力是不同的,在谈判中所处的地位也不同,在实践中容易发生强国利用其相对优势强迫弱国作出让步,变相损害其自主权的现象。这是与负责任的税收主权观背道而驰的。为了防止这种现象的发生,我们需要通过一个具有广泛代表性的平台,在保证相关国家充分参与并有效讨论的前

---

① See OECD, The OECD's Project on Harmful Tax Practices: The 2001 Progress Report, 2001, p. 4 (http://www.oecd.org/ctp/harmful/2664438.pdf).

② See Id.

③ See OECD, *Harmful Tax Competition: An Emerging Global Issue*, OECD Publishing, 1998 (http://www.oecd.org/tax/transparency/44430243.pdf).

④ See OECD, The OECD's Project on Harmful Tax Practices: The 2004 Progress Report, 2004, p. 4 (http://www.oecd.org/ctp/harmful/30901115.pdf).

⑤ See Allison Christians, "Sovereignty, Taxation and Social Contract", *Minnesota Journal of International Law*, Vol. 18, No. 1, 2009, p. 146.

提下，讨论责任的标准问题。

（二）合作性

根据传统的税收主权观，一国有权根据自己的国情和经济发展目标独立自主地制定本国的税收政策，而不受其他任何国家和国际组织的干涉。可见，传统税收主权主要着眼于国内，强调国家对本国税制的最高控制权，并不要求各国在税收事项上进行合作。而新的税收主权观则强调负责任性——不仅要对本国国民负责，还要对其他国家和国际社会负责，减少本国税收政策的负外部溢出。根据负责任的税收主权观，一国在制定税收政策时不仅要着眼于国内，更要放眼国际，防止对其他国家的税收政策造成冲击。要完成这一目标，各国必须要在税收事项上进行合作，在国际层面上进行税收合作。可见，合作性实则是负责任性的内在要求。

在新的税收主权观的指引下，国际税收行政合作取得了长足的进步，其中最为瞩目的要数税收信息交换和同行评议程序的发展。下面笔者将通过阐述这两方面的发展进程来论证新税收主权观的合作性。

税收信息交换原则是随着全球化的深入发展和跨国逃、避税活动的越发猖狂而产生并变得越发重要的。跨国纳税主体尤其是跨国公司得益于经济全球化的深化发展，利用各国税制和税率的不同，在全世界范围内进行税收筹划，利用转移定价、资本弱化和在避税港设立傀儡公司等手段，逃避其母国主管当局的税收监管。一国税收主管当局要想打击这种跨国逃、避税行为，就必须了解跨国纳税人的跨国经营情况和相关涉税情况，这就有赖于相关国家提供真实可靠的税收信息。由于是否提供税收信息完全属于一国主权范围内的事情，在事先没有协议的情况下，相关国家有权拒绝税收信息交换的请求。这要求国家间在情报获得和交换方面进行合作。基于国家间税收信息交换对于打击逃、避税行为的重要性，国际双边或多边税收协定中一般都有税收信息交换条款。目前，在国际范围内，《联合国关于发达国家与发展中国家间避免双重征税的协定范本》（Model Double Taxation Convention Between Developed and Developing Countries UN，以下简称《联合国范本》）第 26 条、《经合组织关于对所得和财产避免双重征税的协议范本》（Model Convention for the Avoidance of Double Taxation with Respect to Taxeson Income and on Capital，以下简称《经合组织范本》）第 26 条和《美国税收协定范本》第 26 条都是专门关于信息交换的条款,因此,它又被称为"协定中的协定"。①2004年12月,20国集团柏林会议上20国财长签署了《柏林宣言》,对税收信息交换和提高税收透明度提出了明确的目标。通过柏林会议和《柏林宣言》,经合组织对《经合组织范本》第26条做了全面修改:② 2012年7月,经合组织再次对《经合组织范本》第26条进行了修改。③ 新修订的协议允许分组请求,这就意味着税务当局可以要求分组提供纳税人的信息,而无须提供个体姓名。这也预示着税收信息交换又向前迈出了一大步。

传统税收主权观认为税收信息交换完全属于一国主权范围内的事项,主权国家可以自主决定是否进行交换以及交换的范围和方式。然而,随着经济全球化的进一步深化,国家间的经济联系日益紧密,各国也越来越意识到税收信息交换的重要性。传统税收主权观由于其局限性,已不能满足国家间在税收信息交换上合作的愿望。新的负责任的税收主权观在促进税收信息交换方面起到了重要作用。这主要体现在两方面:第一,经合组织成立了专门机构——全球税收论坛来推动各国间的税收信息交换合作。全球税收论坛成员除经合组织国家外,还将一些典型的避税地国家吸纳进来,有助于弥补经合组织代表性的不足。这表明经合组织放弃了之前单边点名、施压等涉嫌侵犯主权的手段,转而寻求与避税地国家或地区合作,这为税收信息交换的发展减少了不少阻力。第二,避税地国家或地区也转变了态度,不再消极被动地应对经合组织的反避税措施,而是积极主动参与税收透明度与信息交换标准的制定。避税地国家还同意修改相关国内法以满足税收信息有效交换与透明度标准。在负责任税收主权观的指导下,经合组织和传统的避税地国家或地区放弃了对抗,转向合作。

全球金融危机爆发后,20国集团呼吁各国在更广阔的平台上进行税收信息交换合作。在2009年召开的墨西哥会议上,全球税收论坛进行了重组,并正式更名为"全球税收透明度与信息交换论坛"(Global Forum on Transparency and Exchange of Information,以下简称全球税收论坛)。重

---

① 李爽:《国际反避税合作中进行信息交换的障碍及对策》,《涉外税务》2002年第6期。

② 付慧姝:《税收情报交换制度法律问题研究》,群众出版社2011年版,第52—53页。

③ See OECD, Tax: OECD updates OECD Model Tax Convention to Extend Information Requests to Groups, July 2012 (http://www.oecd.org/ctp/taxoecdupdatesoecdmodeltaxconventiontoextendinformationrequeststogroups.htm)。

组的全球税收论坛向所有的经合组织国家和非经合组织国家开放，迄今为止，已有120个成员国。[①] 其中不但包括了经合组织国家，还包括了许多原本被认定为避税地的国家或地区，这大大拓宽了情报交换合作的基础和平台，弥补了经合组织代表性的不足，体现了包容性和开放性。根据20国集团的授权，重组后的全球税收论坛被赋予了实施同行评议程序的新职能，以监督和促进国家间税收透明度与信息交换原则的执行。同行评议程序分为两个阶段：第一阶段审查各国家或地区在税收透明度与信息交换方面的法律和监管机制，包括对国内法和国家间信息交换协定的评估；第二阶段重在审查情报交换的有效性，即各国对透明度原则的实际执行情况。目前，大多数管辖区都已完成了第一阶段的审查，开始进入第二阶段。[②]

从最初经合组织开展反有害税收竞争行动时，各主要避税港（包括瑞士和卢森堡）激烈反对，认为经合组织侵犯了它们的主权，到现在这些国家自愿加入全球税收论坛，承诺并已大部分执行税收透明度标准，前后变化不可谓不大。这说明现在世界上大部分国家都已放弃传统的税收主权观，不再一味死守绝对主权。他们意识到在行使主权权利的同时，也有责任不损害其他国家主权，税收主权实质上是一种负责任主权。而实现负责任税收主权的最好方式就是在国际平台上广泛地进行合作。当然，这种合作应当建立在平等自愿的基础上，大国不能凭借强权逼迫弱小国家进行合作，或使其在合作中处于不利地位，这也是违反负责任税收主权的。

综上，负责任的新税收主权观所强调的是，各国行使税收主权应当充分考虑其外部效果，尤其是对他国税收的不利影响，负责任地制定和实施国内税收政策与法规，并与他国进行充分地协调合作。但是，需要进一步指出的是，新税收主权观所提出的要求必须以利益的平衡协调为目的和基础，而不是简单地对一国税收主权予以硬性限制。对于广大的发展中国家或小国而言，这显得尤为必要。如果缺乏利益的平衡协调，新税收主权观所要求的负责任性和合作性将丧失公正合理性。在一个实力和资源不平等的国际社会中，缺乏利益的平衡协调，新税收主权观将只能成为强国损害弱国税收主权和国际利益的工具。

---

① See OECD, Members of the Global Forum (http://www.oecd.org/tax/transparency/membersoftheglobalforum.htm).

② 全球税收论坛原定于2012年底完成第一阶段的审查，但在2011年的巴黎会议上，全球税收论坛将第一阶段的审查期限延展至2015年底。

利益的平衡协调并非只是新税收主权观中的一个抽象的原则基础，而是现实的具体的利益平衡。在对各国税收主权提出负责任性与合作性的具体要求时，应考虑到各国的不同具体情况和利益需求。例如，大多数的离岸金融中心拥有两个特点，反映了其税收政策的历史性发展。首先，他们在地理、人口和经济实力方面规模较小。经合组织开始认为有 41 个国家符合其避税港的标准。这 41 个国家总共的地理面积比新西兰还小，正如他们国内生产总值的总量一样；总人口比伊利诺伊州的人口还要少。其次，大多数离岸金融中心是岛屿或者地理上与外界隔绝，这与在岸国有很大的差别。因此，离岸金融中心的小规模以及相对隔绝使得像在岸国一样对雇佣者征收所得税，对于获取财政收入来说是极其无效率的。离岸金融中心的政府服务相对而言比较便宜，并且不需要在岸国那么多的费用。通常离岸金融中心政府可以通过向进口商品征收关税来满足其财政需求。而且，由于大多数离岸金融中心是岛国，他们更容易减少税收流失的现象——税务机关只需要检测在本国卸货的船舶即可。一般情况下这一体系运行良好并且比那些拥有昂贵的印刷、申报、审计和记录要求的系统更有效率。许多离岸金融中心财政收入所依据的关税体制的另一后果是政府只能从其公民处获得较少的财政收入和相关信息。由于所得税征税体制缺乏申报制度，政府没有个人收入、可扣除额、银行账户信息等的数量类型以及来源的记录。所以，那些习惯于这种制度的人反对获取在离岸金融中心活动的纳税人此种信息是不足为奇的。总之，离岸金融中心强烈反对在岸国家规制其税率和税种的设想。它们基于平衡财政收入以及税收征管体系成本的考虑，作出了不向所得进行征税的决定。离岸国将外来的规制要求视为对其税收主权的干涉并将在岸国的想法视为威吓。[①] 因此，实施负责任的税收主权应当充分考虑到离岸国的具体情况，协调平衡离岸国的利益需求。

利益的平衡协调同时应考虑区分发达和发展中国家的不同的责任能力，以及发展中国家的利益和特殊需要。对发展中国家而言，由于科技、经济和社会条件的落后与发展阶段的不同，某些适用于发达国家的税收主

---

① See Craig M. Boise, "Regulating Tax Competition in Offshore Financial Centers", *Case Legal Studies Research Paper No.* 08—26, 2008（http：//papers.ssrn.com/sol3/papers.cfm? abstract – id = 1266329）.

权责任标准不一定适合于发展中国家，甚至是一种难以实现的责任负担。同时，发达国家由于处于优势地位在经济全球化中谋取了更多的利益。因此，发达国家在利益均衡上应承担更多的责任，这也体现了实质正义的基本要求。当然，这并不排除发展中国家随着责任能力和利益获取的提高，发展中国家在税收合作领域将逐步承担更多的责任。从深层次上讲，利益的平衡协调不是单纯地就税收主权问题进行孤立封闭地博弈协商，它所要面对的是，国家依据其税收主权谋求本国正当权益和国际责任负担之间的广泛而深刻的矛盾，因此，利益的平衡协调应放在"建立一个和谐公正的国际政治经济秩序"的宏观背景和框架中予以处理。

博丹系统提出主权理论之时，正值国家刚完成统一，中央集权的统治根基并不牢固，因此，他特别强调主权的绝对性。此后，主权历经几个世纪的发展，其绝对性虽然不断遭到质疑，但从未被动摇。税收主权作为主权的核心利益，尤其强调对本国税收事务的绝对控制。然而，随着全球化的日益推进，绝对税收主权的局限性也不断暴露出来，它引发了有害税收竞争，妨碍税收信息的有效交换，已越来越不能适应时代的发展。从主权理论的发展轨迹中我们可以看出，不是主权决定现实，而是现实决定主权，主权的内涵总是与特定的社会历史相适应的。在全球经济发生深刻变革的今天，既然传统税收主权存在的社会历史条件已不复存在，税收主权观的转变就显得理所当然。

经合组织规制有害税收竞争的活动引发了一场激烈的主权论战。在这场论战中，经合组织与离岸避税地针锋相对。其中经合组织的辩护观点已初显主权责任的端倪，为新税收主权观的形成打下了坚实的基础。金融危机爆发后，各国迫切需要合作以打击国际避税行为，应对金融危机。在这种情况下，负责任的新税收主权观正式形成。负责任税收主权克服了传统税收主权的僵硬性，主张一国在行使主权的时候，附有减少本国税收政策的负外部性、不损害其他国际主权的附随义务。

负责任的新税收主权观是一种平等的主权观，主权国家之间的责任是互担的，而不是小国向大国、弱国向强国单方面的负责。然而，在实践中，由于各国经济、政治实力的悬殊，大国在国际协议的谈判中往往占据有利地位，形成的国际规范也往往体现它们的意志，所以往往遭到小国的抵制。在今后的国际协议的谈判中，大国不能一味只考虑本国利益，也要考虑到小国的实际情况。例如，一些离岸避税港由于国土面积小、资源匮乏、人口稀少，不能通过发展工业来促进经济的发展，只能依靠优惠税制来吸引流动投资，那么我们在推进国际税收行政合作时，就要充分考虑到这种状况，为这些国家提供一定的援助，以帮助其发展经济。只有这样，我们才能在更宽广的平台上进行税收行政合作。这也是负责任的新税收主权观的真意所在。负责任的新税收主权观具有内在的合作性，推动了系列双边和多边税收协议的签订。未来我们要在负责任税收主权的指导下，继续推进税收行政合作，打击国际避税活动。

第二章

国际税收行政合作新原则：
税收信息交换透明度原则

国际税收合作的核心内容是各国互相协作，促进各国充分执行税收信息交换透明度原则。因此，国际税收合作的有效开展，离不开税收信息交换透明度原则的发展和进步。国际税收信息交换透明度原则从产生到逐步完善，再到获得全球范围内的普遍认同，是一个渐进发展的过程。它产生于经合组织打击有害税收竞争的实践之中；逐步完善于经合组织与众多避税地的博弈之中，并针对那些传统的有害于税收透明和信息共享的障碍进行了大胆突破；最后在金融危机全面爆发后获得了全球性的认同，成为国际社会进行税收合作，促进国际税收标准贯彻执行的有力工具。本章将从国际税收信息交换透明度原则的产生背景、法律渊源、具体内涵、适用与影响，以及原则的体现五个方面，对其进行分析和阐述。

第一节 原则的产生背景

在经济全球化的背景下，各国经济环境日益由封闭走向开放，跨国投资也逐渐增加。然而，伴随着跨国投资的逐步发展，众多的"避税地"也应运而生，它们为跨境投资者逃避税负提供了强大的庇护。在短短半个世纪的时间内，避税地不仅繁衍到了美洲、欧洲和亚太地区，而且形成了一套十分健全的法规制度来支持机制和运作机制。

伴随着避税地对国际金融与经济秩序负面影响的日益加剧，国际社会已经很难容忍离岸金融中心完全游离于监管之外，对离岸金融中心进行国际监管的呼声日渐强烈，富有针对性和惩罚性的政策开始不断出台。

2002年《经合组织税收信息交换协定范本》（Agreement on Exchange

of Information on Tax Matters，以下简称《税收信息交换协定范本》）以及2004年修订的《经合组织范本》第26条，确定了税收信息交换透明度原则，即"被请求提供信息一方必须提供可预见性的相关信息"的原则。该原则已被纳入《联合国范本》。该原则的全称是"国际税收信息交换透明度原则"（International Standards of Transparency and Exchange of Information for Tax Purposes，以下简称"税收透明度原则"），2004年在柏林举行的20国集团财长和央行行长会议上通过了此原则。

金融危机爆发后，为了防止国际避税，加强国际税收信息合作，2009年4月，伦敦20国集团金融峰会决定强化实施国际税收透明度与信息交换的标准和原则。在打击避税和银行信息交换方面不合作的国家及地区将被经济合作与发展组织列入"黑名单"，并因此受到严厉制裁，比如将被排除在国际货币基金组织和世界银行的融资安排之外等。在履行国际税收透明度标准和原则方面存在着一定问题的国家和地区将被列入"灰名单"，较好地履行这一标准和原则的国家及地区将被列入"白名单"。（见表2-1）

表2-1　　　　"黑名单"和"灰名单"的司法辖区

黑名单				
哥斯达黎加	马来西亚	菲律宾	乌拉圭	
灰名单				
安道尔	库克群岛	荷属安的利兹群岛	安圭拉	多米尼加
纽埃	安提瓜和巴布达	直布罗陀	巴拿马	阿鲁巴
格林纳达	圣基茨和尼维斯	巴哈马	利比里亚	圣卢西亚
巴林	列支敦士登	圣文森特和格林纳丁斯	伯利兹	马绍尔群岛
圣玛力诺	英属维京群岛	蒙特塞拉特	特克斯和凯科斯群岛	开曼群岛
瑙鲁	瓦努阿图	奥地利	智利	新加坡
比利时	危地马拉	瑞士	文莱	卢森堡

截至2010年5月20日，"黑名单"变为空白，脱离"灰名单"的国家和地区已经达到28个，其中包括瑞士、比利时和摩纳哥等。这充分说明，在20国集团的推动下，国际税收透明度与信息交换的标准和原则已经为各国普遍接受。此后，为了进一步贯彻该原则，作为经合组织下设机构的全球税收论坛启动了一项同行评议程序，通过在该程序中适用税收透

明度原则，改善国际税收透明度。

第二节 原则的法律渊源

一、主要法律渊源

税收透明原则的主要法律渊源包括几类：

(一) 2002 年《税收信息交换协定范本》及评注

2002 年，全球税收论坛成立了税收信息交换工作组（以下简称全球税收论坛工作组）。该工作组由多个经合组织国家及下列国家组成：阿鲁巴、百慕大、巴林、开曼群岛、塞浦路斯、马恩岛、马耳他、毛里求斯、荷属安的列斯群岛、塞舌尔和圣马力诺。该工作组制订了 2002 年《税收信息交换协定范本》，迄今为止，以该范本为基础达成的税收信息交换协定共有 150 多个。[①]

2002 年《税收信息交换协定范本》及其评注是全球税收论坛关于国际税收透明度原则的最具权威的法律文件之一。自 2002 年发布以来，已经获得了欧盟和 20 国集团[②]的认同。该协定范本主要规定了应请求税收信息交换（Exchange of Information upon Request）这种主流信息交换形式下，应当予以交换的信息的范围原则[③]，赋予了缔约国应请求提供税收信息的义务[④]，以及这种义务的例外[⑤]；除此之外，为了保障纳税人的权利，还特别规定了对被交换信息的保密条款[⑥]。应当特别注意的是，《税收信息交换协定范本》对一直以来为国际社会所公认的信息交换障碍——包

---

① See OECD, *Implementing the Tax Transparency Standards: A Handbook for Assessors and Jurisdictions* (Second Edition), OECD Publishing, 2011, p. 38 (http://www.oecd.org/tax/transparency/implementingthetaxtransparencystandardsahandbookforassessorsandjurisdictions-secondedition.htm).

② See G20, G20 Statement on Transparency and Exchange of Information for Tax Purposes, 2004 (http://www.g20.utoronto.ca/2004/2004transparency.html).

③ See OECD, Model Agreement on Exchange of Information on Tax Matters, 2002, Article 1 (http://www.oecd.org/ctp/exchange-of-tax-information/2082215.pdf).

④ See Id., Article 5.

⑤ See Id., Article 7.

⑥ See Id., Article 8.

括双重犯罪原则、国内税收利益要求原则,以及银行保密制度等①——进行了全面处理,规定它们不得作为拒绝信息交换的唯一理由。本章第二节还将对上述税收信息交换障碍及突破作进一步的阐述。

(二)《经合组织范本》第 26 条及评注

《经合组织范本》是有关国家签订避免双重征税协定中最受认同的法律基础。迄今为止,以《经合组织范本》为蓝本而签订的税收协定有 3000 多个。而范本第 26 条,则是前述 2002 年《协定范本》公认的法律基础。

2002 年,经合组织财经委员会就对《经合组织范本》第 26 条及其评注进行了全面审查,以保证其能够全面反映各国的实践情况。2005 年 7 月 15 日,经合组织理事会批准了对《经合组织范本》第 26 条的修改,以使该范本与 2002 年《协定范本》中所反映的国际税收透明度实践相一致。② 2008 年,联合国税务专家委员会也将该第 26 条及其评注的内容纳入了现行的《联合国范本》之中;至 2009 年 12 月,最后两个国家——巴西和泰国——也撤回了他们对联合国范本中第 26 条的保留意见。

《经合组织范本》第 26 条规定的信息交换原则与全球税收论坛的税收信息交换专项协定范本基本相同。例如,在可交换信息的责任范围上,两者都使用了"可预见相关性"(Foreseeable Relevance)的原则③;两者都规定应在最大程度上进行税收信息交换,但不允许以调查为幌子套取信息,从而达到与税收调查无关的其他不正当目的。④ 但是,尽管《经合组织范本》第 26 条与全球税收论坛的 2002 年《税收信息交换协定范本》非常相似,但上述第 26 条在某些方面超越了全球税收论坛《协定范本》对某些原则的规定。例如,在税收信息交换的形式上,上述第 26 条允许有关国家之间除了应对方请求进行税收信息交换之外,还可以自动或自发

---

① See Michael Keen and Jenny E. Ligthart, "Information Sharing and International Taxation: A Primer", *International Tax and Public Finance*, Vol. 13, No. 1, 2006, p. 97.

② See OECD, The 2005 Update to the Model Tax Convention: Public Discussion Draft (2004), para. 4 of Commentary on Article 26, p. 54 (http://www.oecd.org/tax/treaties/34576874.pdf).

③ See OECD, Model Tax Convention on Income and on Capital, 2010, Article 16.1 (http://www.keepeek.com/Digital-Asset-Management/oecd/taxation/model-tax-convention-on-income-and-on-capital-condensed-version-2010_ mtc_ cond-2010-enJHJpage1).

④ See Id., para. 4 of Article 26.

地进行税收信息交换①，而在全球税收论坛《税收信息交换协定范本》中则没有这种规定。

二、辅助性法律渊源

（一）会计问题联合特别工作组的相关报告、规定

全球税收论坛 2002 年《税收信息交换协定范本》和《经合组织范本》第 26 条提出了"可预见相关性"原则，以界定应提供信息的范围，其中会计信息是可交换信息的重要组成部分。会计问题联合特别工作组（The Joint Ad Hoc Group on Accounts，JAHGA）在其报告中对会计记录的留存、获取和真实做出了更详尽的规定，对会计记录的真实性、保管要求、保存期限，以及主管机关对会计记录的获取都规定了明确的原则②。会计问题联合特别工作组是由经合组织成员国和非经合组织成员国代表共同组成的③，他们的上述报告于 2005 年获得了全球税收论坛的认可。

（二）2006 年版《税收信息交换手册》

2006 年，经合组织财经委员会批准了新的《税收信息交换手册》（The 2006 OECD Manual on Information Exchange-Module on General and Legal Aspects of Exchange of Information，以下简称《手册》）④，该《手册》是处理税收信息交换事务官员的实用工具书，对有关国家编写或修订此类工具书也有一定的参考价值。该手册在编写过程中，吸收了经合组织的许多成员国和非成员国的意见。该《手册》由若干单元组成，其中"概述"部分（主要介绍税收信息交换的总体特征和法律因素）以及第 1 单元

---

① See OECD, The 2005 Update to the Model Tax Convention: Public Discussion Draft (2004), para. 9 of Commentary on Article 26 (http://www.oecd.org/tax/treaties/34576874.pdf).

② See JAHGA, Enabling Effective Exchange of Information: Availability and Reliability Standard, 2005 (http://www.oecd.org/dataoecd/39/11/44654766.pdf).

③ 会计问题联合特别工作组的成员由下列国家的代表组成：安提瓜和巴布达、阿鲁巴、巴哈马、巴林、伯利兹、百慕大、英属维尔京群岛、加拿大、开曼群岛、库克群岛、法国、德国、直布罗陀、格林纳达、根西岛、爱尔兰、马恩岛、意大利、日本、泽西岛、马耳他、毛里求斯、墨西哥、荷兰、荷属安的列斯群岛、新西兰、巴拿马、圣基茨和尼维斯、圣卢西亚、圣文森特和格林纳丁斯、萨摩亚、塞舌尔、斯洛伐克共和国、西班牙、瑞典、英国、美国。

④ See OECD, The 2006 OECD Manual on Information Exchange-Module on General and Legal Aspects of Exchange of Information, 2006 (http://www.oecd.org/ctp/exchange-of-tax-information/36647823.pdf).

(主要介绍了应请求税收信息交换）从侧面反映了国际税收透明度原则的精神。

（三）金融行动特别工作组的建议报告

我们在上文中讨论了有关税收问题的各种文件，但我们应同时认识到，提高税收透明度与信息交换的成效需要有关各方的共同努力，尤其值得注意的是，金融行动特别工作组（Financial Action Task Force，FATF）在保障提供相关信息的国内制度性措施、相互司法协助，以及所有权信息、所有人和其他利害关系人身份信息的透明化等问题上做了大量的工作。金融行动特别工作组的上述工作提高了有关国家向对方提供可预见相关信息的能力，符合全球税收论坛税收透明度与信息交换原则的要求。全球税收论坛也表示，"金融行动特别工作组的观点和思路有一定的指导意义，我们在解释和执行全球税收论坛的相关原则时可以借鉴"①。

（四）《推进税收信息交换工作的说明》和《框架文件的说明》

2008年经合组织关于建立公平竞争环境议题下属工作组做出的《推进税收信息交换工作的说明》（2008 Note on Taking the Process Forward）和2009年《框架文件的说明》（2009 Framework Note）探讨了对各国在达成新的国际税收协定方面的进展问题。② 上述两个文件指出，应对各国在达成新的税收协定方面的进展进行数量评估，在进行数量评估时，应当将"与12个经合组织成员国达成双边税收协定"作为评估一个国家或地区是否充分执行了国际税收透明度原则的重要量化指标。同时，还特别强调指出：（1）应将上述的量化评估视为一个动态的过程；（2）充分考虑达成双边税收协定并将其付诸实施，需要双方的共同努力；（3）此外，还应将那些拒绝与对方达成双边协定的国家记录在案，特别是那些经济意义比较重大的国家；这些国家之所以拒绝签订双边协定，有可能是因为他们对执行国际税收透明度原则缺乏诚意；（4）国际税收透明度原则要求各国应与所有希望加入税收信息交换网络的国家签订税收协定，而不能仅仅局限于那些经济意义不大的国家。

---

① See OECD, *Implementing the Tax Transparency Standards: A Handbook for Assessors and Jurisdictions* (*Second Edition*), OECD Publishing, 2011, p. 38 (http://www.oecd.org/tax/transparency/implementingthetaxtransparencystandardsahandbookforassessorsandjurisdictions-secondedition.htm).

② See OECD, Terms of Reference: To Monitor and Review Progress towards Transparency and Exchange of Information for Tax Purposes, 2010, p. 16 (http://www.oecd.org/ctp/44824681.pdf).

（五）全球税收论坛的年度评估

全球税收论坛每年都会对各国的税收透明度与信息交换机制进行例行评估，并公布年度评估报告。这些年度评估报告是有关税收透明度与信息交换原则及其执行情况的重要原始性文件。特别是2006年的年度评估报告①，对国际税收透明度原则的执行情况和历年的评估报告进行了总结。

第三节 原则的内涵解析

国际税收透明度原则的具体内容主要包括以下四个方面，即信息交换的范围、信息交换的义务、信息交换义务的例外，以及该义务下对纳税人权利的保护。应当特别注意的是，国际税收透明度原则大胆地突破了一直以来为国际社会所公认的信息交换障碍——包括双重犯罪原则、国内税收利益要求原则，以及银行保密制度等，它们或是会限制主管机关对税收信息的获取，或是导致该税收信息无法被交换，都严重地削弱了税收信息交换机制在加强税收透明度，打击国际逃避税和反洗钱方面的作用。国际税收透明度原则针对上述长期存在的问题，进行了全面有效的处理，有力地消除了税收信息交换的障碍，前所未有地加大了国际税收行政合作的力度。

一、信息交换的范围

被请求交换的信息，应当与税收的确定、评估、征收和追缴具有"可预见相关性"。② 也就是说，只要与税法的管理和执行具有可预见相关性的，都不得拒绝交换。《经合组织范本》第26条第1款对"可预见相关性"做出了具体的规定："缔约管辖区的主管机关请求交换的信息必须是有可预见相关性的，这些信息与实施协定范本的具体要求有关联，或者是与实施国内法有关税收的规定所需采取的行政监管措施有关联，只要这种税收规定不违反协定的规定。"由此我们可以看出，"可预见相关性"

---

① See OECD, Tax Co-operation: Towards a Level Playing Field - 2006 Assessment by the Global Forum on Taxation, 2006（http://www.oecd.org/tax/transparency/44430286.pdf）.

② See OECD, Model Agreement on Exchange of Information on Tax Matters, 2002, Article 1（http://www.oecd.org/ctp/exchange-of-tax-information/2082215.pdf）.

原则旨在将税收信息交换的范围尽可能地扩大,而同时又防止信息请求方滥用权利(例如请求交换与调查目的没有明显关联,而只是单纯投机性地想获取信息),去获取那些与某一特定纳税人无关的信息。①

因此,作为信息交换的请求方,也有义务向被请求方证明被请求信息的"可预见相关性"。为了证明,请求方在提出信息请求的时候,同时应当提供如下信息:(1)正在接受调查的纳税人的身份;(2)被请求信息的实质;(3)请求该信息的税收目的;(4)请求方有理由认为该信息的掌握者位于被请求方境内;(5)如果已确知信息的掌握者,应当尽其所能向被请求方提供该掌握者的名称和地址;(6)信息的获取,应符合请求方的国内法和行政实践;(7)请求方已经在其领域内穷尽了一切合理方式,但仍然无法获取该信息。②

二、信息交换的义务

当国家或地区收到信息交换请求时,其有义务依照双方所签订的国际条约,以一种及时有效的方式,进行信息交换。③ 也就是说,应请求信息交换是一种义务。而同时,国际税收透明度原则对传统的信息交换障碍——双重犯罪原则、国内税收利益要求,以及银行保密规定——进行了突破,要求信息被请求方不得以如下理由拒绝履行信息交换的义务:

(一)双重犯罪原则

即如果某一行为发生在信息被请求国,那么无论该行为是否在被请求国构成犯罪,该被请求国都有义务就与之相关的税收信息提供交换。④

在以往的国际税收行政合作实践中,许多国家之间都签订有税收行政合作的双边条约,约定双方就刑事税收问题进行税收信息交换,并且有的国家还要求提出税收信息交换请求的基础事实,必须在两缔约国之内同时构成犯罪。但是由于不同国家对于某一行为是否构成犯罪定义不一,导致税收信息交换机制形同虚设。最为典型的就是关于"税收欺诈"(Tax

---

① See OECD, Model Agreement on Exchange of Information on Tax Matters, 2002, para. 3 of Commentary on Article 1 (http://www.oecd.org/ctp/exchange-of-tax-information/2082215.pdf).

② See Id., Article 5.5

③ See Id., Article 5.1 and Article 5.6.

④ See OECD, Model Agreement on Exchange of Information on Tax Matters, 2002, para. 40 of Commentary on Article 5 (http://www.oecd.org/ctp/exchange-of-tax-information/2082215.pdf).

Fraud）这一犯罪的定义。有的国家将逃税归为税收欺诈犯罪的一种——比如美国，而有的国家则并非如此——比如瑞士。对于那些都将逃税认定为是税收欺诈犯罪的，他们之间在有关于逃税调查上的税收信息交换就不会存在问题；但是，对于那些定义不一致的国家而言，这种差异就成为了他们税收信息交换的关键性障碍。

（二）国内税收利益要求

如果被请求国主管机关所掌握的信息，不足以满足请求的要求，那么该主管机关有义务穷尽其所有的措施收集相关税收信息，而不论该税收信息是否有利于其国内的税收利益。①

许多国家的法律都会限制税收主管机关获取税收信息的权力。最为典型的方式就是，规定获取税收信息的目的应当是为了本国的国内税收利益。而为了税收信息交换而获取信息，大多数情况下都不可能是为了本国的国内税收利益，所以在很大程度上阻碍了税务主管机关对被请求信息的获取。

（三）银行保密规定

国家或地区应当确保其税务主管机关有权基于特定的税收信息交换目的，获取银行及其他金融机构持有的信息。②

拥有银行保密规定的国家和地区很多，而作为世界金融中心的瑞士，一直以来都是以其严格的银行保密制度著称于世的。在瑞士，该制度主要是通过银行法、刑法、民法以及职业责任法获得保护。其中，最早建立和维护瑞士银行保密制度的法律是1934年的瑞士联邦银行法案，该法律为那些违法者设定了刑事处罚③；除此之外，瑞士刑法典第273条则严格禁止外国获取瑞士银行保密信息的内容；另外，瑞士民法典第27条和第28条则要求，任何人（例如律师、医生和银行家）基于其职业原因而获悉了其他人的隐私，都有法律上的义务去保护这种隐私，并赋予了受害方提起诉讼的权利。④ 因此，即使是瑞士的税务主管机关，也无法出于税收信

---

① See Id., para. 43 of Commentary on Article 5.

② See OECD, Model Agreement on Exchange of Information on Tax Matters, 2002, para. 46 of Commentary on Article 5（http: //www. oecd. org/ctp/exchange-of-tax-information/2082215. pdf）.

③ See *Alfadda v. Fenn*, 149 F. R. D. 28, 31 – 33（S. D. N. Y. 1993）.

④ See Bradley J. Bondi, "Don't Tread On Me: Has the United States Government's Quest for Customer Records from UBS Sounded the Death Knell for Swiss Bank Secrecy Laws?", *Northwestern Journal of International Law & Business*, Vol. 30, No. 1, 2010, p. 18.

息交换的目的，获取银行所持有的纳税人信息，这严重阻碍了其他国家同瑞士之间的税收信息交换。

三、信息交换义务的例外

然而，信息交换的义务并非绝对，被请求方可以基于某些特定的理由拒绝提供信息：

（1）提供该信息将会披露贸易、经营、工业、商业或者职业秘密，但银行或金融机构、信托受托人，以及名义持有人所持有的信息除外；

（2）提供该信息将会披露律师与客户之间基于提供法律服务而进行的秘密交流；

（3）提供该信息将会违反提供方的公共政策；

（4）该信息将用于执行对被请求方的国民构成歧视待遇的税收法规，或类似情况。①

对于上述的第一个和第二个例外，在同行评议的法律法规层面审议问卷中，被审议国被要求就其有关于（1）和（2）的税收信息保密规定作出介绍。但是，其实审议在此处关注的重点并非对信息的保密，而是这种保密制度是否不正当地妨碍了税收信息交换的顺利进行。

四、信息交换义务下对纳税人权利的保护

由于信息交换制度本身，是纳税人的隐私权对国家税收利益的一种妥协，因此在强调信息交换有效性的同时，国际税收透明度原则也非常注重对纳税人权利的保护：

（1）被交换信息应当严格保密，并且只能向请求国境内与税收的评估或征收、相关税法的执行、追诉与上诉相关的个人或主管机关披露，并且该个人或主管机关也只能基于上述目的使用该信息；

（2）如果要向上述以外的其他个人、实体或主管机关披露该信息，则必须有被请求方主管机关的书面同意；②

（3）其他保障纳税人权利的制度，例如信息交换事前告知制度等等。

---

① See OECD, Model Agreement on Exchange of Information on Tax Matters, 2002, Article 7 (http：//www.oecd.org/ctp/exchange-of-tax-information/2082215.pdf).

② See Id., Article 8.

应当注意的是，与前一个部分"信息交换义务的例外"相同，此种对于纳税人权利的保护，不得不正当的妨碍税收信息交换的有效进行。① 例如上面提到的信息交换事前告知制度，即要求被请求方提交纳税人的税收信息时，应当提前书面通知该纳税人；但是，同时审议细则中又特别指出，如果信息交换的请求特别紧急，或者提前通知纳税人将严重妨碍信息请求方的税务调查等，则不应当事前通知相关纳税人。

第四节 原则的适用与影响

国际税收透明度原则自2002年税收信息交换专项协定范本发布以来，已经逐步完善并自成体系。然而经合组织所制定的这一原则却并非受到国际社会所有成员的欢迎，起初不论是经合组织内部②，还是避税地③，抑或是全球税收论坛成员国④，都存在不同程度的反对之声。至此次金融危机全面爆发，国际逃避税问题再次成为全球关注的焦点，国际社会加强国际税收环境公平透明的决心也愈加坚决，特别是投资者母国纷纷以经合组织为平台对避税地施压，促使国际税收透明度原则在全球范围内获得广泛的执行：2008年至2009年度税收信息交换专项协定数量显著增长。到2009年该原则才最终获得普遍承认与接受⑤，其已经在那些曾经表示拒绝的国家中获得了执行：2009年，全球共签署了约200个税收信息交换专项协定（税收信息交换协定），110个新的避免双重征税公约（双边税收条约）或按照新原则修订原有公约；自2000年以来，截至2011年1月18日，在全球范围内已经签订了255个税收信息交换专项协定，并且还

---

① See OECD, Model Agreement on Exchange of Information on Tax Matters, 2002, para. 6 of Commentary on Article 1 (http://www.oecd.org/ctp/exchange-of-tax-information/2082215.pdf).

② See OECD, Promoting Transparency and Exchange of Information for Tax Purposes, January 2010, para. 9 (http://www.oecd.org/dataoecd/26/28/44431965.pdf).

③ 安道尔、列支敦士登、摩纳哥一开始拒绝接受，但它们于2009年3月认可了该原则。

④ 哥斯达黎加、菲律宾、乌拉圭在2009年4月2日召开的20国集团伦敦峰会上拒绝执行该原则，但随后也做出了执行承诺。

⑤ 联合国国际税收合作委员会于2008年10月正式采纳了这一原则；2009年，包括巴西、智利和泰国在内的所有非经合组织国家都撤销了对《经合组织范本》第26条的保留意见。

有大量的专项协定正在谈签之中。①

诚然,国际税收透明度原则,从制定到争议再到现在的普遍推广,很大程度上是一个政治博弈的过程。许多国家,特别是那些避税地,都曾经激烈反对该原则;同时,在学术界也存在较为广泛的争议,却都没有能够阻挡住国际税收透明化的步伐。但是,这并不代表曾经的激烈反对就没有任何意义,这些反对的论点都或多或少地对于这一原则的内容和实际执行产生了重大的影响。所以,了解和分析这些反对观点,并观察它们所产生的影响,对于理解国际税收透明度原则,以及同行评议机制都是非常有益的。

反对者的主要论点有二:主张国家税收主权和纳税人隐私权。而与此同时,经合组织下属全球税收论坛也针对这两个方面的问题做出了应对。本节将分别从上述两个争议进行阐述。

一、税收主权与税收环境透明化

传统的税收主权观点认为:国家拥有独立制定本国的税收政策和法律,并有不受其他国家干涉的权利。国际税收信息交换制度当然也属于税收主权范围决定的重要事项,一国有权决定是否交换税收信息,并且自主决定交换的税种、条件、原则、限制和内容。然而,全球化使国际税收问题逐步从国内税收政策和法律制定的讨论中独立出来。经合组织一直以来都把持着国际税收政策的制定权,并且多年来致力于加强国际税收透明化,打击有害税收竞争和国际逃避税。传统的税收主权观念在愈演愈烈的税收竞争和呼声一片的税收行政合作观点的交锋和磨砺中,受到了前所未有的冲击和挑战。也正是在这样的不断博弈之中,国际税收透明度原则从无到有,并从过去的倍受指责到现如今的普遍接受。

1998年,经合组织出台了《1998年报告》,并于2000年发表第二次报告,其焦点在许多避税港银行保密法如何阻碍了国际税务合作在信息上的要求。在这两份报告中,国际税收透明度原则已经初见雏形:例如报告中提到要建立有效的税收信息交换机制,要执行税收透明、公开、公平的高原则等等。而根据这两份报告的认定原则,在2000年,经合组织公布

---

① See OECD, Promoting Transparency and Exchange of Information for Tax Purposes, January 2010, para. 9 (http://www.oecd.org/dataoecd/26/28/44431965.pdf).

了属于"不合作避税地"(Uncooperative Tax Havens)的35个国家和地区的黑名单①,并要求这些不合作的国家和地区尽快执行报告中所提出的建议,如建立有效税收交换机制和执行高原则的税收透明等等,以消除其所造成的有害税收竞争;更重要的是,报告还利用经合组织成员国的国家地位向黑名单国家和地区施压,甚至表示对于拒不合作者会采取相应措施。②随后,经合组织又相继采取了一系列措施以确保初具雏形的国际税收透明度原则获得普遍执行:包括发布了2002年的《税收信息交换协定范本》,并规定只有同12个以上的经合组织国家签订了税收信息交换专项协定,才能够暂时被认定为是实质上执行了国际税收透明度原则;要求各国建立有效的税收信息交换机制,并克服传统的银行保密制度障碍等等。

一石激起千层浪,2000年报告的黑名单一经公布,就遭到了这些榜上有名的国际避税地的强烈反对。他们主张作为主权国家有权不受他国的影响来制定自己的税收法律,并且,任何对这种权利的干涉都是违法和违反不干涉原则;主张经合组织没有法律或道德上的制定权,把一些自己选定的原则强加给非成员国,或者行使一种超国家的管辖权。除此之外,一些学者也对经合组织的实践表示担忧,认为:"税收主权的耗损将会逐步破坏政府的重要职能以及某些特定的原则价值;尽管这并没有为国际税务合作的决策提供一个最终原则,但是却给了某些言论——即国家主权并不重要——一个警告。"③

而经合组织也针对国家主权的质疑做出了回应。首先,经合组织指出,针对避税地的行动能够使这些非经合组织成员国家摆脱恶性税收竞争的泥沼,其实际上维护了各国事实上的财政主权。其次,经合组织认为主权不仅包括免于外在干涉,也包含不损害其他主权国家法律的附随责任,

---

① See OECD, Promoting Transparency and Exchange of Information for Tax Purposes, January 2010, para. 17 (http://www.oecd.org/dataoecd/26/28/44431965.pdf).

② 报告表示,成员国"可以"采取的一系列"防御性措施"(Defensive Measures),并"请求"各国政府"在确定是否向法域提供直接非必要的经济援助时,将考虑该法域是否被列入不合作避税港";"提醒"各国政府断绝与那些促使有害税收竞争形成的避税地的联系;各国政府"应考虑"利用其与避税地的联系降低有害税收竞争的程度(但没有说明如何利用此联系的方法)。

③ See Diane Ring, "Democracy, Sovereignty and Tax Competition: The Role of Tax Sovereignty in Shaping Tax Cooperation", *Florida Tax Review*, Vol. 9, No. 5, 2009, p. 195.

而恶性税收竞争侵蚀别国税基,实际上损害了他国的财政主权;最后,经合组织表示,之所以参与全球税收政策的制定,是因为在全球错综复杂的经济网络与碎片化的国家政治、财政机构之间不匹配的背景下,国家间税制的不协调助长了有害税收竞争,因此,若想实现国际税收的公正、中立和效率,必须在国际层面上做出共同的努力。[①]

　　双方各有立场,所提出的观点固然各有道理。但不可否认的是,一些国际税收问题完全依靠各国的单边政策已经无法获得解决,因此国家间的合作才是解决这些问题的有效方式;尽管如此,仅仅只是罗列黑名单而非真正给予这些国家广泛的参与权,并不能使国际税收行政合作获得真正意义上的广泛认同,而只会让这些黑名单国家处于一种尴尬而无法自卫的位置,这不利于形成长期的国际合作;与之相反的,这种黑名单只会引起仇恨,并给人以这样的印象,即一群法律精英以一种非正式的组织形式做出了自私的决策,而同时也将争论永远停留在了无休止的主权之争上。[②]

　　然而,激烈的争议止于2008年金融危机全面爆发之后。因为,金融危机使国际金融制度的稳定性获得了国际社会前所未有的一致关注,而缺乏透明的避税地和离岸金融中心为大量资金逃脱本国金融监管提供了便利,同时也导致各国税收流失严重。在这样的国际背景下,之前激烈博弈的双方力量发生了巨大的转变,从全球税收论坛2009年的改组到最后同行评议机制的启动,都表明国际税收透明度原则的执行变得愈加强硬了。其典型表现之一,就是同行评议机制强行对非全球税收论坛成员国会进行审议、出具审议报告并要求该非成员国执行报告中的改进建议,该制度会在下一章中详述。

　　尽管如此,基于之前的争议,避税地国家和发展中国家的利益也获得了一定程度的关注:比如20国集团领导人于2009年4月在其加强金融系统的宣言中强调:"我们承诺将在2009年底之前开发新的政策,使发展中国家更容易在新的合作的税收环境中获益";全球税收论坛也于2011年

---

① See Miguel Gonzalez Marcos, "Seclusion In (Fiscal) Paradise Is Not An Option: The OECD Harmful Tax Practices Initiative And Offshore Financial Centers", *New York International Law Review*, Vol. 24, No. 2, 2011, pp. 22—23.

② See OECD, Terms of Reference: To Monitor and Review Progress towards Transparency and Exchange of Information for Tax Purposes, 2010, pp. 22—23 (http://www.oecd.org/ctp/44824681.pdf).

11月的20国集团戛纳峰会上,就全球税收论坛将如何开展工作以确保发展中国家在新的国际税收环境中获益的问题,向20国集团做了报告。

二、金融隐私权与税收信息交换

金融隐私权,是指个人对金融信息所享有的不受他人非法侵扰、知悉、收集、利用和公开的一种权利。[①] 一般来说,违背当事人的意愿公开披露或使用,都是对当事人金融隐私权的侵犯。特别是对于避税地和离岸金融中心的银行来说,严格为客户的金融信息保密是他们获得全球各地客户青睐的重要原因。而与此同时,这也为隐匿巨额资产从而实现国际逃避税提供了便利,导致其他国家的税基遭到严重侵蚀,损失大笔税收收入。

金融危机爆发之前,离岸金融中心与其他国家之间就一直处于一种博弈之中。其他国家要求离岸金融中心签订税收条约,以明确其提供税收信息交换的义务,而离岸金融中心虽然签订条约,但是却通过双重犯罪原则、国内税收利益要求以及严格的银行保密制度等等,使得其税收信息的提供大打折扣,并声称是对纳税人金融隐私权的严格保护。直至金融危机爆发后,国际社会舆论几乎一面倒地谴责国际逃避税行为,并且向离岸金融中心的施压也是空前的。特别是2008年相继爆发的"列支敦士登银行信息泄露丑闻"以及"瑞银集团丑闻",都将离岸金融中心帮助客户隐匿巨额资产的事实置于公众眼前。

尽管危机后,金融隐私权的主张不再构成对国际税收透明度原则普遍执行的障碍,但是它使得该国际原则的内容体现出对于金融隐私权的关注。比如,对被交换信息的严格保密条款等等。

总的来说,国际税收透明度原则从产生到完善再到现在的普遍承认与执行,经历了一段相当长的时间。这是一段大力支持与激烈反对并存的时期。虽然2008年爆发的金融危机促使该国际税收透明度原则最终获得了全球范围的认可,但是之前的反对论点也为该国际原则内容的发展和完善做出了贡献,更有利于双方利益的平衡。

---

① 参见吴寒青《金融隐私权保护制度探析》,《西南民族大学学报》(人文社科版)2006年第12期。

第五节　原则的体现

如前文所述，税收透明度原则从产生到如今日益普遍被各国所接受，经历了很多争议，但也正是这些争议，使得原则不断得以完善，从而获得了大多数国家的认同。这些年来，不断有更多的国家加入到签署信息交换协定的行列中，而这些协定都是以税收透明度原则为基础，旨在使签署各方能够改善税收政策和税收实践，从而达到国际透明度标准。这充分地说明，税收透明度原则作为打击国际逃避税问题的有力武器，为国际税收环境的健康发展做出了不可磨灭的贡献。

表2-2　　　　　　　　已签订并实施情报协定的国家

司法管辖区	协定类型	签署日期	实施日期
阿尔巴尼亚	双边税收条约	2004年9月13日	2005年7月28日
阿尔及利亚	双边税收条约	2006年11月6日	2007年7月27日
阿根廷	税收信息交换协定	2010年12月13日	2011年9月16日
亚美尼亚	双边税收条约	1996年5月5日	1996年11月28日
澳大利亚	双边税收条约	1988年11月17日	1990年12月28日
奥地利	双边税收条约	1991年4月10日	1992年11月1日
阿塞拜疆	双边税收条约	2005年3月17日	2005年8月17日
巴哈马群岛	税收信息交换协定	2009年12月1日	2010年8月28日
巴林	双边税收条约	2002年5月16日	2002年8月8日
孟加拉国	双边税收条约	1996年9月12日	1997年4月10日
巴巴多斯	双边税收条约	2000年5月15日	2000年10月27日
巴巴多斯	双边税收条约议定书	2010年2月10日	2010年6月9日
白俄罗斯	双边税收条约	1995年1月17日	1996年10月3日
比利时	双边税收条约	1985年4月18日	1987年9月10日
比利时	新双边税收条约	2009年10月7日	—
百慕大	税收信息交换协定	2010年12月2日	2011年12月31日
波黑	双边税收条约	1988年12月2日	1989年12月16日
巴西	双边税收条约	1991年8月5日	1993年1月6日
英属维京群岛	税收信息交换协定	2009年12月7日	2010年12月30日

续表

司法管辖区	协定类型	签署日期	实施日期
文莱	双边税收条约	2004年9月21日	2006年12月29日
保加利亚	双边税收条约	1989年11月6日	1990年5月25日
加拿大	双边税收条约	1986年5月12日	1986年11月29日
开曼群岛	税收信息交换协定	2011年9月26日	—
克罗地亚	双边税收条约	1995年1月9日	2001年5月18日
古巴	双边税收条约	2001年4月13日	2003年10月5日
塞浦路斯	双边税收条约	1990年10月25日	1991年10月5日
捷克共和国	双边税收条约	2009年8月28日	2011年5月4日
丹麦	双边税收条约	1986年3月26日	1986年10月22日
埃及	双边税收条约	1997年8月13日	1999年3月24日
爱沙尼亚	双边税收条约	1998年5月12日	1999年1月8日
埃塞俄比亚	双边税收条约	2009年5月14日	—
芬兰	双边税收条约	2010年5月25日	2010年11月25日
法国	双边税收条约	1984年5月30日	1985年2月21日
马其顿共和国	双边税收条约	1997年6月9日	1997年11月29日
格鲁吉亚	双边税收条约	2005年6月22日	2005年11月10日
德国	双边税收条约	1985年6月10日	1986年5月14日
希腊	双边税收条约	2002年6月3日	2005年11月11日
格恩西岛	税收信息交换协定	2010年10月27日	2011年8月17日
中国香港	双边税收条约	2006年8月21日	2006年12月8日
	双边税收条约议定书	2008年1月30日	2008年6月11日
	双边税收条约议定书	2010年5月27日	2010年12月20日
匈牙利	双边税收条约	1992年6月17日	1994年12月31日
冰岛	双边税收条约	1996年6月3日	1997年2月5日
印度	双边税收条约	1994年7月18日	1994年11月19日
印度尼西亚	双边税收条约	2001年11月7日	2003年8月25日
伊朗	双边税收条约	2002年4月20日	2003年8月14日
爱尔兰	双边税收条约	2000年4月19日	2000年12月29日
英属曼岛	税收信息交换协定	2010年10月26日	2011年8月14日
以色列	双边税收条约	1995年4月8日	1995年12月22日
意大利	双边税收条约	1986年10月26日	2011年8月14日
牙买加	双边税收条约	1996年6月3日	1997年3月15日

续表

司法管辖区	协定类型	签署日期	实施日期
日本	双边税收条约	1983年9月6日	1984年6月26日
英属泽西岛	税收信息交换协定	2010年10月29日	2011年11月10日
哈萨克斯坦	双边税收条约	2001年9月12日	2003年6月27日
韩国	双边税收条约	1994年3月28日	1994年9月27日
科威特	双边税收条约	1989年12月25日	1990年6月20日
吉尔吉斯斯坦	双边税收条约	2002年6月24日	2003年3月29日
老挝	双边税收条约	1999年1月25日	1999年6月22日
拉脱维亚	双边税收条约	1996年6月7日	1997年1月27日
立陶宛	双边税收条约	1996年6月3日	1996年10月18日
卢森堡	双边税收条约	1994年3月12日	1995年6月28日
中国澳门	双边税收条约	2003年12月27日	2003年12月30日
中国澳门	双边税收条约议定书	2009年6月15日	2010年9月15日
中国澳门	双边税收条约议定书	2011年4月26日	2011年10月8日
马来西亚	双边税收条约	1985年11月23日	1986年9月14日
马耳他	新双边税收条约	2010年10月23日	2011年8月25日
毛里求斯	双边税收条约	1994年8月1日	1995年1月25日
毛里求斯	双边税收条约议定书	2006年9月5日	2007年1月25日
墨西哥	双边税收条约	2005年9月25日	2006年3月1日
摩尔多瓦	双边税收条约	2000年6月7日	2001年5月26日
蒙古	双边税收条约	1991年8月26日	1992年6月23日
摩洛哥	双边税收条约	2002年8月27日	2006年8月16日
尼泊尔	双边税收条约	2001年5月14日	2010年12月31日
尼德兰	双边税收条约	1987年5月13日	1988年3月5日
新西兰	双边税收条约	1986年9月16日	1986年12月17日
尼日利亚	双边税收条约	2002年4月15日	2009年3月21日
挪威	双边税收条约	1986年2月25日	1986年12月21日
阿曼	双边税收条约	2002年3月25日	2002年6月20日
巴基斯坦	双边税收条约	1989年11月15日	1989年12月27日
巴布亚新几内亚	双边税收条约	1994年6月14日	1995年8月16日
菲律宾	双边税收条约	1999年11月18日	2001年3月23日
波兰	双边税收条约	1988年6月7日	1989年1月7日
葡萄牙	双边税收条约	1998年4月21日	2000年6月7日

续表

司法管辖区	协定类型	签署日期	实施日期
卡塔尔	双边税收条约	2001年4月2日	2008年10月21日
罗马尼亚	双边税收条约	1991年1月16日	1992年3月5日
俄罗斯	双边税收条约	1994年5月27日	1997年4月10日
沙特阿拉伯	双边税收条约	2006年1月23日	2006年9月1日
塞尔维亚	双边税收条约	1997年3月21日	1998年1月1日
塞舌尔	双边税收条约	1999年8月26日	1999年12月12日
新加坡	双边税收条约	2007年6月11日	2007年9月18日
新加坡	双边税收条约议定书	2009年8月24日	2009年12月11日
新加坡	双边税收条约议定书	2010年6月23日	2010年10月22日
斯洛伐克	双边税收条约	1987年6月11日	1987年12月23日
斯洛文尼亚	双边税收条约	1995年2月13日	1995年12月27日
南非	双边税收条约	2000年4月25日	2001年1月7日
西班牙	双边税收条约	1990年12月22日	2001年1月7日
斯里兰卡	双边税收条约	2003年8月11日	2005年5月22日
苏丹	双边税收条约	1997年5月30日	1999年2月9日
瑞典	双边税收条约	1986年5月16日	1987年1月3日
瑞士	双边税收条约	1990年7月6日	1991年9月27日
叙利亚	双边税收条约	2010年10月31日	2011年9月1日
塔吉克斯坦	双边税收条约	2008年8月27日	2009年3月28日
泰国	双边税收条约	1986年10月27日	1986年12月29日
特立尼达和多巴哥	双边税收条约	2003年9月18日	2005年5月22日
突尼斯	双边税收条约	2002年4月16日	2003年9月23日
土耳其	双边税收条约	1995年5月23日	1997年1月20日
土库曼斯坦	双边税收条约	2009年12月13日	2010年5月30日
乌干达	双边税收条约	2012年1月11日	—
乌克兰	双边税收条约	1995年12月4日	1996年10月18日
阿联酋	双边税收条约	1993年7月1日	1994年7月12日
英国	双边税收条约	1984年7月26日	1984年12月23日
英国	新双边税收条约	2011年6月27日	—
美国	双边税收条约	1984年4月30日	1986年11月21日
乌兹别克斯坦	双边税收条约	1996年7月3日	1996年7月3日
委内瑞拉	双边税收条约	2001年4月17日	2004年12月23日

续表

司法管辖区	协定类型	签署日期	实施日期
越南	双边税收条约	1995年5月17日	1996年10月18日
赞比亚	双边税收条约	2010年7月26日	2011年6月30日

第三章

国际税收行政合作的新平台：全球税收论坛

第一节 全球税收论坛的设立与改组

一、全球税收论坛的设立

被称为"发达国家俱乐部"的经济合作与发展组织（以下简称经合组织），是由世界上最富裕的30多个市场经济国家组成的政府间国际经济组织，它的特点在于其拥有发达的机构基础设施资源，能够围绕税收法律与政策话题召集并调动专家、政府行政人员和私人部门利益团体。在国际税收领域，经合组织长期以来在避免双重征税、抵制恶性税收竞争、打击避税地以及促进国际税收行政合作等方面发挥了非常重要的作用，为奠定公平、合理和中性的国际税收秩序打下了坚实的基础。正是基于经合组织长期致力于国际税收协调工作以及取得的丰硕成果，许多国家公认它是制定市场税收原则和准则的领导者，对国际税收政策的制定发挥了重要的主导作用。[①]

而全球税收论坛正是经合组织财经委员会（Committee on Fiscal Affairs）所执行的有害税收实践项目（Harmful Tax Practices Project）的重要内容之一。经合组织财经委员会针对税收议题所做的工作，一直以来都是经合组织工作的重要组成部分。其有害税收实践项目的宗旨在于建立一个公平竞争的国际税收环境；该项目开始于1998年经合组织发布的一项报告：《有害税收竞争：一个正在滋生的全球问题》。该报告首次对"有害

[①] See Allison Christians, "Taxation in a Time of Crisis: Policy Leadership from the OECD to the G-20", *Northwestern Journal of Law & Social Policy*, Vol. 5, No. 1, 2010 (http://ssrn.com/abstract = 1555799).

税收优惠制度"(Preferential Tax Regimes)以及"避税地"(Tax Havens)做出了明确定义,并将缺乏透明度(Lack of Transparency)和缺乏有效税收信息交换(Lack of Effective Exchange of Information)作为定义上述两者的两个决定性特征。两年后,经合组织又发布了一项进展报告——《建立全球税收合作:确认和消除有害税收实践的工作进展》。该报告根据1998年报告的定义,列出了经合组织成员国之中47个潜在的有害税收优惠制度,以及35个符合避税地特征的国家和地区。[①] 而与此同时,为了进一步探讨税收透明度与信息交换的问题,也为了能够让更多的非经合组织国家参与到其中来,经合组织于2000年建立了全球税收论坛(Global Forum on Taxation)[②],吸收了经合组织的所有成员国以及一些非经合组织成员国家加入其中,旨在通过全球税收论坛这一多边框架机制,就税收议题同其他非经合组织成员国家展开对话[③]。

二、全球税收论坛的改组

拥有经合组织支持的全球税收论坛自2000年成立之后,在打击有害税收实践、推动国际税收透明度原则执行方面成绩斐然:2002年,全球税收论坛制定出了税收信息交换专项协定范本(The Model Agreement on Exchange of Information in Tax Matters, TIEA);2005年,通过全球税收论坛的多方努力,有关税收信息的留存和真实性的国际税收透明度原则终于在其内部获得了广泛认同;2006年,全球税收论坛发布了其第一个关于国际税收透明度原则执行情况的评估报告。尽管如此,真正推动全球税收论坛改组,并将之推上国际社会关注焦点舞台的却是20国集团。

与经合组织完善的机构框架和重要的历史作用相比,1999年9月25日由八国集团的财长在华盛顿宣布成立的20国集团是一个相对年轻的机

---

① See OECD, Towards Global Tax Co-operation: Progress in Identifying and Eliminating Harmful Tax Practices, 2000, pp. 12—14 (http://www.oecd.org/tax/transparency/44430257.pdf).

② See Reuven S. Avi-Yonah, "The OECD Harmful Tax Competition Report: A 10th Anniversary Retrospective", *The John M. Olin Center for Law & Economics Working Paper Series*, 2008, p. 89 (http://law.bepress.com/umichlwps/olin/art89/).

③ 全球税收论坛的成员构成根据其会议讨论的议题而有所不同,此处所说的全球税收论坛指的是那些参与在税收透明度和信息交换领域中建立一个公平竞争环境的议题的成员国;而除此之外,全球税收论坛在其有关税收条约和转移定价的议题方面,还有不同的成员国组成。

构，它属于布雷顿森林体系框架内非正式对话的一种机制，由十一个发达国家和八个欠发达国家的财政部长和央行行长，以及来自欧盟，国际货币基金组织和世界银行的代表组成的国际经济合作交流论坛。① 其成员代表了全球 90% 的 GDP，80% 的贸易，以及 2/3 的世界人口。② 尽管 20 国集团缺少常设秘书处且只有一些新成立的工作组，但是广大新兴国家的参与，使它的构成更具有广泛性和代表性。正因为如此，2008 年金融危机爆发后，一直以来为经合组织所把持的全球经济政策决策权开始逐步向 20 国集团转移，打击国际逃避税和反洗钱的大旗也转移到了 20 国集团手中。但是，也正是基于 20 国集团本身仅仅只是一个 "新兴的多边磋商模式"而缺乏相应的组织机构支持的特性，以及税收政策的复杂多变，经合组织仍然继续把持着税收政策的制定权。③因此，20 国集团没有去开发一套所谓的 "20 国集团方案"，而是选择将它交给经合组织下属的全球税收论坛处理。④

金融危机爆发之后，之前与全球税收论坛少有交集的 20 国集团在其一系列的峰会上，明确表达了其对全球税收论坛工作的大力支持，包括（1）呼吁各国重视税收透明度与信息交换问题，充分执行国际税收透明度原则⑤；（2）对全球税收论坛的成员扩张表示欢迎，对全球税收论坛的工作表示支持和肯定⑥；（3）支持全球税收论坛发起的同行审议机制，

---

① See G20, February 2012 (http：//www.g20.org/en/g20/the-origins-and-evolution-of-the-g20）.

② See G20, February 2012（http：//www.g20.org/en/g20/what-is-g20）.

③ See Allison Christians, "Taxation in a Time of Crisis：Policy Leadership from the OECD to the G-20", *Northwestern Journal of Law & Social Policy*, Vol.5, No.1, 2010（http：//ssrn.com/abstract=1555799）.

④ See Id.

⑤ 2008 年 11 月召开的华盛顿峰会上，20 国集团呼吁各国税收主管机关充分利用全球税收论坛的工作成果，继续努力促进税收信息交换，表示缺乏税收透明度和有效税收信息交换的问题应当引起足够的重视，并且将之视为完善国际金融市场的重要措施之一。

⑥ 2009 年 9 月召开的匹兹堡峰会上，20 国集团发表领导人声明，承诺将继续打击避税地和洗钱活动；并对全球论坛的成员进行扩张，尤其对发展中国家的加入表示欢迎，同时也充分支持全球论坛发起的同行审议计划。2011 年 11 月召开的戛纳峰会上，20 国集团发表的最后声明中肯定了全球论坛的成果，称其已经拥有 105 个成员国，并且在其主导的同行审议项目全面开展之后，已经促使了 700 多个税收信息交换专项协定的签订，并在此请求全球论坛就其工作进展在下一次 20 国集团峰会上做出报告。

并敦促各国参审,以及依照审议结果采取改进措施①;(4)对于违反国际税收透明度原则的"避税地",20国集团表示将随时准备采取对抗措施②。

而作为回应,也是基于金融危机爆发后国际社会大力打击国际逃避税和反洗钱的紧迫要求,全球税收论坛于2009年9月召开的墨西哥会议上宣布改组,更名为"税收透明度与信息交换全球论坛",成为一个真正意义上的全球性组织,其所有成员都有权平等地参与到组织内的事务中来;其目的宗旨是确保全球所有的国家和地区充分执行国际税收透明度原则。到目前为止,全球税收论坛的成员囊括了109个国家和地区、欧盟,以及9个以观察员身份加入的国际组织③。

尽管20国集团并未直言其在税收领域的政策与经合组织之间的关系,但是全球税收论坛自成立以来就一直是经合组织的下属机构,这是不争的事实。在应对此次全球金融危机的过程中,经合组织与20国集团在打击避税地的问题上,以全球税收论坛为纽带,形成了相互配合、相互作用的关系:一方面,由经合组织通过全球税收论坛作出税收决策方案,为20国集团峰会的最后抉择提供了参考和借鉴,充当了智囊团的作用,即20国集团充分利用了经合组织的决策模式和组织机构这些优越的制度能力;另一方面,经合组织通过全球税收论坛提出的方案只有在20国集团框架

---

① 2010年11月召开的首尔峰会上,20国集团重申了其阻止不合作国家和地区破坏国际金融制度的决心;再次表示支持全球论坛的工作,请求全球论坛加快完成同行审议项目的进程,并且呼吁那些在审议中被判定为某些要素不合规的国家和地区,尽快采取改进措施;并且敦促所有的国家和地区签订税收信息交换专项协定。2011年11月的戛纳峰会上,20国集团再次敦促所有在审议中被判定有不合规要素的国家和地区,采取改进措施;最后,呼吁所有国家和地区采纳并执行国际税收透明度原则,并称随时准备着对那些未达到该原则的国家采取对抗性措施。

② 2009年4月召开的伦敦峰会上,20国集团发表领导人声明,将针对不合作的国家和地区,包括那些"避税地",采取行动;并表示为了保护国际金融制度,随时有可能对其采取惩罚措施;银行保密制度的时代已经过去了;并表示,经合组织近期发布了一份违反税收信息交换原则的国家名单,该名单由全球论坛评估获得。2010年6月召开的多伦多峰会上,20国集团充分支持全球论坛的工作,并对全球论坛在同行审议项目中的进展表示欢迎;除此之外,20国集团还鼓励全球论坛在2011年11月就其所有进展做出报告;并表示,20国集团时刻准备着对"避税地"采取对抗性措施。

③ 这9个国际组织分别是:国际金融合作组织(International Finance Corporation)、国际货币基金组织、联合国、世界银行、亚洲开发银行、Commonwealth Secretariat、European Bank for Reconstruction and Development、欧洲投资银行、美洲开发银行。

下，才能广泛的凝聚共识，达成一致，经合组织只有借助20国集团这个宽广的平台才能推广和实施它的主张。

第二节 全球税收论坛的概况

2009年9月1日和2日于墨西哥举行的全球税收论坛全体会议，有超过70个辖区和国际组织的代表出席，是全球税收透明度与信息交换发展进步的转折点。为应对20国集团领导人敦促各辖区在税收领域采用税收透明度与信息交换的高标准，会议同意将全球税收论坛重组为一个以共识为基础，所有成员均享有平等地位的组织，并由设在经合组织税收政策与管理中心的独立、专门的秘书处为成员提供服务。全球税收论坛重组之初，所有经合组织成员国，20国集团经济体以及参与过重组前全球税收论坛的辖区均获邀成为其成员。

在这一提高税收透明度与信息交换水平的宏伟日程的框架下，会议通过了一项为期3年的指令（mandate），通过对所有成员和其他相关辖区的同行评议来促进标准的迅速执行。

2009年9月17日，作为经合组织的第二阶段计划，重组后的全球税收论坛由经合组织理事会（OECD Council）正式建立。这意味着全球税收论坛虽得益于经合组织为其奠定的坚实基础，但完全由各成员提供预算资金。2012年，由各成员共同出资，全球税收论坛预算资金总计达到360万欧元，每一成员的出资比例均通过统一的公式计算，其中既包括15300欧元的固定出资，也包括与其国民生产总值相适应的取决于一定比例的非固定出资。

全球税收论坛现已覆盖116个成员的税收管辖区（以下简称辖区）和欧盟地区，同时还拥有12个观察员，是税收领域最大的国际组织（各成员辖区及观察员名单详见附件4）。所有辖区，只要愿意做出以下承诺，均可成为全球税收论坛成员：（1）执行税收透明度与信息交换国际标准，（2）参与同行评议过程并在其中发挥作用；（3）承担一定的预算资金。

全球税收论坛在指导委员会的全方位引导下开展各项工作。指导委员会共由18名成员国组成，充分反映了全球税收论坛多样化的成员结构。

来自澳大利亚的 Mike Rawstron 先生担任委员会主席，3 名副主席（中国、德国和百慕大）协助其工作。以下为指导委员会成员国构成：

表 3-1　　　　　　　　　指导委员会成员国

澳大利亚（主席）	百慕大（副主席）	巴西
开曼群岛	中国（副主席）	德国（副主席）
法国	印度	日本
泽西岛	肯尼亚	新加坡
南非	西班牙	瑞士
阿联酋	英国	美国

在 2011 年 10 月的会议中，全球税收论坛同意将其指令延长至 2015 年年底和增加三位新成员（肯尼亚、西班牙和阿拉伯联合酋长国）到指导委员会，并于 2012 年生效。它还接受了一条为开始于 2013 年的指导委员会成员轮换制度的提议。2012 年 6 月，全球税收论坛又同意了关于同行评议小组和指导委员会的一些成员的轮换。

2012 年 10 月，在南非举行的全体会议中，全球税收论坛选举了三个同行评议小组新成员（印度尼西亚共和国、挪威和西班牙），其将取代澳大利亚、丹麦和爱尔兰；还同意了指导委员会成员（印度尼西亚）的轮换，其将取代澳大利亚。

第三节　全球税收论坛的进展情况

一、第一阶段指令：2009—2012

2009 年在墨西哥召开的全体会议上确立了全球税收论坛指令。特别是，全球税收论坛一致认为它应在一个新的三年期指令下实施（即到 2012 年年底），其目标为通过深入的监管和同行评议而保证一次税收透明度与信息交换的迅速和有效的全球实施，其构造和指令将在第一阶段指令的末期进行审查。第一阶段指令的主要成就见表 3-2：

表 3-2　　　　　　　　　　第一阶段指令及成就

指令	成就
·任务 实施贯穿于同行评议程序两阶段的国际标准。	·全球税收论坛已经完成了 66 个阶段一审查报告和 22 个联合审查报告,并已开始进行阶段二的评审。 ·签订的允许根据国际标准进行情报交换的双边协议已超过 800 个。 ·15 个辖区已对其法律框架作了实质性改变并形成了补充报告。 ·62 个辖区提供了关于应对其报告中提出的建议,并作出的改变的后续报告。
·参与 邀请期望受益于全球税收论坛或者相关辖区的工作而保持公平竞争水平任何辖区。	·全球税收论坛已是全球范围内最大的国际税收组织,其拥有 117 个成员并有成员在持续加入。 ·12 个国际组织为全球税收论坛的观察员。
·管理 全球税收论坛全体会议是唯一的决策制定机构,并由指导委员会(SG)和同行评议小组(PRG)协助。	·自 2009 年,全球税收论坛已举行了超过 1500 个代表参加的 5 次全体会议。 ·每年组织 2—3 次 18 个成员参加的指导委员会会议,以便指导全球税收论坛工作的顺利进行。 ·每年组织 3—4 次 30 个成员参加的同行评议小组会议,以便监督同行评议程序。
·预算 全球税收论坛自我提供资金并由常设专有秘书处服务。	·全球税收论坛的资金主要来自成员会费以及一些成员和观察员自愿提供的捐赠,同时成员国还为论坛提供借调人员,或者帮助主持会议。

从此表可以看出,全球税收论坛已卓有成效地完成了其在第一阶段指令中引导同行评议的核心工作。88 项审查已经完成,辖区关于建议做出的行动正在全面的跟进。然而,情报交换是一个快速变化的领域,而全球税收论坛已展现出其适应动态环境并逐步发展的能力。为了保障标准的广泛实施,例如,全球税收论坛为其成员特别是发展中国家提供法律和实践协助已设立了一个框架。而且,全球税收论坛通过组织召开由来自 78 个成员辖区和 6 个国际组织的 186 个代表参加的第一次主管机构间会议,来促进成员间的税收合作,他们分享关于如何增加主管机构之间交流的经验,讨论如何克服情报有效交换的实践障碍。这些发展对保证标准全球范围内的有效适用至关重要。

二、后续步骤

2011 年 10 月在巴黎举行的会议中,全球税收论坛一致同意延长其指令至 2015 年底。

在下一个指令中，全球税收论坛将致力于阶段二的评审和监测各辖区关于情报交换的法律体系和实践的实时变化。为了保持后面几年的相关性和有效性，全球税收论坛需继续在传递服务中保持开放和灵活，最重要的则是与成员国的需求保持紧密联系。

第四节　全球税收论坛工作领域

一、同行评议程序

全球税收论坛的主要成果是其成员和非成员辖区的同行评议审查报告。同行评议包括两个阶段。阶段一审查税收透明度与信息交换法律监管体制。阶段二调查实践中的标准实施情况。联合审查则评估法律监管体制（阶段一）和实践中的标准实施情况（阶段二）。

至今，全球税收论坛已经完成了88次评议。虽然已经进行了22次联合评议及开始了一些阶段二的审查，但通过的报告到目前为止主要是阶段一的。论坛在2012年完成阶段一的大部分审查，并在以后的几年里将重心转向阶段二的审查。

评审由来自全球税收论坛成员辖区的两位专家评议员和一位来自全球税收论坛秘书处的成员组成的评审团进行。评审团和同行评议小组期望和被评审辖区合作完成以下工作：文件和数据可获取；对问题和任何信息要求做出回应；便利相互联系和进行现场访问。在评审团作准备之后，同行评议报告在被全体会议通过前将由同行评议小组进行讨论。2012年，同行评议小组进行了三次讨论（巴西利亚，马德里和巴黎），通过了24个阶段一报告和5个联合报告（阶段一+阶段二）及9个补充报告。

保证被评议辖区对报告采取跟进措施是重要的。基于此，被评议辖区应向同行评议小组提供一份详细的书面报告，以阐明其为实施报告的任何建议已采取或者已计划采取的措施，供同行评议小组审查和评估。另外，如果某被评议辖区的同行评议报告认为其至少有一个必要因素为"不适当"，则此辖区应在全球税收论坛通过同行评议报告之日起六个月内提供一份中期报告。当被评议辖区的实施情况的变化有可能成为导致一个必要因素转化为适当的因素的升级成决定性因素时，此辖区可请求开展一项补充评议。与同行评议报告一样，补充报告经同行评议小组讨论后由全体大

二、技术协助

在准备同行评议程序的开展的同时，全球税收论坛秘书处自 2010 年 3 月就已对潜在专家评议员提供依然在进行的培训课程。而且，2010 年 9 月在新加坡会议上，全球税收论坛认为其应协调举行技术协助研讨会，以提升透明度和促进有效的情报交换。根据这一决定，全球税收论坛已定期在不同区域举行了技术协助研讨会。虽然这些活动主要由全球税收论坛秘书处组织，一些国际组织也为这些活动提供了培训者及资金支持以满足各辖区对技术协助的不断需求。

三、评议员培训

全球税收论坛秘书处持续不断地为成员辖区的管理人员提供培训课程，帮助其进行担任同行评议员的准备。培训在全球税收论坛秘书处管理人员和具有不同背景的资深评议员的监督下进行，内容涵盖多项主题，包括对评议范围和评估某一辖区所依据的基本要素的具体分析，评议员的作用和职责，以及评议标准的适用方法。鉴于将要开始第一轮阶段二的评议，研讨会现在更多集中在实践中情报交换的有效实施，而不仅仅在法律问题上。另外，除了帮助参与培训的人员做好担任评议员的准备，这项培训也能够让他们分享彼此的经历，并建立起一个全球税务专家的大家庭。

至今，全球税收论坛已经组织了 5 次评议员培训研讨会，来自 71 个辖区和 5 个国际组织的 221 位评议员接受了同行评议方法的培训。

四、区域研讨会

区域培训研讨会有助于参与辖区认识国际标准，使参与辖区能够对其法律监管体制开展自我评估。有些辖区在参加培训研讨会之后评议之前已修改了他们的法律使之与国际标准相一致。而且，研讨会改善了成员辖区与全球税收论坛秘书处之间的沟通，这使得评审团和被评议辖区能够在评议方法规定的紧张时刻表内完成广泛而客观的评议工作。全球税收论坛与其他国际组织及全球税收论坛成员一道组织了这些区域级别的研讨会。

自 2011 年提出计划后，全球税收论坛已组织了五次区域研讨会，来自 68 个辖区和 7 个国际组织的 248 位参加者参与了这些会议。

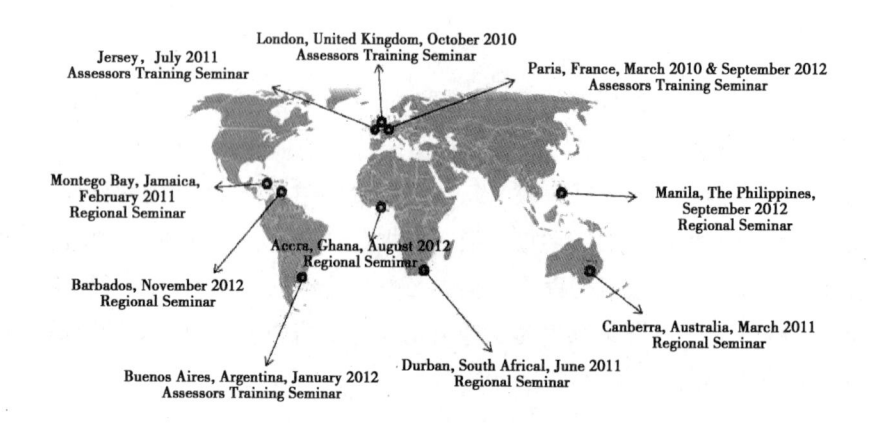

图 3-3　已组织研讨会分布图

第一排左起：泽西岛，2011 年 7 月，评议员培训研讨会；英国伦敦，2010 年 10 月，评议员培训研讨会；法国巴黎，2010 年 3 月及 2012 年 9 月，评议员培训研讨会；

第二排左起：牙买加蒙特哥贝，2011 年 2 月，区域研讨会；菲律宾马尼拉，2012 年 9 月，区域研讨会；

第三排左起：巴巴多斯，2012 年 11 月，区域研讨会；加纳阿克拉，2012 年 8 月，区域研讨会；

第四排左起：阿根廷布宜诺斯艾利斯，2012 年 1 月，评议员培训研讨会；南非德班，2011 年 6 月，区域研讨会；澳大利亚堪培拉，2011 年 3 月，区域研讨会。

五、技术支持协调平台

考虑到致力于对成员辖区提供技术支持的国际组织和机构的数量、秘书处的有限资源以及对技术支持的需求超过供给的可能性，成员辖区和国际组织之间的有效协调则是必需的。20 国集团也要求全球税收论坛在便利技术支持协调工作中发挥作用。为处理这些问题，2012 年 2 月，秘书处开发了技术支持协调平台。全球税收论坛秘书处主办的一个安全网站作为此平台，这个平台作为需要技术支持的辖区和能够提供技术支持的国际组织及发展机构之间的中介。发现辖区需求及与技术支持相配对可以使全球税收论坛及其伙伴更深入的解决技术支持问题。全球税收论坛有条件主办这个平台，因其拥有广泛的成员和观察员。另外，一些国际组织也是此协调平台的一部分。

除开协调技术支持需求和供给外，此平台还提供由有关国家或地方的组织主办的与税收情报交换相关的活动的详细信息，以便使潜在的参与者有效地参与相关活动。

六、为发展中国家提供的支持

2009年9月墨西哥会议上，全球税收论坛承诺审查如何使发展中国家进一步融入全球税收论坛的工作并从中受益。它也意识到一些小金融中心可能需要支持来有效实施国际标准。20国集团也要求全球税收论坛加强工作抵制发展中国家税基的侵蚀，并向其报告结果。报告在2011年9月由全球税收论坛通过之后于11月提交给了20国集团戛纳峰会。技术支持具有多种形式。协调平台和区域研讨会协助发展中国家实施国际标准和提高工作能力。全球税收论坛还为双边和多边协商提供便利而扩大发展中国家的情报交换网络。全球税收论坛与世界银行和英国国际发展署合作一道和加纳及肯尼亚开展两个深度实验项目，以在两国开始同行评议前提高其情报交换能力。另外，在成员辖区评议过程中，全球税收论坛还为其提供咨询支持。作为实施20国集团指令的一部分，发展中国家的官员会得到授权。

七、首次主管机构会议

全球税收论坛和主管机构紧密合作以期找到一个协调各辖区情报交换的方法。为促进成员辖区之间更加紧密的合作，全球税收论坛于2012年5月22—23日在马德里组织了主管机构之间的首次会议。来自78个成员辖区和6个国际组织的186位代表与会，他们一道分享改善主管机构之间交流的经验，增进了主管机构之间的合作，探讨了克服情报有效交换的现实障碍的改善措施。

会议强调优秀的实践经验分享对发展情报交换是必需的。就这而言，参与者一致认为发展和保持由全球税收论坛主办的安全网站具有必要性。这个网站包括实时更新的通信信息，以保证当官员改变时可保持交流的连续性。另外，一些辖区和国际机构同意同相关辖区分享与情报交换实践有关的手册和材料。基于成员辖区和国际组织提供的材料和经验，全球税收论坛将发展出各式各样的工具，并有望不久就可在安全网站上分享。

八、与相关国际组织合作

与其他国际组织合作对全球税收论坛的工作亦具有实质性贡献。共有12个国际组织作为观察员参与全球税收论坛。这些国际组织是：非洲税收行政论坛（ATAF），亚洲开发银行，英联邦，欧洲复兴开发银行，欧洲投资银行，泛美开发银行，国际金融公司，国际货币基金组织，联合国，世界银行和国际海关组织。与这些机构的合作具有高水平。大多数区域研讨会都是与世界银行及其他相关区域组织（如非洲税收行政组织）合作组织开展的。而且有些观察员自愿给予全球税收论坛捐赠经费，这使得全球税收论坛能够实施更多有益于发展中经济体的项目。

全球税收论坛还与一些国家机构合作，诸如英国国际发展署（DFID）和德国国际合作机构（GIZ）。这些机构对全球税收论坛处理发展中国家的工作给予了大量的财政支持。

全球税收论坛亦与金融行动特别工作组合作紧密，其为一个致力于为反洗钱、恐怖融资及其他有害于国际金融系统的危险活动设定标准及促进法律、监管及操作措施的有效实施的政府间的国际组织。2012年6月金融行动特别工作组全体专家临时调任到全球税收论坛秘书处就是紧密合作的一大例子。

全球税收论坛还会在适当的时候增加与其他组织、机构和实体之间的联系，当这种联系具有增效作用时。

2012年7月，全球税收论坛秘书处与阿拉伯联合酋长国达成了一项谅解备忘录，保证阿拉伯联合酋长国遵守对全球税收论坛工作的承诺。阿拉伯联合酋长国将举行两次特别针对中东和北非国家的研讨会，当然其他辖区的代表也可能受到邀请。日本也为东南亚的技术支持项目提供了资金支持，包括培训研讨会和扩展此区域的成员。第一次区域培训研讨会已于2012年9月在菲律宾举行。

第五节　全球税收论坛秘书处

全球税收论坛秘书处设在经合组织税收政策与管理中心。这些年以来,秘书处已发展为一个拥有来自 28 名不同国籍和经历各异的成员的大机构,其中包括直接雇用的工作人员和全球税收论坛成员派遣的借调工作人员。这些借调工作人员来自百慕大、捷克共和国、德国、印度、日本、荷兰和新加坡。开曼群岛将于 2013 年派遣借调工作人员。全球税收论坛秘书处的工作人员来自 22 个不同的税收管辖区,使用 12 种不同的语言:汉语、捷克语、荷兰语、英语、法语、德语、印地语、意大利语、日语、葡萄牙语、俄语和西班牙语。自 2009 年以来领导秘书处的 Pascal Saint-Amans 先生在 2012 年年底晋升为经合组织税务政策与管理中心的主任,而其原来的职务被来自印度的 Monica Bhatia 女士所取代。

负责同行评议和持续监测成员、非成员辖区的共有两组管理人员,均为税务领域专业知识和同行评议经验兼备的专业人士。后勤组成员则负责应对所有任务并组织会议。由于论坛为自筹资金的性质,因此还设有一名行政主管人员直接经管总计 360 万欧元的预算资金。

经合组织理事会在正式建立全球税收论坛的决议中,特别规定了非经合组织成员国的公民可以加入全球税收论坛秘书处。除了来自非经济合作与发展组织成员的借调工作人员,秘书处还聘请了来自中国香港、巴西、印度和俄罗斯的公民。

以下是全球税收论坛的结构简图:

表 3 – 4   全球税收论坛的结构简图

	Monica BHATIA,全球论坛秘书长
	Dónal GODFREY,全球论坛副秘书长
	Brendan McCORMACK,高级顾问
	Laurent ROTA,行政主管
	Jeremy MADDISON,通讯主管
	Michele KELLY,项目协调员
	Lucy CAIRNEY,助手
	Anna TCHOUB,助手

续表

	第一评议组		第二评议组
	Andrew AUERBACH, 组长		Rachelle BOYLE, 组长
	Shinji KITADAI		Renata FONTANA
	David MOUSSALI		Bhaskar GOSWAMI
	Robin NG		Laura HERSHEY
	Mary O'LEARY		Doris KING
	Bernd PERSON		Gwenaëlle LE COUSTUMER
	Francesco POSITANO		Melanie ROBERT
	Sanjeev SHARMA		Rémi VERNEAU
	Renata TEIXEIRA		Radovan ZIDEK
	Mikkel THUNNISSEN		
	Lia UMANS		

第六节 全球税收论坛的挑战

全球税收论坛显然已经在税收管理的合作上取得了重大进展，并且对有效的税收执法做出了贡献。由于已经对 88 个税收管辖区进行了评议，且 23 个税收管辖区正在进行评议，全球税收论坛的阶段一评议工作已经接近了末尾。评议税收管辖区如何在实践中坚持国际标准的阶段二评议，将于 2012 年下半年正式开展。这一批新的评议对全球税收论坛提出了新的挑战,因为这将检验在阶段一评议中审查的税收管辖区的法律和监管框架。预计第一批阶段二的评议将于 2013 年开展,超过 50 个阶段二评议应该在同年年底完成。转变的步伐将进一步加速阶段二评议报告的出版,实际结果将留待税收管理更有效的解决逃税问题的实践来检验。

第四章

国际税收行政合作的新措施：同行评议

第一节 同行评议机制的产生背景

随着全球金融市场的逐步自由化，纳税人通过跨境投资的方式规避本国税收征管的现象日益严重，各国逐渐意识到，需要在国际层面上建立税收行政合作关系，加强税收信息交流，才能打击这种逃税行为。因此国际税收合作对于确保各国税法在境外的执行具有至关重要的作用。在2008年至2009年金融危机大爆发期间，20国集团领导人共同呼吁全球税收论坛通过确保国际税收透明度原则的统一执行，协助国际社会保护国际金融制度的稳定与安全。[1] 在同行评议（Peer Review）程序产生之前，全球税收论坛也会对各国在税收合作方面进行年度评估（Annual Assessment），其评估成果被编入全球税收论坛每年的《税收合作报告》中。通过之前的年度评估，全球税收论坛认为国际税收透明度原则的执行，有赖于国际社会全体成员的共同努力；只有确保所有国家和地区都充分执行了该原则，才能达到打击国际逃避税和反洗钱的目的，否则只会让那些未充分执行该原则的国家和地区从中获得不正当的利益；同时那些充分执行了原则的离岸金融中心，却会因此陷入不合理的竞争劣势，这会促使它们更加不愿意执行国际税收透明度原则。[2] 因此，为了建立一个公平、透明的国际税收环境，

---

[1] See G20, Declaration of the Summit on Financial Markets and the World Economy, November 2008（http：//www.g20.utoronto.ca/2008/2008declaration1115.html）.

[2] See OECD, OECD's Current Tax Agenda, April 2011, p.84（http：//www.taxwatch.org.au/ssl/CMS/files_cms/211_OECD%20Tax%20Agenda%202011%20-%20multinationals.pdf）.

全球税收论坛认为有必要对所有成员国的信息交换制度进行不同于以往的深度的监测，主要检验各国是否在实践中贯彻了国际税收透明度原则。

正是在全球金融危机的背景以及经合组织和 20 国集团的共同支持之下，2009 年 9 月全球税收论坛于墨西哥召开了改组会议，来自 70 个国家和各个国际组织的 170 名代表参加了会议。除了改组决议之外，这次会议的重大成果在于，授权全球税收论坛建立一个充满活力的综合性同行评议程序，监控和审查各个国家在充分有效的信息交换中执行国际税收透明度原则的状况。

2010 年 3 月，全球税收论坛正式启动同行评议机制，对全球税收论坛所有成员以及被认定为与其工作相关的其他国家和地区，进行同行评议，审查其是否充分执行国际税收透明度原则，并计划于 2014 年 6 月完成全部审查。[①] 在此过程中，20 国集团对全球税收论坛的工作表示了大力的支持，包括（1）呼吁各国重视税收透明度与信息交换问题，充分执行国际税收透明度原则;[②]（2）对全球税收论坛的成员扩张表示欢迎，对全球税收论坛的工作表示支持和肯定;[③]（3）支持全球税收论坛发起的同行评议机制，并敦促各国参审，以及依照审议结果采取改进措施[④]；（4）对于违反国际税收透明度原则的"避税地"，20 国集团表示将随时准备采取

[①] See OECD, OECD's Current Tax Agenda, April 2011, p. 104（http：//www.taxwatch.org.au/ssl/CMS/files_cms/211_OECD% 20Tax% 20Agenda% 202011% 20 - % 20multinationals. pdf）.

[②] See G20, Declaration of the Summit on Financial Markets and the World Economy, November 2008（http：//www.g20.utoronto.ca/2008/2008declaration1115.html）.

[③] See G20, Leaders' Statement: The Pittsburgh Summit, September 2009（http：//ec.europa.eu/commission_2010—2014/president/pdf/statement_20090826_en_2. pdf）; See also G20, Cannes Summit Final Declaration - Building Our Common Future: Renewed Collective Action for the Benefit of All, November 2011（http：//www.g20.utoronto.ca/2011/2011 - cannes-declaration - 111104 - en.html）.

[④] See G20, The G20 Seoul Summit: Leaders' Declaration, November 2010（http：//online.wsj.com/public/resources/documents/G20COMMUN1110.pdf）; See also G20, Cannes Summit Final Declaration - Building Our Common Future: Renewed Collective Action for the Benefit of All, November 2011（http：//www.g20.utoronto.ca/2011/2011 - cannes-declaration - 111104 - en.html）.

对抗措施①。而正因为有了 20 国集团的大力支持，使得同行评议机制不再只是一种无关痛痒的审查——未能通过审议的国家和地区，必须充分执行同行评议对其提出的改进建议，否则将有可能面临来自国际社会的制裁。同行评议机制的启动，被认为是全球税收论坛历史上具有里程碑意义的一刻，同时也是税收透明度与信息交换领域内的重要转折。

第二节　同行评议的发展

  2009 年 9 月墨西哥会议后，税收透明度与信息交换全球论坛向 20 国集团报告了其调整情况及在透明度方面取得的进展。在 2010 年 11 月的首尔会议上，20 国集团领导人邀请全球税收论坛再提供一份进度报告，该报告于 2011 年 11 月的戛纳峰会上提交。此次峰会上，20 国集团领导人肯定了所取得的进展，并敦促所有司法管辖区，尤其是那些没有资格参加第二阶段审议的司法管辖区采取必要的措施来处理确认的缺陷。2012 年 2 月和 4 月，20 国集团财政部长和央行行长号召全球税收论坛再向 20 国集团领导人提供一份反映最近一批同行评议的进度报告。该进度报告反映了全球税收论坛工作的与时俱进，也标志着全球税收论坛第二阶段工作的开始，这一阶段将评估各司法管辖区关于税收透明度与信息交换国际标准的实际落实情况。

  在 20 国集团的支持下建立的全球税收论坛同行评议程序带来了实质性的改变。从全球税收论坛成员国数量的增加和成员国愿意按照针对同行评议确认的缺陷而做出的建议采取行动，可以看出全球税收论坛促成的国际间的高度合作。全球税收论坛目前有 119 个成员管辖区以及 12 个观察员。在 20 国集团的政策支持下，仅仅用了两年半的时间，全球税收论坛就落实了深入的同行评议机制以及对成员国和非成员国所做改进的监控。全球税收论坛还确认了 7 个与其工作相关的司法管辖区：博茨瓦纳、前南斯拉夫的马其顿共和国、加纳、牙买加、黎巴嫩、卡塔尔、特立尼达和多

---

① See G20, London Summit – Leaders' Statement, April 2009（http：//www.ilo.org/wcm-sp5/groups/public/—dgreports/—dcomm/documents/statement/wcms_ 178769. pdf）; See also G20, G20 Toronto Summit Declaration, June 2010（http：//www.washingtonpost.com/wp-dyn/content/article/2010/06/27/AR2010062702887. html）.

巴哥。除黎巴嫩外，前述国家都已承诺执行标准，并已加入了全球税收论坛。黎巴嫩也已和全球税收论坛合作，并完成了对其的同行评议。最后，一些希望从透明的税收新环境中获益的国家已经通过成为全球税收论坛的成员国来确认他们的承诺，其中拉脱维亚、立陶宛和突尼斯是最近加入的。其他一些国家也表达了他们有兴趣加入全球税收论坛，这反映了全球税收论坛工作的重要性及相关性。

所有全球税收论坛成员国都承诺执行关于税收透明度与信息交换的国际标准，自20国集团伦敦峰会以来，已经签订了数百个协议，并有许多协议正在谈判中。许多成员国通过国内立法允许有效的信息交换。

同行评议程序包括两个阶段。第一阶段评估一国有效信息交换的法律和监管框架，而第二阶段评估实践中标准的落实情况。一些全球税收论坛成员国采取第一阶段和第二阶段联合审议。第一阶段审议已经基本完成，目前的重点是即将到来的第二阶段审议。预计到2013年底将完成50个左右的第二阶段审议。通过第二阶段审议，全球税收论坛将检验各司法管辖区在实践中是否有效落实了国际标准。和第一阶段相比，第二阶段审议的结果之一是将对各司法管辖区是否符合标准进行全面评级。就第二阶段方面的审查而言，全球税收论坛到目前为止还没有划分等级。然而，关于第二阶段方面的建议书已经做出。为了确保评级系统在不同司法权辖区之间的应用是一致的，在确定评级系统前，全球税收论坛需要先对代表一定地理和经济特征的部分司法管辖区进行第二阶段审议。当然，审议的最终目的是帮助各司法管辖区有效实施关于税收透明度与信息交换的国际标准，评级的划分只是该目标的一个组成部分。

此外，除了互相独立的第一阶段和第二阶段评估以外，全球税收论坛还启动了联合审查的模式，即对一国的信息交换法律框架和标准的实施情况合并进行评估。到目前为止，总共20个国家经历过对其信息交换的法律和监管框架（第一阶段）和实务中信息交换能力（第二阶段）的联合审查。

同行评议是一个持续的、动态的过程。通过同行评议发布的这些审议结果，将引导各司法管辖区执行国际标准，实现有效、全面的信息交换。

第三节 同行评议的现状

一、概述

自 2011 年 11 月向 20 国集团报告以来，全球税收论坛稳定地向提高透明度的目标进展，发布了 20 个同行评议，包括 3 个联合审议，其中有 149 个新的建议。从而使得已公布报告的总数增加到 79。此外还通过了 6 个新的补充报告，充分应对了 33 个建议。另外有 17 个同行评议已经开始。

由于第一阶段审议提出的问题，最初有 17 个司法管辖区不能进行第二阶段审议。有三个司法管辖区被发现有两个要素缺位，可以有条件地进行第二阶段审议。

经审议的国家应当在审议后的 6 到 12 个月内报告他们是如何处理缺陷的。当一国在处理最初的第一阶段报告所确认的缺陷方面取得重大进展时，全球税收论坛可以发布补充的第一阶段报告以反映取得的进展。到目前为止，有 15 个司法管辖区已经进行了或正在进行补充审议，并已通过了 13 份报告，另有 2 个补充审议经审议国的请求已经发起。在已完成的 13 个补充审议中，有 7 个国家最初是不能进行第二阶段审议的：安提瓜和巴布达、巴巴多斯、比利时、英属维尔京群岛、圣马力诺、塞舌尔、特克斯和凯科斯群岛。补充审议后，有 7 个之前不能进行第二阶段审议的司法管辖区得以向前迈进，因为其立法上的变化改善了有关信息交换的制度，全球税收论坛批准这些国家进行第二阶段审议。

目前有 30 个国家没有完成同行评议，其中，已经发起了 17 个审议。这些国家大多是 2009 年后加入全球税收论坛的，因此这些国家的审议日程安排得比较晚，以便相关国家可以更好地准备。

二、审议结果

下面的图表提供了第一阶段审议做出的建议和结论的细目。从图 4-2 可以看出，在最初的 79 个同行评议中，有 32 个司法管辖区被发现有一个或一个以上的要素缺位。在剩下的 47 个司法管辖区中，35 个司法管辖区有需要改进的要素。总体而言，情况是多样的，并且需要成员国相当数量的跟进工作和全球税收论坛的监督。

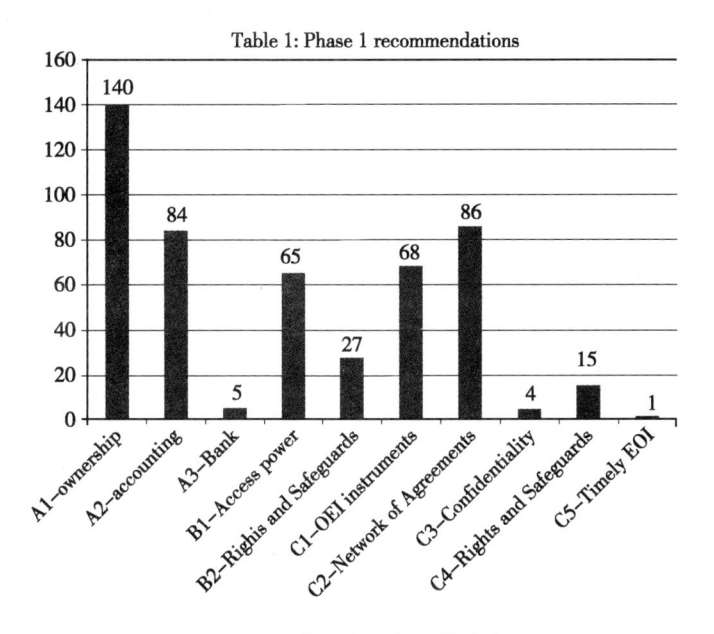

Table 1: Phase 1 recommendations

图4-1 建议各要素所的分布

Table 2: Distribution of jurisdictions based on the number of elements not in place

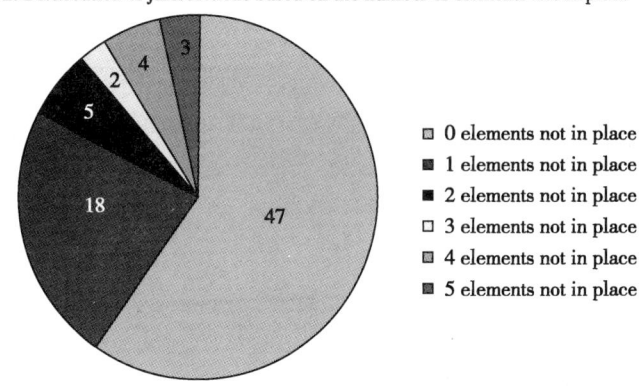

图4-2 根据缺位要素的数量提供的国家细目

由于许多国家有多年的执行标准的经验，而其他国家在有效信息交换方面只有少量甚至没有经验，因此在考虑同行评议的结果时，最重要的是以动态的方式来考虑这些评估。最终，全球税收论坛是否会实现其有效信息交换的目标将在第二阶段审议结束后得到检验。此外，一些国家早于其他国家进行同行评议，这就给了他们跟进审议报告和进一步改进的机会。

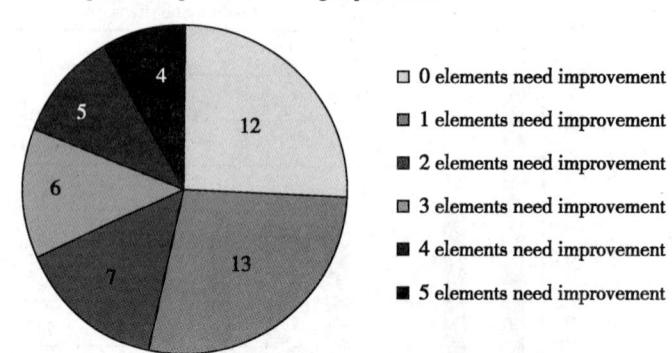

Table 3: Distribution of elements needing improvement for jurisdictions with all elements in place or in place but ennding improvement

- 0 elements need improvement: 12
- 1 elements need improvement: 13
- 2 elements need improvement: 7
- 3 elements need improvement: 6
- 4 elements need improvement: 5
- 5 elements need improvement: 4

图 4 - 3 国家细目已显示存在但需要改进的要素的数量

现阶段,同行评议揭示了各司法管辖区之间有效信息交换必需要素实现程度的差异。因为一些司法管辖区有很长的信息交换的历史,而其他司法管辖区后来才开始执行标准,所以才出现这种差异。然而,需要强调的是,所有成员国都承诺用同行评议程序的结果来引导改进,朝执行国际标准的方向发展。正如我们所看到的,大部分被确认存在缺陷的国家已经开始采取行动,一些国家已经要求补充报告以反映其变化。

下文总结了截至目前的同行评议的结果。

从图 4 - 3 可以看出,有 12 个国家的所有要素都存在,并且不需要做重大改进(澳大利亚、中国、法国、印度、爱尔兰、马恩岛、意大利、日本、马耳他、挪威、卡塔尔、塞舌尔)。有 20 个国家需要改进 1 到 2 个要素(比利时、百慕大、巴西、加拿大、开曼群岛、丹麦、爱沙尼亚、前南斯拉夫的马其顿共和国、德国、希腊、根西岛、韩国、毛里求斯、墨西哥、荷兰、新西兰、圣基茨和尼维斯、西班牙、特克斯和凯科斯群岛、美国)。有 11 个国家或地区需要改 3 到 4 个要素(巴林、智利、库拉索岛、加纳、中国香港、泽西岛、中国澳门、菲律宾、圣马力诺、新加坡、斯洛伐克共和国)。有 4 个国家需要改进 5 个要素(安道尔、阿鲁巴岛、巴巴多斯和马来西亚)。

对于被发现有 1 个或 1 个以上要素缺位的司法管辖区,同行评议披露如下。在有 1 个要素缺位的 18 个司法管辖区中:安提瓜、巴布达和巴哈马(账户信息的可获得性)不需要对其他要素做重大改进;英属维尔京群岛、库克群岛、直布罗陀、蒙特塞拉特岛、圣文森特和格林纳丁斯

（账户信息的可获得性）需要对另外1个要素进行改进；安圭拉（账户信息的可获得性）需要对另外2个要素进行改进；卢森堡和捷克共和国（所有权和身份信息的可获得性）需要对另外2个要素进行改进；英国（信息的获取途径）需要对另外2个要素进行改进；摩纳哥和圣卢西亚（账户信息的可获得性）需要对另外3个要素进行改进；澳大利亚（所有权信息的可获得性）需要对另外4个要素进行改进；塞浦路斯和格林纳达（账户信息的可获得性）需要对另外4个要素进行改进；印度尼西亚（信息的获取途径）需要对另外4个要素进行改进；匈牙利（所有权和身份信息的可获得性）需要对另外5个要素进行改进。

牙买加被发现有2个要素缺位（信息的获取途径和达到标准的信息交换机制）并需要对另外3个要素进行改进。然而，牙买加还是能够进行第二阶段审议的。

有3个司法管辖区被发现有2个要素缺位，进行第二阶段审议是有条件的。比利时最初的报告确认其有2个要素缺位（信息的获取途径和达到标准的信息交换机制），并需要对另外2个要素进行改进，其进行第二阶段审议的条件是采纳建议。因此，比利时终止了国内的银行保密法，这意味着其现在已符合国际标准。全球税收论坛承认了比利时的努力，现在它所有要素都存在（仍需对一个要素进行改进）；这反映在比利时的补充报告中。列支敦士登被发现有2个要素缺位（所有权和身份信息的可获得性以及账户信息的可获得性），并需要对另外3个要素进行改进。列支敦士登表示，自第一阶段审议以来，它已经修改了账户要求方面的立法，并拟在一些其他问题方面修改立法，它要求进行补充审议。瑞士被发现有2个要素缺位（所有权和身份信息的可获得性以及达到标准的信息交换机制），并需要对另外3个要素进行改进。进行第二阶段审议的条件是使其显著数量的信息交换协议符合标准，并且其所有的新条约采用符合国际标准的解释。瑞士表示，自最初的报告以来，它已通过法案来解决这一问题，它进一步缔结的条约完全符合标准，它还推出了解决其他缺陷的立法，并已开始税收信息交换协定的谈判。

另有11个司法管辖区（博茨瓦纳、文莱、哥斯达黎加、危地马拉、黎巴嫩、利比里亚、巴拿马、千里达和多巴哥岛、阿拉伯联合酋长国、乌拉圭、瓦努阿图）被发现有2个或2个以上要素缺位，并被确认在第一阶段审议时实现有效信息交换的关键要素缺位。因此，这些司法管辖区不能进行第二阶段审议,直到它们根据建议改善其法律和监管框架。最初,还有六个国家(安提瓜和巴布达、巴巴多斯、英属维尔京群岛、塞舌尔群岛、特克斯和凯科斯群岛、圣马力诺)也在这一行列。随后这6个国家做出了改进并进行了补充审议,现在可以进行第二阶段审议了。

利比里亚有2个要素缺位(所有权信息的可获得性和账户信息的可获得性),并且没有其他要素需要改进。乌拉圭有2个要素缺位(所有权信息的可获得性以及与相关伙伴国信息交换的网络),并需要对另外5个要素进行改进。特立尼达和多巴哥有3个要素缺位(获取信息的权力,达到标准的信息交换机制以及与相关伙伴国信息交换的网络),并需要对另外两个要素进行改进。阿联酋有3个要素缺位(账户信息,获取信息的权力以及达到标准的信息交换机制),并需要对另外3个要素进行改进。黎巴嫩有4个要素缺位(所有权信息的可获得性,获取信息的权力,达到标准的信息交换机制以及与相关伙伴国信息交换的网络),并需要对另外1个要素进行改进。瓦努阿图有4个要素缺位(账户信息,获取信息的权力,达到标准的信息交换机制以及和相关伙伴国信息交换的网络),并需要对另外1个要素进行改进。危地马拉有4个要素缺位(所有权信息的可获得性,获取信息的权力,达到标准的信息交换机制以及与相关伙伴国信息交换的网络),并需要对另外1个要素进行改进。博茨瓦纳有4个要素缺位(获取信息的途径,达到标准的信息交换机制,与相关伙伴国信息交换的网络以及确保被交换信息保密性的措施),并需要对另外2个要素进行改进。文莱、哥斯达黎加和巴拿马有5个要素缺位(所有权和身份信息的可获得性,账户信息,获取信息的权力,达到标准的信息交换机制以及与相关伙伴国信息交换的网络),并且巴拿马需要对另外1个要素进行改进。巴拿马已经开始了补充审议,补充报告将会考虑其采取的行动。博茨瓦纳、文莱、特立尼达和多巴哥、乌拉圭向同行评议小组提供了跟踪报告,表明它们将做出改进。哥斯达黎加和危地马拉将在2012年9月提供跟踪报告,黎巴嫩、利比里亚和阿联酋将在2012年12月提供跟踪报告。

三、结果分析

图4-4显示了第一阶段审议对各司法管辖区所做建议的数量。此外,它还显示了建议在不同结论间的分布,如,多少建议是针对结论为"存

在"的要素做出的,多少建议是针对结论为"存在,但需要改进"的要素做出的,多少建议是针对结论为"缺位"的要素做出的。从这些建议中,我们可以看出各国在税收透明度与信息交换方面存在的几个普遍性问题:

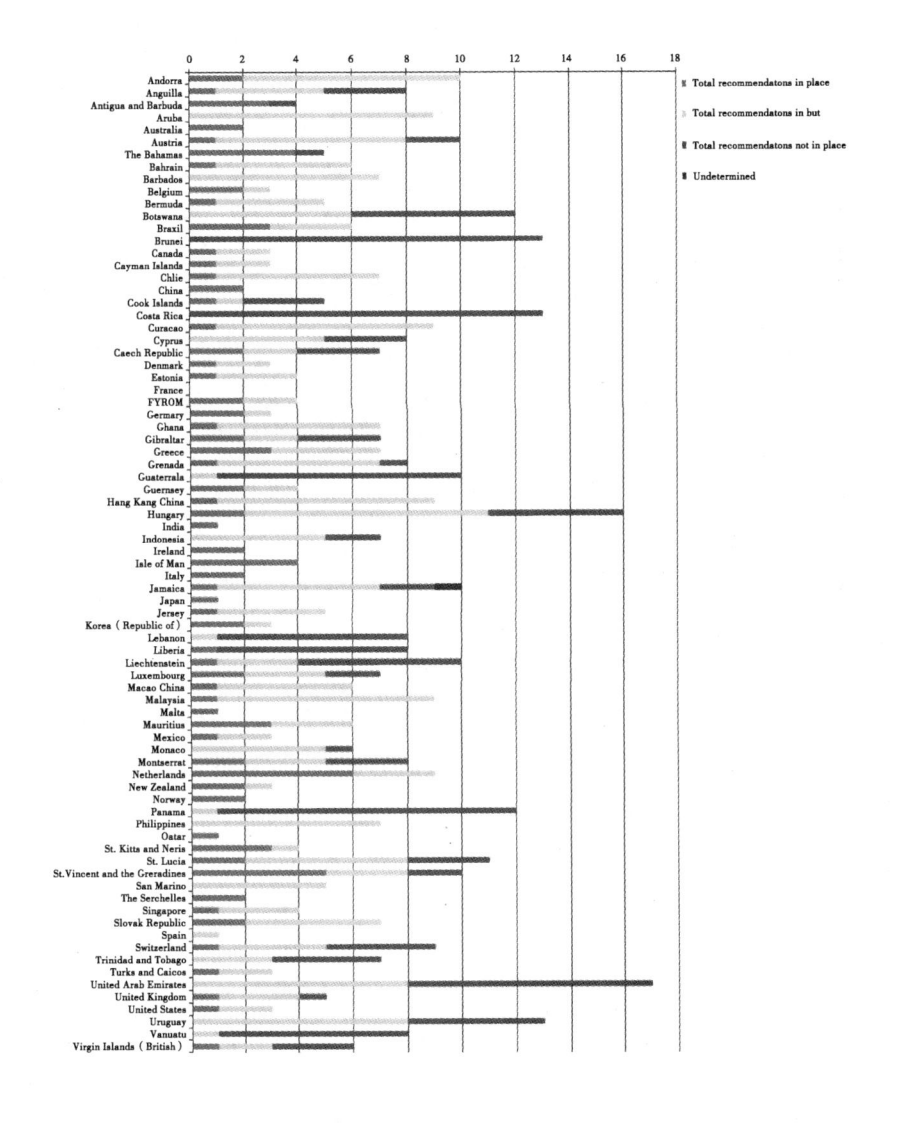

图4-4 第一阶段审议对各司法管辖区所做建议的数量

(一)信息的可获取性

有关所有权信息和账户信息获取的要素只是分别在24个(所有权信

息)和 39 个(账户信息)国家符合要求。在上述方面发现的缺陷已经致使 13 个国家(所有权信息)和 19 个国家(账户信息)的信息获取要素被认定是不合格的。这些缺陷也产生了总共 224 份建议书(其中,140 份所有权信息和 84 份账户信息)。在一些国家,国家没有义务收集离岸活动的信息。同时在另一些国家,离岸活动没有任何义务去确保信息的可获取性。另外发现的缺陷包括,在很多国家,无记名股票是一个普遍的特征。除此之外,在一些被审查出存在缺陷的国家,代理人制度被应用于鉴定代理人代表何人从事活动的情形。同时,保持信托账户信息和一致性的义务并非总是在立法层面得到保证。目前已经形成了对此问题的大量建议书。

(二)信息获取的途径

尽管在 12 个国家信息获取要素是不合格的,在大多数的情况下,授予主管当局基于信息交换为目的的获取权力是足够的。而目前的主要问题为对国内税收利益要求的保留、获取离岸商业信息的权力缺乏和获取银行信息的国内管制。全球税收论坛特别声明如果纳税人能够通过其他方式被识别的话,各国家不得坚持要求被提供纳税人的姓名和地址以满足可预见的相关要求。已经识别出此类管制的国家正通过颁布新的法规或修改条约来使其自身符合这一标准。

(三)信息交换机制

信息交换机制的关键缺陷在于一些国家没有通过立法来给予这些机制以法律效力(例如源于主管当局获取信息的权力的缺陷)和没有完成必要的批准程序来使这些签署的信息交换协议付诸实施。对此一些国家已经采取行动来解决这一问题,其中包括比利时(通过立法来要求所有现存的条约必须符合此项标准)、英属维尔京群岛、圣马力诺、土耳其和凯科斯群岛(授予主管当局更加明确的获取权力)。维护信息交换的机密性和纳税人的足够权利以及保护措施是保证信息安全交换的前提条件。这些要素在更新到目前为止的几乎所有全球税收论坛的成员国中都符合要求。

就条约范围的大小和相关度而言,自 2008 年来超过 800 个信息交换协议和双边税收协定的签署使其取得巨大进展。就全球范围而言,提议进行信息交换协议的磋商而没有得到正面回复的情形是很少的。尽管一些国家持续抵制缔结信息交换协议,因为他们的政策是只同意双边税收协定——其标准要求国家加入信息交换协议而不论其形式如何——这些国家的数量随着部分成员承认改变其与缔结税收信息交换协定有关的政策并开始颁布法律来实施这一政策而逐渐下降。

在分析了同行评议机制的进展状况和最新成果后，我们再对同行评议机制的主要内容进行深入的探讨，以便我们更好地把握税收透明度与信息交换标准的内涵。

第四节 同行评议机制的作用机理

全球税收论坛同行评议程序来自于经合组织的国际治理传统和资源支撑。虽然同行评议程序是由20国集团推动的，但其工作方法却是由经合组织的制度和经验所支持的。与其他的多边国际组织不同的是，经合组织不能借助法律与财政机制来推进或劝服成员国遵约，而是通过国家的制度合作来实现目标。《经济合作与发展组织公约》（Convention on the Organisation for Economic Co-operation and Development）第3条要求缔约国开展以下的合作：（1）保持成员国的相互通报，提供必要的信息；（2）以持续的方式共同磋商，参与一致同意的项目；（3）紧密合作，在适当的情况下采取协调行动。经合组织主要依赖认知和规范的治理来推进其主导的国际合作。认知治理指的是经合组织启动和宣传关于成员国及组织本身在国际社会中的一系列价值观、预期和话语，从而在成员间形成一种认同感。规范治理指的是通过经合组织内部的讨论、监督和同行审查而开展的"共有知识结构即观念的发展与扩散"。通过充分的讨论，共同的话语得到采纳，加强关于政策问题的一致理解。更重要的是，规范治理不仅仅是共有观念的发展与扩散，还涉及到适当的行为标准的形成和实施。如果相关的政策立场或行为标准能够达成一致，成员国将据此调整其政策和行为。

总之，经合组织推进其主导的国际合作所采用的是一种"软性治理机制"，同行评议与审查是其中的一个重要方法。它对成员国调整其政策和行为构成了一种软性压力，对监督和促进成员国遵守经合组织的政策和行为标准具有积极的作用。国际税收透明度与信息交换的标准和原则原本是经合组织所确立的，后来为20国集团财长和央行行长会议通过，被国际社会认同和接受。为监督和促进国际税收透明度原则，经合组织同行评议与审查模式得到了继续利用。所不同的是,这一同行评议程序已经超越了经合组织的狭窄范围,而进入到 20 国集团这一更加具有包容性的机制中。

应该注意的是,"软性治理机制"之所以在经合组织中得以采用并能够发挥一定作用,是由于经合组织特定的成员国构成上的趋同性。20 国集团这一更加具有代表性与包容性的机制改变了成员构成与价值观念上的趋同性,因此同行评议程序这一"软性治理"方法将面临挑战与不确定性。对此,一方面需要在 20 国集团中更多地关注和协调各国的利益需求,加强"软性治理"方法特有的协商平衡的进程,塑造共同的政策立场与行为标准,另一方面,逐步加强经合组织所缺乏的法律治理。也就是说,逐步使国际税收透明度与信息交换的标准和原则成为各国必须履行的国际法义务,形成普遍一致的国际实践以及必要的法律确信。

第五节 同行评议机制的主要内容

同行评议机制的内涵可以划分为实体和程序方面。在实体内容方面,全球税收论坛为了落实审议,发布了《同行评议细则》作为审议的具体规则,将抽象的国际税收透明度原则具象化;因此此处将以国际税收透明度原则为指导,来分析这些具体规则。而在程序方面,则是从同行评议的机构以及具体审议程序两方面着手,分析同行评议机制本身。

一、实体内容

为了进一步明确国际税收透明度原则在同行评议之中的适用,2010 年初,全球税收论坛通过了同行评议小组(Peer Review Group)提出的四个重要文件:(1)《同行评议和非成员审议的方法》(Methodology for Peer Reviews and Non-Member Reviews)[1];(2)《同行评议细则》(Terms of Reference to Monitor and Review Progress Towards Transparency and Exchange of

---

[1] See OECD, *Implementing the Tax Transparency Standards*: *A Handbook for Assessors and Jurisdictions* (*Second Edition*), OECD Publishing, 2011, p. 38 (http://www.oecd.org/tax/transparency/implementingthetaxtransparencystandardsahandbookforassessorsandjurisdictions-secondedition.htm).

Information）；（3）《评估原则》（Note on Assessment Criteria）[①]；（4）《同行评议日程安排》（Schedule of Reviews）[②]。

《同行评议细则》是保证国际税收透明度原则在同行评议中适用的实质性文件，供评审员小组使用，是评判第一阶段和第二阶段问卷调查的重要依据。国际税收透明度原则的要求是，只要是与信息请求方的税务规定具有可预见相关性的真实信息，并且这种信息已经或者有可能以一种及时有效的方式被税务主管机关获取，并且有相应的法律机制确保这种信息的交换，则被审议国就是充分执行了国际税收透明度原则。因此，《同行评议细则》将审议的具体标准归纳为三个基本环节：（1）信息的可获得性，指各管辖区的法律框架中必须有相应的规定，使得税收相关信息（尤其是会计，银行和所有权信息）能够被收集和保存；（2）主管当局获取信息的途径和权力，即主管当局必须有法律上的权力获取上述信息，尤其是在不考虑银行保密制度或国内税收利益要求的情况下，并且没有不适当地延迟信息交换的障碍；（3）信息交换机制，即配套有相关的法律机制从而能有效地进行信息交换，通常是双重征税条约或税收信息交换协定等双边协议、多边公约，少数情况下是单边国内立法。

也就是说，信息首先必须是切实存在的、"可以获得"的，然后税务机关必须"有途径"取得该信息，最后必须存在"交换"的基础即相应的税收信息交换法律机制。如果上述3个基本要素缺少任何一项，信息交换都不可能发生。[③] 此外，为了更好地开展审议工作，《同行评议细则》还在前述三个基本环节的基础上又再细分为10个基本要素及其项下的31个具体要求加以列举。第一阶段审议的目的是评估一国进行有效信息交换所需要素的实现程度。因此，第一阶段审议根据10大关键要素得出如下结论之一：（1）要素存在；（2）要素存在，但是要素法律执行中的某些方面需要改进；（3）要素缺位。第二阶段审议评估和第一阶段相同的10

[①] See OECD, *Implementing the Tax Transparency Standards: A Handbook for Assessors and Jurisdictions (Second Edition)*, OECD Publishing, 2011, pp. 75—82（http://www.oecd.org/tax/transparency/implementingthetaxtransparencystandardsahandbookforassessorsandjurisdictions-secondedition.htm）.

[②] See OECD, The Schedule of Reviews, 2012（http://www.oecd.org/ctp/49467448.pdf）.

[③] See Michael Keen and Jenny E. Ligthart, "Information Sharing and International Taxation: A Primer", *International Tax and Public Finance*, Vol. 13, No. 1, 2006, p. 97.

要素，但第二阶段审议评估的重点是信息交换的实践情况。各要素会得到合规、基本合规、部分合规和不合规之中的一个等级。基于该评估，会对各司法管辖区实际落实标准的情况给予一个全面评级。

下文将以中国的情况为例简要介绍和评析同行评议的主要内容。

（一）信息的可获取性

有效的信息交换必然以存在真实可靠的信息为前提。这些信息可能基于税务、管理、商务或其他原因而在国家或地区的境内得到保存。只有当这些信息得到保存，并维持在适当的有效期限内，被审议国的主管部门才可能根据其他国家的请求提供这些信息。应当被保留的被分为三类：(1)所有权和所有者身份信息；(2)会计记录；(3)银行或其他金融机构持有的信息①。在（1）和（2）两种信息方面，同行评议机制会按照不同的主体分别考察——即公司、合伙、信托、基金、其他实体和安排。

首先在"所有权和所有者身份信息"方面，要求：(1)各国家或地区保证其相关主管部门掌握有关实体和机构②的所有权信息和身份信息，例如中国企业设立时必须进行工商登记和税务登记，其基本信息就为我国的工商登记机关和税务机关所掌握；(2)该实体和机构本身应当保留相应的所有权和所有者身份信息，例如我国《公司法》第25条和第82条就分别规定了有限责任公司和股份有限公司的公司章程，应当包括股东/发起人的姓名或名称、出资额、出资方式以及出资时间等等；(3)所涉实体和机构的经营者和管理者应保留其所持有的所有权和所有者身份信息，例如我国《合伙企业法》第27条规定了不执行合伙事务的合伙人有权监督执行事务合伙人执行合伙事务的情况；(4)所涉实体和机构的服务提供者应当保留的所有权和所有者身份信息，例如我国《反洗钱法》第19条规定，我国金融机构应当依法建立客户身份资料和交易记录保存

---

① 需要特别说明的是，此处银行所持有的信息，主要是指所有与银行账户有关的信息，以及相关的资金和交易的信息；因此，这些信息中可能会有一些与"所有权和所有者身份信息"这一分类有所重叠；但是，之所以把"银行持有的信息"特别单列出来，是基于"银行保密制度"这一传统的国际税收行政合作障碍的存在。因此，国际税收透明度原则特别重视突破银行保密的限制，这反映在《同行评议细则》之中，即将银行信息单列出来，单独考察。

② 在《同行评议细则》中，术语"有关实体和机构"包括：(1)公司、基金机构、公共机构和类似组织；(2)合伙机构或自然人组成的其他机构；(3)信托机构或类似组织；(4)集体投资的基金或机构；(5)财产受托人；(6)被认定为与某一被审议国或地区"有关"的任何其他实体或机构。

制度；(5) 此外，当所涉实体和机构为公司时，还会重点考察名义股东（Nominee Shareholder）以及无记名股票（Bearer Share）的信息保留，它们是同行评议的重难点，众多参评国家在这两个问题上都被判定"不合规"或"合规但仍需改进"；(6) 除上述之外的其他相关方也应当保留所持有的所有权和所有者身份信息。

其次，在"会计信息"方面，仅要求：(1) 所涉实体和机构保留其会计记录，例如我国《会计法》第3条的规定，各单位必须依法设置会计账簿，并保证其真实、完整；(2) 各国家或地区应保证各有关实体和机构保存的会计记录真实可靠，例如根据我国《会计法》第5条第2款规定，任何单位或者个人不得以任何方式授意、指使、强令会计机构、会计人员伪造、变造会计凭证、会计账簿和其他会计资料，提供虚假财务会计报告。

最后，在"银行或其他金融机构持有的信息"方面，在此阶段仅要求银行或其他金融机构保留所有与账户相关的记录，以及相关的资金和交易信息，例如我国《金融机构客户身份识别和客户身份资料及交易记录保存管理办法》第33条规定，自然人的客户身份识别，应当记录客户的姓名、性别、国籍、职业、住所地或工作单位地址、联系方式、身份证件等等。

另外，同行评议还都要求上述信息的保留持续一段时间，一般是五年以上。例如我国《海南省地方税务局税收征管档案管理办法（试行）》第29条就规定，有关纳税人的征管资料档案的保管期限是10年。

（二）信息获取的途径

在确认了信息能够在一段相当长的时间内获得保留之后，同行评议的下一个目标是确保税务机关有权力和途径获取各种各样的信息。因为金融隐私权的考虑，也是为了更多的吸引投资者，许多国家在立法和实践中对于上述信息都有着严格的保密规定，以确保这些信息不为不相关的第三方所获知。更有甚者，甚至连政府机关都无权获取，最为典型的就是银行保密制度。[①] 因此，尽管同行评议并不排除各国法律存在保密规定，但是却要求各国确保上述保密规定不构成对税务机关获取上述信息的障碍。除此

---

① 在存款、借款以及其他更为复杂的金融交易中，银行掌握了客户的账户、相关交易等包括了客户金融状况的各方面信息资料；而客户在银行的这些信息资料就是其个人的一个"缩影"，这些信息资料的安全性越来越受到银行客户的关注，银行对客户信息资料负有金融隐私权保护义务是长期以来形成的惯例。参见谈李荣《银行与客户法律关系》，中国金融出版社2004年版，第33页。

之外，前述的国际税收透明度原则对传统国际税收信息交换障碍的突破，也都反映在了同行评议的细则当中。

基于前述对信息的分类，在此环节同行评议就分别考察了税务主管机关对于以下信息的获取能力：（1）银行或其他金融机构所持有的信息；（2）所有权和所有者身份信息以及会计信息。

目前，在这个方面可能存在的主要问题为获取金融机构信息的国内管制和对国内税收利益要求的保留。

首先是对金融机构信息的获取。第一，考察被审议国是否存在对上述信息的保密规定，例如我国《商业银行法》第29条规定，商业银行办理个人储蓄存款业务，应当遵循为存款人保密的原则，有权拒绝任何单位或者个人查询、冻结和扣划，但法律另有规定的除外；然后，如果确实存在保密规定，同行评议则会重点考察税收主管机关获取信息的能力，而无论该信息被掌握在何人手中①，例如根据我国《金融机构反洗钱规定》第21条，中国人民银行或其省一级的分支机构发现可以交易活动需要调查时，可以向金融机构调查可以交易活动涉及的客户账户信息、交易记录和其他有关资料；其后，同行评议会进一步考察被审议国对于税务主管机关获取信息的能力是否存在限制，比如是否规定税务机关获取税务信息必须是基于国内税收利益的目的；最后，对于银行或其他金融机构拒绝向税务主管机关提供信息的，存在怎样的惩罚措施，例如我国《金融机构反洗钱规定》第25条就规定，如果金融机构拒绝配合调查，则可根据具体情况由中国银监会、证监会或保监会责令金融机构停业整顿或吊销经营许可证，或者取消金融机构直接负责的董事、高管人员或其他直接责任人的任职资格、禁止其从事有关金融行业工作等等。

另外，对国内税收利益保留的规定可能会对信息交换产生影响。国内税收利益保留是指，只有当请求国提出的请求交换的信息对被请求国有税收利益时，被请求国的主管当局才有权力搜集信息并予以提供。若条约中规定了此项，那么主管当局自然就无权获得该信息，也就将所有缺少国内税收利益的信息交换请求拒之门外了，这无疑是不能达到税收透明度标准的。因此，有类似规定的管辖区必须采取行动，与伙伴管辖区商谈修改这

---

① 同行评议特别强调，信息为银行或其他金融机构所持有，不得构成税收主管机关无法获取信息的理由。

类条款,从而取消国内税收利益对信息交换的限制。

(三) 信息的交换

同行评议的最后一个环节是考察被审议国是否存在有效的税收信息交换机制,而建立这种机制的前提是确立相应的法律依据和制度。税收信息交换的法律授权来源于双边或多边国际税收条约(如双重征税协定、税务信息交换专项协定、欧盟与经合组织各自颁发的《多边税收征管互助协定》),或者来源于国内法。

"信息的交换"具体包括五个基本要点:(1)税收信息交换机制应带来切实有效的税收信息交换;(2)各国家或地区的税收信息交换网络应当覆盖所有相关的合作伙伴①;(3)各国家或地区的税收信息交换机制应有足够的法律依据,来保障所获信息的保密性;(4)税务信息交换机制应尊重纳税人和第三方的权利,保障他们的利益;(5)各国家或地区应根据达成的协议网络及时提供信息。根据上述基本要点,同行评议需考察被审议国家或地区所签订的所有税收条约是否符合上述要求,比如中国就已经对外签订了96个避免双重征税协定、2个避免双重征税安排(分别与香港和澳门),以及8个税收信息交换专项协定。②

在这些基本要点之中,信息交换机制最有可能存在的关键点在于,没有通过立法来赋予这些机制法律效力(例如源于主管当局获取信息的权力的缺陷)和没有完成必要的批准程序来使这些签署的信息交换协议付诸实施。例如,有些审议报告指出,个别管辖区拒绝缔结税收信息交换协定——比如因为他们的政策是只同意签订双边税收协定,这样就导致,伙伴管辖区的主管当局不能根据税收信息交换协定提出信息交换的请求,这也无疑限制了信息交换的有效性。对此,全球税收论坛建议它们采取行动,改变关于缔结税收信息交换协定的政策,并着手颁布法律来实施这一政策。

---

① 在《同行评议细则》中,这里所说的"所有有关合作伙伴"是指有意进入税收信息交换机制的所有成员。一国不能只与没有重要经济利益的对立方达成信息交换协议。如果出现了这样的情况:某司法管辖区拒绝与合作伙伴达成协议或者进行谈判,尤其是该伙伴为了正确管理和执行其税法,拥有正当愿望、可以要求对方提供有关信息。这种情况将引起同行评议工作组的关注,并可能被认定为该司法管辖区对执行国际税收透明度原则缺乏诚意。

② 详细请访问国家税务总局网站:http://www.chinatax.gov.cn/n8136506/n8136593/n8137537/n8687294/,最后访问于2013年3月10日。

按照国际标准，各管辖区须与其有主要贸易关系的辖区都签订有关税收的国际协定，以建立广泛的税收协定关系网。而从已发布的众多审议结果来看，大多数管辖区虽与一些贸易伙伴签订了税收协定，但尚未覆盖其贸易关系网的全部关联伙伴。另外，维护信息交换的机密性和纳税人的足够权利以及保护措施是保证信息安全交换的前提条件，但值得注意的是，尽管基本要点强调对交换信息的保密以及对纳税人和第三方权利的保障，这种保护也是有条件的，即不得不合理地妨碍税收信息交换的有效进行，这与前述的国际税收透明度原则的精神是一致的。

二、程序内容

（一）同行评议的机构

为开展同行评议程序，全球税收论坛成立了同行评议工作组。同行评议工作组是综合指导同行评议程序开展的机构，其职责是审查监督同行评议工作、出台同行评议程序的指南文件，以及审核通过各国的同行评议报告。同行评议工作组由30个成员国组成，法国为现任主席国，印度、日本、新加坡和泽西群岛为现任副主席国，其他成员国包括中国、美国、英国、德国、意大利、丹麦、瑞士、荷兰、爱尔兰、卢森堡、澳大利亚、阿根廷、巴西、墨西哥、巴拿马、韩国、马来西亚、英属维尔京群岛、开曼群岛、马恩岛、马耳他、毛里求斯、圣启滋·尼瓦斯、萨摩亚和南非。[①]

由于对每个成员国都要进行同行评议，在同行评议工作组下又针对每个被审议国都成立一个单独的评估小组，一个评估小组负责一个国家的具体同行评议工作。评估小组由两名专业审议员组成，主要来自同行评议工作组的30个成员国。每个评估小组都要确保至少有一名审议员熟悉被审议国家的法律制度，并至少有另一名成员来自不同法律背景的国家。审议员必须是来自相关公共机构的公职人员，并且在税收透明度与信息交换方

---

① See OECD, Terms of Reference: To Monitor and Review Progress towards Transparency and Exchange of Information for Tax Purposes, 2010, pp. 22—23 (http://www.oecd.org/ctp/44824681.pdf).

See OECD, *Tax Co-operation 2010: Towards A Level Playing Field*, OECD Publishing, 2010, p. 12 (http://www.keepeek.com/Digital-Asset-Management/oecd/taxation/tax-co-operation-2010_taxcoop-2010-enJHJpage1).

面有相当的工作经验。每个评估小组都平行进行各自的审议活动，但一个审议员可以从属于多个评估小组，可以在同一时期连续多次参加不同国家的审议活动，这样有利于他们从相互对比的角度对某一具体国家进行评估。

（二）同行评议的程序

同行评议分为两个阶段：第一阶段旨在以税收国际税收透明度原则的基本要素为依据，审议各国家或地区在税收透明度与信息交换方面的法律和监管机制；第二阶段则是审议各国对国际税收透明度原则的实际执行情况。也就是说，第一阶段审议涉及信息交换法律和监管框架是否充足的问题，第一阶段审议的内容是进行有效信息交换的必要条件，而第二阶段则是审议一国的信息交换机制是否能实际地有效运作，因此能够反映一国是否遵守国际税收透明度原则，及其遵守的程度。

1. 第一阶段审议

全球税收论坛秘书处将向被审议国家发送一份调查问卷。调查的内容即为被审议国家在税收透明度与信息交换方面的法律规定和监管机制，具体考察前文所述的"实体内容"。

被审议国家需要对调查问卷进行答复并提交全球税收论坛秘书处。秘书处根据调查问卷的答复，并参考审议员对这些答复的意见，形成第一阶段的审议报告的初始草案。初始草案完成后，会被交付审议员审查。审议员在审查过程中可以向被审议国家提出问题，听取被审议国的意见，并决定是否需要对初始草案进行修改。经过审议员审查后，即形成评估小组的报告草案。该报告草案将被提交同行评议工作组的全部30个成员国通过，一经通过，就会成为同行评议工作组的正式报告。此通过程序采用书面程序和反向一致原则，因而一般都会得到通过。如果未通过，该报告草案将交由同行评议工作组召开会议进行讨论，并尽量采纳各方意见，或对报告草案进行修改，直至最终通过。最后，同行评议工作组通过的正式报告，将被提交全球税收论坛。至此，第一阶段审议耗时大约20周。①

第一阶段的审议报告将对被审议国进行等级评定，作为其审议结果。

---

① See OECD, OECD's Current Tax Agenda, April 2011, p. 14 (http://www.taxwatch.org.au/ssl/CMS/files_cms/211_OECD%20Tax%20Agenda%202011%20-%20multinationals.pdf).

以国际税收透明度原则的三大类基本要素共 10 个基本要点和 31 个子项为判断依据，审议结果将分别针对每一个基本要素进行评定，分为三个等级：(1) 该基本要素执行到位（In Place）；(2) 该基本要素执行到位，但是各项法律执行的某些方面仍有待改进（In Place But）；(3) 该基本要素没有执行到位（Not In Place）。在作出评级的同时，审议报告也会依据具体情况提出改进建议（Recommendations）以加强被审议国的法律和监管制度。针对某一基本要素的评定等级越低，相应的改进建议也就越多。如果被审议国有多个基本要素都是第三等级，则其将不能进行第二阶段的审议①，直到其按照审议报告的建议改进了法律和监管制度②。即使被评为第一、第二等级，被审议国也无法"一劳永逸"，因为在第二阶段审议时会依据第一阶段报告中的建议对被审议国的改进情况进行审议。如果没有进行改进，也会影响第二阶段的审议结果。

2. 第二阶段审议

第二阶段审议重在考察信息交换的实际执行状况。因为，即使已经拥有了符合国际原则的法律和监管框架，信息交换的有效性仍然在很大程度上取决于主管当局的实际执行情况，因而有必要开展第二阶段的审议。第二阶段审议员调查的内容包括：信息的实际保存程度和保存者；被审议国取得有关信息的强制性权力机制的实际执行情况；被审议国对其他国家提出的信息请求是否及时回应，如未及时回应，应调查其原因；被审议国的税收信息交换计划是否全面；被审议国的税收交换机制和资源是否足以应对其他国家提出的信息请求；被审议国对税收信息交换机制下信息保密规定的实际执行情况。③

第二阶段审议同样从调查问卷开始。在调查问卷之后，审议组将亲自前往被审议国进行为期 2—3 天或更长时间的实地走访，与被审议国进行

---

① See OECD, *Tax Transparency* 2011: *Report on Progress*, OECD Publishing, 2011, p. 12 (http://www.oecd.org/dataoecd/52/35/48981620.pdf).

② See OECD, OECD's Current Tax Agenda, April 2011, pp. 44—49 (http://www.taxwatch.org.au/ssl/CMS/files_cms/211_OECD%20Tax%20Agenda%202011%20-%20multinationals.pdf).

③ See OECD, *Implementing the Tax Transparency Standards*: *A Handbook for Assessors and Jurisdictions* (*Second Edition*), OECD Publishing, 2011, p. 38 (http://www.oecd.org/tax/transparency/implementingthetaxtransparencystandardsahandbookforassessorsandjurisdictions-secondedition.htm).

面对面的对话,对信息交换请求的待遇,以及被交换信息的可靠性和内部程序的有效性进行具有实质意义的审查。在实地走访后,就开始了第二阶段审议报告的形成过程,其具体起草机构、起草程序、通过机构和通过程序都与前述第一阶段审议报告的产生过程相同。第二阶段审议耗时大约26周。①

第二阶段的审议结果同第一阶段的一样,也会首先针对每一基本要素予以评估,并针对某些要素提出改进建议;除此之外,评估小组还会在第一阶段和第二阶段的整体情况基础之上,给予被审查国一个整体等级评定,以4个等级为基础:(1)完全符合(Compliant);(2)基本符合——在执行基本要素中仅有轻微缺陷(Largely Compliant);(3)部分符合(Partially Compliant);(4)不符合——在执行基本要素时存在很大缺陷(Non-Compliant)。根据被审议国的具体情况和被评等级,审议报告会提出相应的改进建议和措施。

在第二阶段审议结束后,全球税收论坛的下一步重要工作是对被评对象的改进情况进行跟踪并予以公开认可。在全球税收论坛通过第二阶段审议报告后,被审议国家应在6个月内向同行评议工作组提交一份报告,说明该国为落实审议报告中的改进建议已经采取或计划采取的措施;在1年内将一份详尽的书面报告提请同行评议工作组进行审查评估。

3. 征求同行的意见

同行评议程序的重要特点是全球税收论坛的其他成员都有机会对被审议国是否符合国际税收透明度原则发表意见,也就是"征求被审议国家的同行的意见"。这也许是同行评议程序的名称中包含"同行"二字的原因之一。"征求被审议国家的同行的意见"使所有成员国都能积极发表意见并参与其中,使得审议工作更具有灵活性和可信度。

全球税收论坛成员一共有两次机会对被审议国发表意见。第一次机会在被审议国进行第一阶段审议前。这时,全球税收论坛的所有成员国都可以提出他们希望在审议过程中涉及的问题,无论他们是否与被审议国进行过税收信息交换。审议组将对这些意见进行考虑,被审议国的调查问卷中

---

① See OECD, OECD's Current Tax Agenda, April 2011, p. 14 (http://www.taxwatch.org.au/ssl/CMS/files_ cms/211_ OECD%20Tax%20Agenda%202011%20-%20multinationals.pdf).

也可能考虑这些意见，从而在调查问卷中形成针对特定国家的问题①。第二次机会发生在第二阶段审议开始前。这时仅那些与被审议国有税收信息交换关系的全球税收论坛成员才可以再次发表意见。第二阶段审议的重要特点是，被审议的国家对其执行国际税收透明度原则的情况发表意见后，与其有税收交换关系的国家可以与其相互质证。

此外，每一个与被审议国有税收信息交换关系的全球税收论坛成员国都会收到一份调查问卷，即"同行调查问卷"。同行调查问卷的内容涉及与税收信息交换有关的各种问题，具体包括：本国与被审议国的税收信息交换关系是否活跃，相互交换的税收信息类型，税收信息交换是否及时，对方的回应是否令人满意，本国请求被审议国提供相关信息时遇到哪些过困难，本国有哪些成功的经验等。被审议国也可以邀请其他国家发表意见。审议组将对同行调查问卷中的意见进行分析，从而对被审议国提出问题，这些问题将与第二阶段的调查问卷同时寄送被审议国家。

4. 结合审议

同行评议的第一阶段审议和第二阶段审议一般是分开进行的，只有进行了第一阶段审议才能进行第二阶段的审议。但在少数情况下，也会存在将第一阶段和第二阶段结合起来进行审议的情况。对那些在税收透明度与信息交换方面做得好的国家，将会被采用结合审议的方式。按照原定计划，结合审议只进行一次问卷调查，然后就进行实地走访，其后生成审议报告。也就是说，结合审议将两阶段问卷调查合二为一，并只做出一次总的审议报告。然而，由于一些同行评议工作组的成员认为，结合审议相较于两阶段分立式审议，可能造成对被审议国在第一阶段审议结果上的不公平，同行评议工作组在其 2010 年 12 月份的会议中决定将结合审议报告分离为第一阶段审议结果和第二阶段审议结果。结合审议总共耗时 30 周。②

第六节 同行评议的下一阶段工作重点

近年来，全球税收论坛已经成长为全世界最大的国际税务组织。它目

---

① 所形成的问题已在前文第一阶段问卷调查中提及。

② See OECD, Note on Horizontal Issues Requiring Consistent Treatment in PRG Reports - Note by the Secretariat, pp. 6—7.

前有 109 个成员国，并且已经在绝大部分成员国内完成了同行评议。作为全球税收论坛努力的成果，许多国家已经加强了其在税收事务中税收透明度与信息交换的法律和监管基础建设。随着第一阶段的即将结束，成员国的注意力将会转向下一阶段，即第二阶段审议的工作。这一阶段将会集中于标准在实践中的适用上，检验各国是否提高了透明度，是否使实践中的信息交换更有效。这只能在第二阶段审议中得以确认。如今的挑战是基于已经取得的成就在全球范围内增强实践中的税收合作。在 20 国集团的大力支持下，全球税收论坛和其他国际合作伙伴期待着这一挑战。

虽然各司法管辖区正在迅速解决同行评议确定的缺陷，但仍有改进的空间。一些司法管辖区被鼓励加快进程以应对需要，采取措施以确保所有相关的所有权及账户信息是存在的，并且加强主管当局为交换信息目的获取信息的权力。

值得注意的是，同行评议是一个持续的、动态的过程。已发布的这些审议结果将引导各司法管辖区执行国际标准，实现有效的信息交换。

由于全球税收论坛开始了下一阶段的工作，它将在 2013 年和 2014 年向 20 国集团报告在努力实现更加公平和透明的税收环境过程中，尤其是在执行标准的实践中所取得的进展。

第五章

国际税收行政合作的新框架：
《多边税收征管互助公约》

在全球化的背景下，各国税务主管当局都意识到，要对跨境纳税人实施有效的税收征管，仅依靠单边行动是远远不够的。要解决全球背景下出现的新问题就必须寻求适应全球化趋势的方法——多边税收合作。

2013年4月19日，经合组织秘书长安赫尔·古里亚（Angel Gurría）向20国集团财政部长和中央银行行长提交一份报告，该报告将2010年修订后的《多边税收征管互助公约》（Multilateral Convention on Mutual Administrative Assistance in Tax Matters，以下简称《公约》）视为开展自动信息交换的理想方式。① 2013年7月20日，经合组织向20国集团财政部长又提交了打击企业和个人逃避税双管齐下的计划，其中尤为重要的一点正是建立多边自动信息交换机制。经合组织指出，为使自动交换信息有效运行，必须保证配有正确的法律和行政框架，以确保传输数据的保密性同时避免滥用。在此基础上，经合组织再次呼吁20国集团支持发展一个标准化的协议，允许《公约》成员国选择自动交换信息。根据报告，2013年底可以完成协议范本的开发工作，详细的指引则可在2014年上半年出台。② 在这个多边机制下，各国通过税收主管部门交换金融信息，同样可以起到打击离岸避税的目的。付出同样的成本却可以得到多方的回报，符合众多国家的利益。

新修订的《公约》自2011年6月1日开放签署以来，截至2013年8

---

① See OECD, OECD Secretary-General Report to the G20 Finance Ministers, April 2013 (http://www.oecd.org/tax/2013-OECD-SG-Report-to-G20-Heads-of-Government.pdf).

② See OECD, OECD Calls on G20 Finance Ministers to Support Next Steps in Clampdown on Tax Avoidance, July 20, 2013 (http://www.oecd.org/tax/exchange-of-tax-information/oecd-calls-on-g20-finance-ministers-to-support-next-steps-in-clampdown-on-tax-avoidance.htm).

月27日，已有56个国家签署了《公约》①，其中包括奥地利、比利时、哥斯达黎加、危地马拉、卢森堡、新加坡等曾位于"黑名单"和"灰名单"之列的国家。随着越来越多国际避税地的签署加入，《公约》为在岸国和离岸国开展合作提供了一个绝好的契机。笔者将在本部分详细介绍修订后的《公约》的主要变化，并简要分析我国批准加入《公约》的应对之策。

第一节 《公约》出台与修订的现实背景

各国对外开放程度的不断提高，促进了人员、资本、商品或服务在更大和更广范围内的流动。在国际经济活动蓬勃发展的过程中，资本的自由流动带动了跨境收益的迅猛发展。然而，由于各国国内税法规定上的差异，给纳税人带来了较大的税收筹划空间，也为纳税人的逃避税行为创造了条件。与此同时，各国银行法为纳税人金融隐私权设置的严格保密制度，也给纳税人肆无忌惮的逃税行为撑起了"保护伞"。在此情形之下，为了能够在税收征管实践中实现一国的居民税收管辖权和来源地税收管辖权，各国税收主管当局普遍意识到了境外税收信息交换和境外税务追缴协助工作的重要性。由于这些工作一般都是在双边法律机制之下进行的，为了进一步开展多边税收行政合作，经合组织与欧洲委员会（以下简称欧委会）于1987年共同起草了《公约》，旨在尊重纳税人基本权利的同时，帮助各成员方应对国际避税，以达到更好实施国内税收法规的目的。《公约》的覆盖范围非常广泛，包含了广泛的税种并规定了多种形式的行政援助，如自发的情报交换、同期税务稽查、境外税收检查、追缴协助、文件服务。公约还提供了自动情报交换，但是这种方式要以成员方之间有关当局就自动提供彼此信息的意愿达成一致为前提。《公约》于1988年开

---

① 《公约》的56个签署国分别是：阿尔巴尼亚、阿根廷、澳大利亚、奥地利、阿塞拜疆、比利时、伯利兹、巴西、加拿大、哥伦比亚、哥斯达黎加、中国、捷克共和国、丹麦、爱沙尼亚、芬兰、法国、格鲁吉亚、德国、加纳、冰岛、希腊、危地马拉、印度、印度尼西亚、爱尔兰、意大利、日本、韩国、拉脱维亚、立陶宛、卢森堡、马耳他、墨西哥、摩尔多瓦、摩洛哥、荷兰、新西兰、尼日利亚、挪威、波兰、葡萄牙、罗马尼亚、俄罗斯联邦、沙特阿拉伯、新加坡、斯洛伐克、斯洛文尼亚、南非、西班牙、瑞典、突尼斯、土耳其、乌克兰、英国和美国。

放签署,欧洲理事会以及经合组织成员国中共有 54 个国家加入该公约,但它现在只对 14 个国家产生约束力。① 与双边法律机制不同的是,《公约》作为第一个真正意义上的多边税收合作公约,其对于加强国际税收合作、打击和遏制非法逃避税行为以及维护各国国内税收利益无疑具有积极的作用。《公约》生效之后,税收透明度与信息交换标准在税收合作领域逐步确立起来。进入 21 世纪以来,作为制定国际税收政策的推动者,经合组织加强了国际税收的监管,并成立了一个拥有 105 个司法管辖区且为世界上最大的税务组织——全球税收论坛,其所倡导的国际税收透明度与信息交换标准在国际社会得到了普遍认可。2008 年 7 月,8 国集团(G8)成员国政府首脑敦促所有尚未完全执行经合组织税收透明度与信息交换标准的国家加快税收实践,并鼓励经合组织加强在反避税方面的工作。2008 年 10 月,联合国国际税收合作专家组(UN Committee of Experts on International Cooperation in Tax Matters)将此标准纳入其税收惯例示范法,正式将全球税收论坛所倡导的标准作为在全球范围内普遍认可的税收透明度与信息交换标准。

《公约》作为唯一一个具有国际意义的多边税收合作公约,本可为世界各国税收信息交换提供一个很好的交流平台。但是,根据《公约》的要求,只有经合组织和欧委会成员国才具有批准《公约》的资格。如此一来,将许多不符合上述成员资格标准的国家排除在外。这一限制性条件不管是对《公约》适用范围的扩大,还是对国际税收合作的加强以及保护成员国税收利益的任务来说,都是极为不利的。因此,为了吸引更多的非经合组织和非欧委会成员国加入,对限制加入成员资格的相关规定进行修订已经成为现实需要。此外,在 2009 年 20 国集团伦敦峰会上,各国领导人针对发展中国家由于资源缺乏不能在新透明税收环境中获益的问题,提议应帮助发展中国家更加容易地从新合作性税收环境中获益,其中就包含了信息交换的多边交换机制。这就涉及《公约》还有必要在内容上作出实质性的修改和调整,使其具有更大的利益包容性和灵活性。2010 年 4 月 6 日,经合组织和欧委会回应了 20 国集团伦敦峰会的请求,《〈多边税

---

① 这 14 个国家分别是阿萨拜疆、比利时、丹麦、芬兰、法国、冰岛、意大利、荷兰、挪威、波兰、瑞典和英国、美国和乌克兰。加拿大、德国和西班牙已经签署了公约,但是尚未批准生效。

收行政互助公约〉修订议定书》（2010 Protocol Amending the Convention on Mutual Administrative Assistance in Tax Matters，以下简称《议定书》）应运而生，并于同年5月27—28日在经合组织巴黎部长会议上开放给各国签署。韩国、墨西哥、葡萄牙和斯洛文尼亚等国分别签署了《公约》和《议定书》。

此外，从《公约》的时代性角度考量，《公约》也有必要通过修订来保持与国际社会普遍认可的国际税收透明度与信息交换标准相一致。只有通过对新国际税收环境的适应与协调，才能够使其在国际税收问题中继续发挥作用。而且，《公约》本身的多边性与合作性特点，也为实现在更大范围内的国际税收合作以及对纳税人权利的保护提供了条件。面对国际社会的共同呼声和日益严峻的国际逃避税问题，《公约》只有适时做出转变，才能够应对日益复杂的国际税收环境，才可能解决日渐紧迫的国际税收问题。

第二节 《公约》修订后的新改变

《议定书》对《公约》内容的修改主要集中在序言第7段、《公约》第4条、第19条、第21条、第22条、第27条、第28条、第30条、第32条等，并增加了两份附录。《公约》涉及的领域非常广泛，就信息交换的税种而言，除了传统所得税和资本利得税外，还涵盖了所有形式的支付给政府机构的强制性支出，如社会保障分摊金、房产税、遗产税、赠予税、不动产税、增值税、消费税、销售税、机动车所有权或使用权税等（海关关税被排除在交换税种之外）；对信息交换方式来说，《公约》除了提供"应请求的信息交换方式"之外，还提供自发信息交换、同期税务检查、境外税务检查、追缴协助、保留措施和文书送达等协助方式。同时还规定了自动信息交换的方式，但是这种新型的协助方式要求公约成员方的主管部门一开始就对相互开展自动提供信息的意愿达成一致。除此之外，《公约》在为各国打造税收行政互助平台的同时还注重对纳税人权利的保护，特别是对所交换信息进行保密性保护，并对个人信息流动和个人隐私提供国际保护。《公约》在推动各国通过国际合作确定各自的税收责任和帮助纳税人寻求其权利中发挥了重要的作用。

《议定书》对《公约》修订的主要表现是：采用了国际社会普遍认可的国际税收透明度与信息交换标准，逐渐排除了多边税收合作障碍的影响，如银行保密制度等，强调税收信息获取方式的灵活性，不断深化了对税收信息相关当事人隐私权和参与权的保护，扩大了在税收合作中的开放性和包容性。具体作如下详细分析。

（一）采用了国际通行的税收透明度标准

首先，《议定书》取消了《公约》规定的"双重犯罪标准"。双重犯罪标准规定，只有当被调查的行为在信息请求国和被请求国同时构成犯罪时，被请求国才会提供信息交换协助。[①] 一国若想获得另一国在税务上的行政合作，必须证明某一行为在被请求国和请求国均为犯罪行为，都是需要承担刑事责任的。这一标准往往成为请求国在税收实践中无法获取税收信息的障碍。例如，在2008年发生的"瑞银集团案"中，美国需要境外的瑞士银行提供客户信息以作为其对逃税行为进行追诉的证据，然而，由于这些客户的信息受到了瑞士《银行保密法》的严格保护，只有在一些涉及特别犯罪案件时才会被公开。一般来说，只有在那种被调查的行为也同样被瑞士法律认为是犯罪的，并且瑞士法律授权在一定程度内提供司法协助时，瑞士才会提供客户信息和记录。由于逃税在瑞士法中并非犯罪，记录和信息的发布在特殊化的原则下并未被授权，所以保密度的放宽是不被允许的。《议定书》对"双重犯罪标准"的取消无疑将会增加请求国获得请求信息的可能性。

此外，《议定书》还删除了《公约》第4条第2款关于在法庭上披露信息的规定，即"一方可以将在公约框架下获取的信息在刑事法庭前作为证据使用，只要得到了提供信息方的事先授权"。这使得修订后的《公约》完全符合国际认可的标准，在该框架之下交换的信息是否和如何用于刑事税收目的，将根据请求国国内法决定，而不再采用"双重犯罪标准"。

其次，突破了国内税收利益要求和银行保密制度的阻碍。国内税收利益要求和银行保密制度构成了有效信息交换的重要屏障。国内税收利益要求是指只有交换的信息同时与被请求国国内税收目的相关，被请求国才会

---

① See OECD, Terms of Reference: To Monitor and Review Progress towards Transparency and Exchange of Information for Tax Purposes, 2010, p. 24（http://www.oecd.org/ctp/44824681.pdf）.

向请求国提供信息。① 这一要求可能导致请求交换的信息如果与被请求国没有利益关系，则请求国的请求将无法实现。而是否存在国内税收利益的评价则完全由被请求国决定，这意味着被请求国能随时以此为借口拒绝信息交换。为此，经合组织在2000年银行报告中就鼓励成员国进行任何必要的改革，以解决国内税收利益要求。从现实情况看，目前欧盟成员国之间的信息交换已抛弃了国内税收利益要求；卢森堡在与美国、加拿大和墨西哥签订的条约中已具体解决了国内税收利益要求这一问题；日本和爱尔兰也已立法废除了国内税收利益要求；经合组织成员国现在对国内税收利益亦无要求。

银行保密制度是指各国为了保护客户的金融隐私权，要求银行对开展业务中所知悉的客户信息进行严格的保护，不得擅自披露或使用。在经济全球化的过程中，各国纳税人通过在实行严格银行保密制度的区域（如瑞士）开立账户或者设立经济实体，可以成功地隐蔽其资产及交易活动。若某个国家拒绝或限制为了税收目的获取银行信息，无疑将会对其他国家的税收征稽造成不利影响。2000年经合组织在《为税收目的完善获取银行情报的报告》（Improving Access to Bank Information for Tax Purposes）中提出了获取银行信息的理想标准，即"所有成员国应该允许为所有税务目的直接或间接获取银行信息，以使税务机关可以完全履行其增加财政的职责，成员国应与其条约伙伴进行有效的信息交换，可直接或间接通过司法或行政程序获取由银行及其他金融机构掌握的信息，间接程序不应该繁重而费时，以至于阻碍获取银行信息"。2004年《经合组织范本》第26条中新增第5款，表明银行秘密不能成为拒绝税收情报交换的理由，这也为税务机关获取银行信息建立了法律基础。

为了调和国内税收利益要求及银行保密制度与有效信息交换之间的矛盾，《议定书》在《公约》第21条的基础上新增了第3款和第4款，使其与《经合组织范本》第26条第4款和第5款的规定相一致。新增的条款内容确保了国内银行保密制度和国内税收利益要求不会阻碍公约框架下的信息交换，并且在这些方面使公约优先于各成员国的国内税法。如《议定书》第3款规定突破了公约修订前被请求国国内税收利益要求的限制；第4款则进一步规定被请求国在任何情况下都不得仅因为银行或者其

---

① See Id.

他金融机构、机构个人代理或者信托机构掌握着信息而拒绝提供信息,被请求方不得仅因为该信息涉及包括公司及合伙、基金或类似组织机构的所有权利益而拒绝提供。例如,如果一方缔约国国内有法律规定信托机构所掌握的信息被视为"职业秘密",该国不能依据这类法律而拒绝提供信息给请求国。

最后,扩大了税收信息交换的范围。《议定书》第4条第1款对"可预见的相关性"标准范围进行了扩大,任何可预见到的与《公约》所涉及税种的相关国内法的管理或执行相关信息,各国都应当交换。"可预见的相关性"标准在最大程度地促进税收信息交换的同时,明确了成员国不能自由进行"审前调查"(Fishing Expeditions)或提出请求交换与特定个人、团体或特定类型相关人税收事务不存在相关性的信息。所以根据该标准的要求,请求国向被请求国提供的只能是可以确定的个人、团体或某类型相关人的可获取信息。个人、团体或者某类型相关人可能就是纳税人本人或者其他人,如推进税务的发起人或者其他涉及的中间人。同时,《议定书》还删除了《公约》第4条中的第2款,即要求交换的信息必须作为刑事法庭上的证据,进一步扩大了所交换信息的适用范围。如对于交换信息中揭露了其他犯罪或违法行为的,也可以将该信息作为证据使用。

(二)税收信息交换上的合作性

1. 税收行政互助上的多国合作性

《公约》修订的原因之一就是20国集团伦敦峰会上关于帮助广大发展中国家在新合作性税收环境中获益的呼声日益强大。《公约》的成员国主要是经合组织和欧委会的成员国,其覆盖的国家范围相对狭窄。《议定书》明确规定了扩大成员国的范围,将新合作性税收环境带来的利益扩展至其他国家,尤其是新兴市场国家和发展中国家。然而,出于对一些国家保密规则和惯例的担忧,将《公约》没有任何限制地开放给所有国家,势必会造成其他国家不愿加入《公约》的后果。故此,《议定书》第28条对非经合组织和非欧委会成员国国家加入《公约》的条件作出了限制,即需要获得经合组织和欧委会成员国在公约协调机构的一致同意。按照第28条第5款的规定,非经合组织和非欧委会成员国国家可以请求受邀加入,按《议定书》修正后的《公约》,任何此类请求都应该通知一个保存机构,由该保存机构负责将该请求传达给成员国并告知欧委会部长委员会和经合组织理事会。对于邀请成为《公约》成员国国家的决定则由《公约》的成员方通过协调机构全体一致作出。开放《公约》的行动促进了税收信息交换上的国际合作，使得各国共同参与到防止国际逃避税和维护各国的税收利益的行动中来，从而也使得各国间由于税收征纳关系和税收分配关系所产生的冲突得到协调和解决。

2. 信息交换上的双向合作性

《议定书》进一步强调了信息交换上的双向合作性，促使请求国与被请求国在信息交换过程中应当保持良好的沟通。首先，从信息交换内容上看，双方应当尽可能地发挥各自的积极性，实现信息交换的效用。其次，信息交换双方建立起良好的沟通机制也是促进有效双向合作的重要条件。

《议定书》第 20 条对被请求国的要求作出了规定。其一，第 1 款要求被请求国尽快告知请求国采取的行动和援助的结果。如果被请求国采取的措施不可能在短期内产生效果，这可以帮助请求国了解援助的进展情况。其二，如果被请求国决定不提供行政援助，其应按照第 2 款要求向请求国说明拒绝的理由。对于请求国而言，告知拒绝理由则非常重要，这不仅是出于礼节，而且也是给予请求国纠正或者阐述请求的机会，以便其在合适的情况下再次提出请求。其三，第 3 款规定信息应该按照请求国所希望提供信息的方式来提供，以使信息对相关国家产生最大效用，这也预示着请求国将事先明确指示希望信息被提供的方式。《议定书》还对被请求国提出了严格的要求，要求其积极利用自身优势搜集请求国所需要的税收信息，按照公约的要求提供税收行政援助。根据《议定书》第 18 条第 2 款的要求，不管是请求国还是被请求国，都应当主动积极地将掌握的信息尽快告知对方。当然，考虑到信息交换双向合作性的属性，请求国提供的信息越具体，那么获取的信息就越可能接近其请求，同时也可减轻被请求国在援助时的负担。只有尽可能地发挥各自的积极性，才能实现信息交换的效用。

（三）信息交换方式的灵活性

《公约》主要包含了信息交换、追缴协助和文书送达三种协助方式。根据《公约》第 4 条的规定，成员方可以交换可预见到的与依据国内税法规定评估和追缴税种的任何相关信息。其中，主要的信息交换方式在《议定书》中并没有作大的改动，基本上沿袭了传统的五种主要方式，即应请求的信息交换、自动信息交换、自发信息交换、同期税务检查和境外税务检查，但是对此进行了灵活处理。

以上五种信息交换方式可以由缔约国依据各自国情的不同情况，灵活地选取不同的实施方案。每一种实施方案都有自己的特点，但在实践中，缔约国究竟采纳何种或哪几种方式来实施信息交换，则完全依据国家主权原则由缔约国规定。此外，《议定书》解释报告第52段明确说明第4条所规定的交换方式并不局限于上述形式。一般而言，成员方主管税务机关可以约定以上五种信息交换的形式，但在某些情形下，上述各种不同的信息交换类型之间的严格界限也会变得模糊不清。例如，主管当局同意发送可能在审计中获得的关于某一特定种类的所有信息，或者一个主管当局在没有获得事前同意的情况下发送大量信息。为了最大程度地提高效率和压缩成本，自动信息交换的安排可能会限制交换信息的条目、长度和数量，这就使得基于安排而进行的应请求交换和自动交换之间的界限在实践中变得不那么清晰了。所以，在某一具体情形下采用何种信息交换方式，可以由缔约国的主管机关自行决定，这也反映出缔约国之间在信息交换方式上具有相当的灵活性。

作为国际税收领域最具影响力的条约之一，修订后的《公约》开放给所有国家签署加入，为在世界范围开展多边税收行政合作提供了全新的框架，为更多发展中国家和新兴经济体参与国际税收行政合作扫清了障碍。

第六章

国际税收行政合作的自主新实践：
不同模式分析

从国际税收行政合作的现状及其变化发展来看，国际税收行政合作发生于不同的层面，主要是双边或多边的协定合作层面、区域组织合作层面和全球合作层面。在双边或多边的协定合作层面，有关国家通过谈判协商和签订国际税收协定，积极解决双边或多边之间相互冲突所引起的国际双重课税和国际偷漏逃税等问题。双边或多边的协定合作的动因和内容都是非常直接、具体的，应该属于一种微观层面的税收合作，其所关注和解决的是若干国家之间的具体的税收权力与利益的协调。虽然双边或多边的协定合作的作用领域有限，但是，各种协定合作将为区域性的和全球性的税收行政合作协调提供广泛的实践基础和共性内涵。在区域组织合作层面，各成员国向有关区域组织部分让渡某些税收主权，通过多边协商或者区域性组织的立法程序，制定相应的税收合作法律措施，以减少区域间各国的税收冲突，构建合理的区域税收制度。这种方式是国际税收合作的较高形式，应该属于一种中观层面的税收合作，其所关注和解决的是适应区域一体化发展需要的税收合作。作为一种中观层面的税收行政合作，区域合作具有明显的目的导向性和整体协调性，当然，区域税收行政合作机制有其前提、基础，即相关国家处于相近的经济发展水平，因此，区域组织层面的税收合作既不能取代微观层面的税收协定协调，也不能替代全球层面税收合作的演化发展。全球层面的税收合作是指，通过权威的全球性经济组织对相关的国际税收问题进行协调、规范、指导和仲裁，以减少国际税收利益分配及税收主权行为的冲突，达到互利互惠、协调发展的目的。在本章，笔者将详细论述目前国际社会开展税收行政合作的主要实践，包括代表双边协定合作层面的美国《海外账户税收合规法案》和《瑞英税收合作协议》，代表区域组合作层面的欧盟《利息税指令》，以及日益被广泛利用的税收信息交换协定。

第一节 由单边立法向双边合作模式转变：
美国海外账户税收合规制度

美国作为当今世界上最重要的发达国家，在规制开展国际税收行政合作方面做出了长久而持续的努力，近年来不断推陈出新，致力于完善国内税收立法。《美国国内税法典》（Internal Revenue Code of 1986）规定了较高的税率，使得纳税人望而生畏，试图采取各种方式在避税地隐瞒资产、藏匿所得，以逃避沉重的美国税收负担。在过去的30年中，美国投资者为了隐匿资产和逃避纳税，在一些国际避税地的金融机构中投入了数以百万亿计的资金，① 加之律师、银行家、会计师、信托管理者的保驾护航，美国投资者利用这些避税地避税的行为变得更加肆无忌惮，离岸避税之风愈刮愈烈。2006年美国参议院常设小组委员会（PSI）在一篇听证会报告中列举的一个例子足以说明这些投资者是如何沆瀣一气、狼狈为奸的。② 在这个案例中，两个美国人通过离岸信托转移了1.9亿美元的资产获得了6亿美元的收益，但在长达13年的时间里，这两个投资者未向美国缴纳任何税款。③ 据调查显示，每年美国因离岸避税所遭受的税收损失大约为1000亿美元，④ 约占美国每年的税收漏洞的1/4到1/3；⑤ 而就世界范围而言，因避税港所造成的税收损失可能超过2500亿美元。离岸避税的严重性可见一斑。

2007年美国次贷危机引发了全球金融危机，给全球经济带来巨大的

---

① See United States PSI, Tax Haven Banks and U. S. Tax Compliance, Staff Report, 2008, p. 32 (http://www.hsgac.senate.gov//imo/media/doc/071708PSIReport.pdf? attempt=2).

② See United States PSI, Tax Haven Abuses: The Enablers, The Tools and Secrecy, Minority & Majority Staff Report, 2006 (http://www.taxjustice.net/cms/upload/pdf/Senate_Sub-Committee_report_-_AUG-2006.pdf).

③ See Id. at ①, p. 17.

④ 该数据来源于众多美国税务专家的调查。

⑤ See United States Government Accountability Office, Using Data from the Internal Revenue Service's National Research Program to Identify Potential Opportunities to Reduce the Tax Gap, March 2007, p. 1 (http://www.gao.gov/assets/100/94721.pdf).

压力,很多国家面临着财政赤字严重、就业形势严峻的艰难局面。为了缓解严峻的就业形势,美国试图通过向雇佣和留住新员工的企业提供税收优惠来创造就业机会,但这些激励措施又会造成财政收入的减少,这就需要通过加强税收稽查和征缴来弥补。为了达到这一目的,美国在加强国内税收征收机制的同时,也将目光投向美国在海外的账户。

一、美国海外账户监管的困境

(一)现行海外账户税收征收机制失灵

美国联邦所得税制度采用的是一种"自愿遵从"的模式,即确定并缴纳适当税款的义务最初取决于纳税人本身而非政府。税务机关原则上尊重纳税人的报告,并以此为基础接受债务的履行。美国拥有当今世界上较为庞大、复杂的税法典,同时也设立了较高的所得税税率,但即便如此,美国仍然存在着巨大的税收缺口。导致这一缺口的主要原因在于,美国税法规定强制征收的税款总额与纳税人在既定年度内报告并实际及时缴纳的税款总额之间存在着严重的不对称。① 美国纳税人在海外藏匿所得由来已久,美国国税局在与离岸避税的美国纳税人的博弈中却屡屡受挫,鲜有成功之例。尽管如此,美国国税局从未停止对打击离岸避税所做的努力,在1999年至2003年间,美国国税局制定的某些方案在一定期限内取得了显著的成果,但是随着经济全球化程度的日益提高,居心叵测的逃税者利用越来越复杂、越来越隐蔽的投资工具从事投资活动,现行制度对于打击离岸避税无异于"蚍蜉撼树"。

1. 税收协定和税收信息交换协定

双边税收协定(DTCs)和税收信息交换协定(TIEAs)是目前打击离岸避税的基本方法。美国税务当局可以通过税收协定中的情报交换条款以及税收信息交换协定两种方式获取美国纳税人在海外持有资产的信息。根据美国《2006年税收协定范本》第26条,缔约国双方必须将信息交换作为实施条约或国内法规定的必要条件。② 但是,协定将可获取的信息限

---

① Nina E. Olson, "Minding the Gap: A Ten-Step Program for Better Tax Compliance", *Stanford Law and Policy Review*, Vol. 2, No. 1, 2009, p. 36.

② See United States Department of the Treasury, United States Model Income Tax Convention of November 15, 2006, Article 26, p. 39 (http://www.treasury.gov/press-center/press-releases/Documents/hp16801.pdf).

定在按照被请求国的正常行政管理程序可以依法获取的范围内,因此银行可以援引银行保密制度进行抗辩,从而免除履行出示信息的义务。

同样,税收信息交换协定是缔约国达成的建立有关税收信息交换政策和程序的双边协定,该协定通常适用于缔约国间缺少综合性双边税收协定的情形。自 1984 年与巴巴多斯签订第一个税收信息交换协定以来,美国已经广泛运用该协定获取税收执法所需要的信息。但是,该协定只是谋求信息获取方面的合作,并为各国执行本国税收法律提供协助,协定并不改变缔约国国内税收实体规则。① 因此,缔约国国内的银行保密法和其他法律障碍仍有可能削弱美国搜集、获取信息的能力。

2. 税收告密者

根据《美国国内税法典》第 7623 条(b)款(1)项的规定,税收告密者(Tax Whistleblowers)最高可获得政府向违规纳税人所征收税款的 30% 的奖励。② 尽管如此,重赏之下却鲜有勇夫,这一方面是由于在实践中很少有人真正获得这种酬劳,直至 2012 年 4 月,美国国税局才首次宣布,其将为一名逃税调查的举报人提供 450 万美元奖金;另一方面举报者可能因此而面临着遭受刑事处罚的风险,以瑞银集团案的举报人波肯菲尔德为例,尽管他向美国政府提供了大量对于调查瑞士联合银行至关重要的信息,但他最终仍被判处 40 个月的监禁,并处 3 万美元的罚金。除此之外,由于美国国税局往往需要花费一定的时间评估举报信息的可信度,致使税收告密者项目效率低下。

因此,美国国税局官员在 2012 年 6 月 20 日的一份备忘录中表示,美国国税局正在对其当前备受争议和指责的告密者项目进行综合性审视,旨在加快对告密者举报消息的评估以及对其支付奖励等问题的决策速度,提升其决策质量。③

据彭博社新闻报道称,作为审视的部分内容,美国国税局已经为该项

---

① See Reuven S. Avi-Yonah, *Global Perspectives on Income Taxation Law*, London: Oxford University Press, 2011.

② See Internal Revenue Code of 1986, 26 U. S. C § 7623 (b) (1) (2006), "…receive as an award at least 15 percent but not more than 30 percent of the collected proceeds…"(http://www. law. cornell. edu/uscode/text/26/7623).

③ 瑁丼:《美国税局欲提升告密者项目决策速度和质量》,2012 年 6 月 22 日,腾讯财经(http://finance. qq. com/a/20120622/001524. htm)。

目设定了新的时间框架。例如，美国国税局的告密办公室在收到知情人士的举报消息后将对其进行为期 90 天的评估和审视。而对告密者在事后对情况的反馈也在条款之内，不能享受豁免条款。

3. 佚名传票

（1）美国税务传唤程序

在美国联邦税法中，税务传唤（Summons）是由美国国税局发动的，以税款核定和征收为目的，具有强制性的信息收集程序。美国国税局可以签发和送达传票，要求纳税人或者第三人在指定的时间、地点，接受美国国税局的询问，或者向其提供特定的证据材料。[①] 根据《美国国内税法典》第 7602 条的规定，为了下述目的，美国国税局可以行使传唤权：①为确定任何纳税申报的准确性。②为准备一份任何人都不曾申报的申报书；当纳税人没有进行纳税申报时，美国国税局可以代纳税人进行纳税申报。申报内容以税务局已经掌握的信息为依据。③为确定任何人的任何联邦税收义务。④为确定受让人、信托受托人或其他任何人在法律上或者衡平法上的任何联邦税收义务。⑤为征收任何联邦税收。

税务传票不同于司法传票，它的签发无须经过法院的同意，可以直接由税务局进行。尽管税务传票的执行需要借助法院的力量，但是由于其签发主体属于行政机关，因而税务传票仍然属于行政传票的一种。税务传票的签发意味着正式传唤当事人，无论是对纳税人还是第三人都会有很重要的影响，所以，美国法律对签发传票的条件及程序，作了比较详细的规定，实务中也积累了很多行政和司法经验。签发税务传票是美国国税局一项重要职能。根据美国国税局局长的授权，有权签发传票的官员种类很多。大部分负有检查纳税申报职责的官员（如税务检查员、税务审计员、税务稽查员等），负责税务征收的官员（如税务征收员等），以及对纳税人特定违法行为进行调查的官员（如特别稽查员等），都有权签发税务传票。根据《美国国内税法典》第 7602 条的规定，税务传唤的对象主要包括以下几种：①负有纳税义务的人，或者负有纳税申报义务的人；②如果上述主体属于企业或者其他机构，则为其掌握相关信息的官员或者雇员；③任何占有、保管或者看管与调查有关的账本、记录、文件或者其他资料的人；④其他任何税务局认为适当的人员。

---

① 熊伟：《美国联邦税收程序》，北京大学出版社 2006 年版，第 90 页。

在美国涉外税收司法实践中,税务传票的使用大致有以下几种模式:

①美国国税局传唤美国公司的境外分支机构,要求提供在境外经营的记录。这类案例主要与银行业务有关,其主要的问题在于,外国法律对这些分支机构往往有保密要求。

②美国国税局传唤美国母公司,要求其提供在境外的子公司的记录。这类案例与第一类案例面临同样的问题,外国法律往往有保守秘密的要求。

③美国国税局传唤在美国开设分支机构的外国公司,要求其提供其在境外经营的记录。

④美国国税局传唤在美国的子公司,要求其提供在境外的母公司信息。

⑤具有银行保密法的国家的国民,当其身处美国时,美国国税局可以向其发出传票,要求其提供证词。

⑥美国国税局根据条约,应外国政府的申请,为确定外国税收是否存在及数量,传唤在美国境内的当事人,要求其提供外国政府所要求的信息。

(2)佚名传票

佚名传票本来是指送达时不知道被告的真实姓名,而以"John Doe"为其姓名之代称发出的传票。在税收传唤程序中,佚名传票是美国国税局向第三人发出的传票,旨在获取不知姓名但负有潜在纳税义务的纳税人的有关信息。佚名传票也被称为第三方记录保管传票(Third-Party Record-Custodial Summons)。①

在一般情况下,美国国税局签发税务传票,都是为了获取已确定对象的信息,即被调查的纳税人的信息。但是,在特殊情况下,税务局可以签发佚名传票,其目的在于确定纳税人的身份信息,为后续的进一步调查提供线索。例如,税务局可能向银行签发传票,要求其提供某类账户户主的名单;也可能向大学签发传票,要求其提供捐赠人的名单;还可能向餐馆等服务单位签发传票,要求其提供雇员小费收取情况的记录。由于这些客户的名字并不为美国国税局所掌握,所以这种传票才会被称之为"佚名传票"。②

---

① See Bryan A. Garner, *Black's Law Dictionary*, Thomson West, 9th ed., 2009.
② 熊伟:《美国联邦税收程序》,北京大学出版社2006年版,第94页。

1975年，联邦最高法院根据《美国国内税法典》第7601、7602条授权美国国税局签发佚名传票，以发现身份不明的纳税人。随后国会将此授权纳入法典第7609（f）条，并据此要求美国国税局在送达佚名传票前，需要获得联邦地区法院单方听审程序（Ex Parte Proceeding）来确定以下事实：①①签发传票的目的，是为了调查某个特定的对象或可确定的某类或某组人；②有合理的理由可以相信，这些人违反了联邦税法的规定；③美国国税局希望获取的信息，包括相关人员的身份，无法通过其他的途径获取。只有得到法院的同意，美国国税局才能签发这种传票。

信用卡为在避税港开立账户和藏匿离岸资产提供便捷。持有离岸信用卡本身并不违反法律，但事实上并不是每个人都需要离岸信用卡，美国国税局有充分理由相信，部分纳税人利用离岸信用卡逃避美国纳税义务。为此，美国国税局采取了诸多方案以打击利用离岸银行签发的信用卡进行避税，其中不容忽视的就是佚名传票（John Doe Summons）。

从2000年起，美国国税局通过使用法定的佚名传票，要求美国三大信用卡公司——维萨信用卡公司（VISA）、万事达信用卡公司（Master Card）、美国运通信用卡公司（American Express）——提供可能参与离岸信用卡诈骗的个人的相关信息，包括客户的姓名，从事的业务，可能的住址，搭乘航班、租住酒店、租用车辆的情况等。截至2003年6月30日，该项目取得了令人瞩目的成绩：约2800份税收报告表已完成或正在接受审计；超过300万美元的税收已被评估完毕；数十个案件已进入刑事调查程序。②

然而，佚名传票的效力有限，由于其只是单方授权行为，当相关信息由外国实体所掌握时，佚名传票的执行就会出现问题，佚名传票对其缺乏约束力。③

4. 离岸自愿报告计划与离岸自愿披露项目

2003年1月，美国国税局发布了离岸自愿报告计划（Offshore Volun-

---

① Frank P. Cihlar，"Coming to America: the Extraterritorial Reach of US Judicial Process"，*Journal of Financial Crime*，Vol. 16，No. 2，2009，p. 124.

② See Internal Revenue Service, Offshore Compliance Program Shows Strong Results, July 2003 (http://www.irs.gov/uac/Offshore-Compliance-Program-Shows-Strong-Results).

③ See Emily Ann Busch, "To Enforce or Not to Enforce? The UBS John Doe Summons and a Framework for Policing U. S. Tax Fraud amid Conflicting International Law and Banking Secrecy"，*Temple Law Review*，Vol. 83，No. 1，2010，p. 223 (2010).

tary Compliance Initiative），旨在引导使用离岸支付卡或其他离岸金融安排藏匿所得的纳税人重回正轨，遵守美国税法之纳税义务。根据 2003 年报告计划，自愿报告的纳税人将免于民事欺诈的处罚，也可以因此免于刑事起诉，但是纳税人仍应补缴所欠税款及利息，并为虚假报告支付一定的罚金。前提是，报告者必须提供要求或推动离岸金融安排的相关人士的所有详细信息。美国国税局将利用这些报告的信息进一步搜索推动者和尚未报告者。[1] 截至 2003 年 6 月 30 日，国税局总共收到 1299 名纳税人的报告表，涉及几乎所有的州和 48 个海外国家，新发现超过 400 个离岸投资推动者，实际征收超过 7500 万美元的税款。[2] 2009 年 3 月，美国国税局再次公布了一个类似的、经修订的离岸自愿披露项目（Offshore Voluntary Disclosure Program），以便于纳税人在遵守报告制度的同时免于沉重的处罚。2009 年披露项目的目的在于使利用未报告外国账户或未披露外国实体逃税避税的纳税人遵守美国税法。截至 2009 年 10 月中旬，有 14700 位美国人向国税局披露了秘密的离岸银行账户。纳税人自愿披露的信息帮助美国国税局了解外国账户和外国实体是如何推动美国纳税人逃税避税的。[3] 除了一些程序性问题外，总体而言，2009 年报告计划基本上是成功的。[4]

然而，由于纳税人寻求税负的最小化与政府寻求税收的最大化之间的对立，使得即便美国对税务违规行为采取严厉的民事和刑事处罚措施，仍有不少美国纳税人拒不履行海外账户报告义务。其次，自愿披露的重复适用，使得纳税人相信永远存在赦免的机会，并可能会导致该措施的刺激效果减弱、影响力衰退。因此，2011 年美国国税局再次推出自愿报告计划时，其实际收益远远低于预期构想。实践证明，自愿报告并非打击离岸避

---

[1] See Internal Revenue Service, IRS Unveils Offshore Voluntary Compliance Initiative; Chance for "Credit-Card Abusers" to Clear Up Their Tax Liabilities, January 2003 (http：//www. irs. gov/uac/IRS-Unveils-Offshore-Voluntary-Compliance-Initiative; -Chance-for-% E2% 80% 98Credit-Card-Abusers% E2%80%99-to-Clear-Up-Their-Tax-Liabilities).

[2] See Internal Revenue Service, Offshore Compliance Program Shows Strong Results, July 2003 (http：//www. irs. gov/uac/Offshore-Compliance-Program-Shows-Strong-Results).

[3] See Id. at [1].

[4] See J. Richard Harvey, "Offshore Accounts: Insider's Summary of FATCA and Its Potential Future", *Villanova Law Review*, Vol. 57, No. 3, 2011, p. 479.

税的长久之计。①

5. 合格中介制度

自 2001 年 1 月 1 日起，国税局开始实施合格中介制度（Qualified Intermediary），以进一步加强外国银行账户的信息报告。启动合格中介制度的目的是平衡政府的多元考虑，即建立一个定期报告所得并征收适量预提税的机制，执行税收协定的优惠政策，满足信息交换协议的要求，以及促进在美国的外国投资。②

所谓合格中介，是指那些与美国国税局自愿达成代扣代缴预提税协议的外国金融机构。由于合格中介和账户持有人有直接的关系，它们在收集正确信息和帮助政府实现这些目标方面处于独一无二的地位。根据金融机构与美国国税局自愿达成的协议，合格中介应当识别他们的客户，并对美国客户和外国客户采取不同的政策。经识别，如果客户是外国客户，合格中介应当对这些客户来源于美国的款项征收正确数额的美国预提税，并且可以继续保留客户的身份信息；如果客户是美国客户，合格中介必须向国税局报告任何来源于美国的所得。为了使合格中介保持诚信，合格中介制度还要求国税局或者独立审计人"审计"合格中介。

与 2001 年之前的有关措施相比，合格中介制度是一个重大进步，尤其是在确定正确的预提税税率方面。虽然合格中介制度包括一些美国纳税人报告义务的规定，但在最近几年里，美国税务机关敏锐地察觉到合格中介制度也存在弊端。

首先，由于合格中介无须报告来源于外国的所得，美国纳税人可以通过投资来源于外国的资产以回避报告。

其次，合格中介制度并未要求合格中介透过外国壳实体识别潜在的受益所有人（Beneficial Owner）。因此，如果一个美国纳税人仍想投资来源于美国的资产，他可以建立一个或多个外国壳实体，然后再通过壳实体投资于美国。根据合格中介制度，在这种情况下外国壳实体应被视为是受益人，并且无需向美国国税局报告。正是基于上述漏洞，当 2001 年合格中介制度首次实施时，许多曾通过外国金融机构投资美国资产的美国纳税人

---

① See Leandra Lederman, "The Use of Voluntary Disclosure Initiatives in the Battle of Offshore Tax Evasion", *Villanova Law Review*, Vol. 57, No. 3, January 2012, p. 528.

② See Melissa A. Dizdarevic, "The FATCA Provisions of the HIRE Act: Boldly Going Where no Withholding Has Gone Before", *Fordham Law Review*, Vol. 79, No. 6, April 2011, p. 2992.

就将那些资产转变为来源于外国的资产，或者将其来源于美国的资产分散到外国壳实体中，从而继续逃避向美国国税局报告。

第三，合格中介制度的重点在于确保对支付给外国人的款项征收准确数额的预提税，因此合格中介制度允许外国金融机构指定作为合格中介制度组成部分的账户，以避免合格中介对其整个客户群进行详尽的尽职调查程序。这种做法的结果就是合格中介选择将一部分客户排除在合格中介制度之外，尤其是"秘密的账户"。

第四，由于合格中介制度主要是针对保管关系，合格中介几乎只涉及银行或信托公司。如果美国纳税人想规避任何向美国报告的可能性，他可以选择投资外国基金、私募基金，或者其他不属于合格中介的金融机构。

最后，合格中介的审计并非真正的审计，而是一系列应当履行的程序，该程序甚至不包括合格中介审计者寻找、报告欺诈的任何要求。更为重要的是，审计重点在于审查合格中介制度内的客户账户，而不是测试美国纳税人是否通过投资来源于外国的资产或设立外国壳实体而持有来源于美国的资产逃避报告。①

（二）外国银行保密制度的阻碍

外国银行法中的银行保密制度一直是美国海外税收征管的一个重大法律障碍，2007 年爆发的瑞银集团案件（以下简称瑞银案）曾引起了全球的关注，也再次将瑞士及其银行保密制度推向了风口浪尖。

1. 瑞银案的背景和经过

瑞士的银行保密法历史悠久，对经济的发展起到了极大的推动作用，堪称是"镇国之宝"。这项制度使瑞士的银行得以吸收到世界各地的巨额资产，并使瑞士成为世界上吸收离岸财富最多的国家，② 然而也是这项制度使瑞士遭受来自其他国家和国际组织的激烈攻击和批评。

2007 年 5 月，美国当局扣留瑞银集团资深私人银行家马丁·利奇提（MartinLiechti），美国政府对瑞银逃税一案的调查自此开始。2007 年 12 月，一位美国房地产开发商伊戈尔·奥伦尼科夫（Igor Olenicoff）向美国国税局承认其利用包括瑞银集团在内的海外银行账户隐瞒了大约 2 亿美元

---

① See J. Richard Harvey, "Offshore Accounts: Insider's Summary of FATCA and Its Potential Future", *Villanova Law Review*, Vol. 57, No. 3, 2011, p. 479.

② 崔晓静：《从"瑞银集团案"看国际税收征管协调机制的走向》，《法学》2010 年第 12 期。

的收入，他为此缴纳了5200万美元的税款、利息和罚款，还被判处3年的有期徒刑。2008年11月，又一名瑞银集团高级经理乌尔·伟尔被指控涉嫌同其他管理人员和客户同谋，在2002—2007年间，通过海外秘密账户帮助约2万名美国客户向美国国税局隐瞒了高达200亿美元的资产，并伪造所得税申报表。①

在美国的步步紧逼，并以刑事诉讼相威胁的情况下，瑞银集团于2010年2月28日承认进行了税务欺诈，并与美国司法部达成暂缓诉讼协议。在得到瑞士金融监管机构允许的情况下，瑞银集团向美方提交了250名客户的信息，并支付7.8亿美元的赔款。这7.8亿美元中，有3.8亿美元是瑞士银行2001年到2008年间该行跨境业务的获利，其他4亿美元则用于补缴税款、利息及罚金。然而美国政府并不满足，而是乘胜追击，再次向法院提出对瑞银集团的指控，要求瑞银集团向美国国税局披露5.2万名美国客户的秘密账户。美国政府穷追猛打式的围剿让瑞银集团几乎濒临绝境，但是美国政府当然也不愿因税务问题而使瑞银集团就此倒闭而恶化本已严峻的金融危机。美国的目的恐怕旨在杀一儆百，重点打击瑞士这个典型的国际避税地，以保证美国税源的稳定，维护美国税法的尊严，彰显美国完整的税收主权。在双方谈判协商各做让步的情况下，2009年8月19日，美国政府、瑞士政府和瑞银集团达成一揽子庭外和解协议：美国国税局依据美国和瑞士1996年签订的税收协定第26条"信息交换"的规定，向瑞士税务当局提出行政协助请求；瑞士将建立一个特别工作小组处理这一请求，瑞银集团根据该特别工作小组的命令，提供4550名被怀疑存在税收欺诈的美国客户信息；美国撤销对瑞银集团的诉讼。

2. 瑞银案的争议焦点

这起国际税收丑闻的实质是涉及一国税收主管部门如何合法获取境外税收信息，即为税收目的而获得银行客户信息的问题。而在获取银行客户信息的过程中，总是会遭遇到银行保密制度的层层阻挠。而史上最严密的银行保密制度当属瑞士银行了，其历史源远流长，而1929年的经济大危机使瑞士银行意识到瑞士独立、中立的中立国传统受到威胁，银行保密与国家经济利益是不可分离的：作为被德国、法国、奥地利和意大利等大国

---

① 宋兴义：《瑞银集团税案：瑞士银行百年保密制度的致命打击？》，《中国税务》2009年第10期。

所包围的小国瑞士,只能以明确和不可辩驳的法律规定来维护自身的独立。1934 年《瑞士联邦银行法》诞生,其中第 47 条明确规定了银行保密制度。后来,各银行为加强保密,普遍采用了密码账户、化名代号等管理方式,即存户只在第一次存入时写真实姓名,之后便把户头编上代码。仅限于少数几个经过选择的工作人员才能接触客户的真实信息,客户只凭代码即可处理所有银行业务。

这就是瑞银集团"银行保密制度"的历史根基和法律基础。依据银行保密制度,银行储户信息将受到严格的保护,任何人、任何情况下都不得泄漏储户秘密,除非涉嫌某些特别的犯罪活动。这项制度使瑞士的银行得以吸收到世界各地的巨额资产,并使瑞士成为世界上吸收离岸财富最多的国家。截至 2009 年 3 月,瑞士银行已经拥有大约 2 万亿美元的离岸资产,这相当于全球离岸资产的 27%。① 然而,瑞士受到攻击和批评最多的地方也是这个银行保密法。这项严格为储户保密的制度在一定程度上为逃税、洗钱、贪污等犯罪行为撑起了一把保护伞,成为许多"灰色"或"黑色"钱财的理想避难所。银行保密制度无疑给境外国家要求以提供客户信息作为逃税追诉的证据设置了重重障碍,客户信息受到《瑞士联邦银行法》的严格保护,只有在涉及特别犯罪案件时这些客户信息才会被公开。但是关于客户信息的争端也给瑞银集团面前横亘了一道难题,正如 2009 年 2 月瑞银集团首席执行官格鲁贝尔(Oswald Grubel)在给瑞银管理人员的备忘录中说到的,美国国税局要求获得客户信息令瑞银陷入了两难境地,使集团夹在两个主权国家的法律中间。一方面,如果瑞银集团提供客户信息,会违反瑞士的银行保密法;而不提供客户信息,又会违反美国的税法。如果瑞银集团向美国政府披露银行客户信息,瑞银集团及其雇主在瑞士可能会面临民事和刑事起诉。另一方面,如果瑞银集团穷尽了其在美国的法律救济仍然拒绝提供信息,美国司法部则可以就瑞银集团本身所承认的不道德行为作为提起刑事诉讼的证据。②

2010 年 1 月 22 日,一个瑞士法院的专家小组审查了一起瑞银集团客

---

① See Warren Giles and Dylan Griffiths, Swiss Banks Court New Markets, Shun Americans as Secrecy Erodes, 2011, Bloomberg (http://www.bloomberg.com/apps/news?pid=newsarchive&sid=a9qFQwi3phw0).

② Lisa Jucca:《特别报道:美国敲开瑞银保密制度内幕》,2010 年 4 月 13 日,路透网(http://cn.mobile.reuters.com/article/CNAlalysesNews/idCNCHINA-2075620100413)。

户的上诉,并作出"瑞银集团关于办理私人银行业务的客户的代理文件,不应当移交给美国当局"的裁决,因为无法成功填写"9个问题"表格的事件在瑞士并不被认为是欺诈。仅管这个裁决仅对提出上诉的客户有效,但是其产生了更加广泛的影响,包括存在使2009年庭外和解协议失效的潜在性。通过有效地表明该和解协议的不合法性,瑞士法院将瑞士政府置于了一个进退维谷的尴尬境地,瑞士政府必须在不违背该裁决的情况下维持其对美国所负有的义务,否则,将会受到国内有关方面的强烈抗议。① 瑞士政府最终选择了让议会迅速果断地通过和解协议的方式来履行它的信息公开义务。2010年7月19日,瑞士联邦行政法院宣布与美国达成的要求瑞银集团公开被怀疑逃税的客户信息的协议具有约束力。该协议在瑞士议会中获得了通过,协议的通过也阻止了美国司法部向瑞银集团提出让其交出5.2万名客户名单的诉讼,同时,法院也宣布驳回被提交了数据的瑞银集团客户所提出的对法律的质疑。在宣布该项裁决时,法院指出美瑞协议的重要性,声称瑞士的经济利益和它在国际法中履行义务的利益都非常重要,它超出了在本案中原告的个人利益。

3. 瑞银案的结果和评价

美国政府找到了揭开银行保密制度面纱的途径,在既不违反瑞士银行法,又能准确获取客户信息上找到了平衡,即举证证明了4450名客户逃税行为属于税收欺诈,构成了犯罪,从而满足了瑞士银行保密制度的有限例外条款,对客户信息进行了揭露。但是对先前提出的5.2万名客户信息公开的请求并没有得到瑞方支持,因为美国政府缺乏足够的证据来证明所有的5.2万人都有税收欺诈行为,这个宽泛的不合理请求并没有得到瑞银集团的同意。与此同时,外交方法在该案中发挥了很大的作用,几度曾经提起的诉讼,均以签订双边协议这种体面的方式得到解决,借助这种方式最终使得事态向美国所希望的方向发展,并且避免了法庭在这一独特的争端中作出判决。

虽然此案最终以美瑞双方签订和解协议而告终,但这种个案诉讼的解决方式在一定程度上强化了美国的税收稽查和征缴。不过,这种方法也具有明显的局限性。首先,美国国税局可用于诉讼的人力和财力资源有限,

---

① See Daniel Pruzin, "Latest Court Ruling on UBS Case Poses Dilemma for Swiss Government", *International Tax Monitor*, January 26, 2010.

它每年只能对大约 1000 个税收犯罪案件提起公诉,这个数字明显少于应被追究案件的数字。① 其次,在涉及外国银行保密法的情况下,要获取必要的证据来证明犯罪行为的存在特别困难。因此,隐匿海外资金的美国纳税人可能基于税务机关诉讼资源等条件的限制,继续与美国国税局玩"捉迷藏"的游戏。其实,即使被美国国税局发现有海外逃税行为,鉴于国际税收案件的复杂性,这些逃税者最终也不一定能被定罪。

为解决海外税收征管面临的困境,美国一直在国际层面积极倡导国际税收合作。2009 年 4 月,在美国的倡导下,20 国集团国家领导人通过《伦敦峰会公报》宣布"采取行动反对'避税港'等不合作的行为……已经做好了制裁这些行为的准备以保护公共财政……银行拥有保密权的时代已经结束……"② 20 国集团国家财政部长也发表联合声明表明发展中国家参与"新兴的、合作的国际税收环境"的建设具有重要意义。③ 但是,由于国际税收合作机制的形成依赖于国家间的相互配合,即使这些国家之间达成了相关合作协议也会因这些协议原则性较强而难以取得实效,因此,美国试图通过制订专门的海外账户税收合规规则来约束美国人及外国机构,以打击海外逃税行为,增加其税收。

二、美国海外账户监管的新发展:海外账户税收合规制度的确立

2007 年国际金融危机爆发后,为了缓解财政压力、扩大税源,美国进行了大刀阔斧式的改革,完善了税收监管法制,推出了一系列全新的立法举措。2010 年 3 月 18 日,美国总统奥巴马正式签署了《海外账户税收合规法案》(Foreign Account Tax Compliance Act,以下简称《合规法案》);2013 年 1 月 17 日,美国财政部和国税局发布了《关于外国金融机构信息报告义务以及对支付给外国金融机构和其他外国实体的款项征收预提税的实施细则最终稿》(Regulations Relating to Information Reporting by

---

① See Niels Jense, "How to Kill the Scapegoat: Addressing Offshore Tax Evasion with a Special View to Switzerland", *Vanderbilt Law Review*, Vol. 63, No. 6, 2010, p. 1859.

② See G20, London Summit - Leaders' Statement, April 2009 (http://www.ilo.org/wcmsp5/groups/public/—dgreports/—dcomm/documents/statement/wcms_ 178769.pdf).

③ See Itai Grinberg, "Beyond FATCA: An Evolutionary Moment for the International Tax System", *Georgetown Law Faculty Working Papers*, January 2012 (http://papers.ssrn.com/sol3/papers.cfm? abstract_ id = 1996752).

Foreign Financial Institutions and Withholding on Certain Payments to Foreign Financial Institutions and Other Foreign Entities，以下简称《实施细则》），对《合规法案》的实施提供了进一步的指引；2013 年 7 月 12 日，美国财政部和国税局又颁布了《2013 年第 43 号通知函》（Notice 2013-43：Revised Timeline and Other Guidance Regarding the Implementation of FATCA，以下简称《通知函》），宣布《合规法案》相关条款的实施时间将延后 6 个月。

制定《合规法案》的主要目的是避免持有离岸资产的美国公民和美国永久居民逃避美国税法。为实现这一目标，《合规法案》鼓励外国金融机构（FFI）签订协议，向美国国税局申报美国账户持有人的信息。对于其他外国非金融机构（NFFE），则要求向扣缴义务人提供受益所有人的信息。如果上述实体未履行信息申报义务，《合规法案》要求扣缴义务人对支付给这些实体的来源于美国的款项征收 30% 的预提税。根据《合规法案》第 1471 条至 1474 条的规定，针对不同的情况和对象，《合规法案》确立了三种不同类型的信息申报义务，一般通过以下三种机制实施：

（1）按照外国金融机构协议（FFI Agreement），要求参与的外国金融机构（PFFI）获取其维持的所有账户的每个持有人的信息，并据此判断该账户是否是美国账户或顽固型账户持有人、非参与的外国金融机构（NPFFI）持有的账户。其中，对于美国账户，外国金融机构应当向美国国税局申报这些美国账户的信息；对于顽固型账户持有人和非参与的外国金融机构持有的账户而言，外国金融机构应当对支付给这些持有人的可预提款项征收 30% 的预提税。

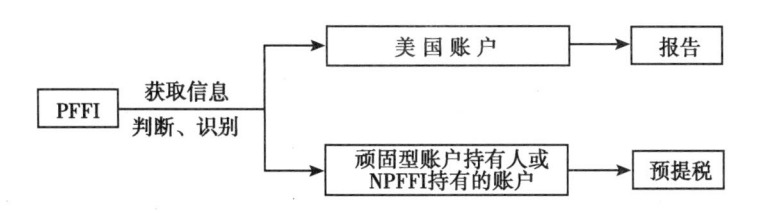

图 6-1 参与的外国金融机构的义务

（2）对于未签订协议的外国金融机构，则要求扣缴义务人获取收款人的信息。扣缴义务人有义务对支付给任何外国金融机构的可预提款项扣缴 30% 的预提税，除非有文件证明该款项可免于预提，或者款项是根据祖父债务做出的。简言之，扣缴义务人必须确定款项的收款人，以及这些收款人相应的地位。为此，扣缴义务人必须收集、保留每一种类型的收款人的正确信息。

（3）对于消极的外国非金融机构（Passive NFFE），则无须与美国国税局签订协议。外国非金融机构需要向扣缴义务人提供受益所有人的信息，否则扣缴义务人将对支付给外国非金融机构收款人的任何可预提款项扣缴30%的预提税，除非款项的受益所有人就是该外国非金融机构（或其他外国非金融机构），且扣缴义务人可以将外国非金融机构视为不存在实质美国所有人的外国非金融机构，或视为例外的外国非金融机构，或者外国非金融机构已经向扣缴义务人提供了有关实质美国所有人或其享有例外的外国非金融机构资格的文件。

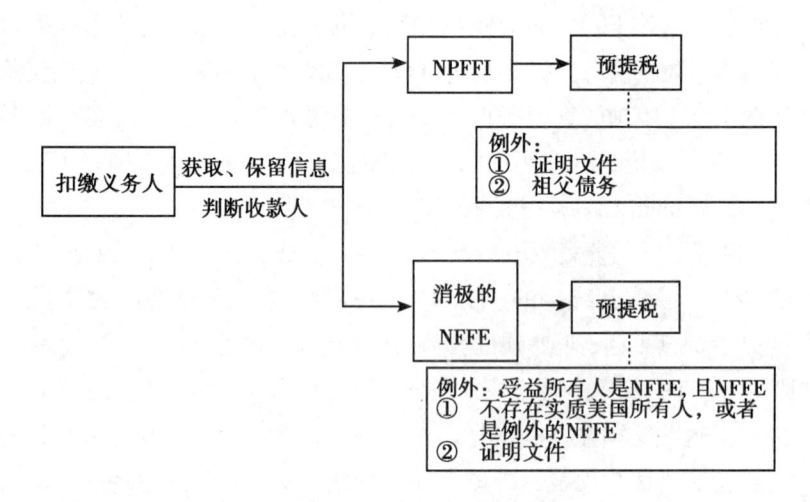

```
                                    ┌─── NPFFI ───→ 预提税
                                    │              例外：
                                    │              ① 证明文件
扣缴义务人 ──获取、保留信息── │              ② 祖父债务
           判断收款人          │
                                    │
                                    └─── 消极的 ──→ 预提税
                                         NFFE
                                                    例外：受益所有人是NFFE，且NFFE
                                                    ① 不存在实质美国所有人，或者
                                                       是例外的NFFE
                                                    ② 证明文件
```

图 6-2　扣缴义务人代为扣缴预提税的义务

综合考察《合规法案》及《实施细则》等，我们不难发现其主要包括两个方面的内容：即信息的报告和预提税的征收，二者的关系在于是否征收预提税是根据信息报告要求的实现情况而定的。

（一）信息的报告

1. 信息报告的主体

《合规法案》扩大了原有税法的规制范围，将税收信息报告主体扩展到包括美国人、外国金融机构、外国非金融机构。如此一来，《合规法案》实际上间接约束了全球绝大部分的金融机构和非金融机构。美国人泛指美国自然人、美国非上市公司（不包括控股50%的关联方）、美国合伙和美国信托。此外，如果美国自然人或机构拥有一个外国公司的利润或资本分配权益超过10%，或拥有一份外国信托（不论所有权比例是多少），那么这种外国公司、合伙和信托也是《合规法案》所规定的信息报告主体。

《合规法案》将对海外账户的把关责任交给了在美国有投资的全球机构，即使这些机构在美国没有分支机构，只要其持有美国债券或上市股票就要承担信息报告义务。这里所说的外国机构包括外国金融机构和外国非金融机构。

（1）外国金融机构

外国金融机构是指外国金融实体，其在《合规法案》和《实施细则》中的定义非常广泛，包括以下五类：①储蓄机构。储蓄机构是指任何在通常的银行业务或类似业务流程中接受存款的实体。但是，接收存款若仅仅是为了在财产的转让或租赁交易中进行担保，那么这种实体并不是储蓄机构。之所以采取这种区别对待是因为，在后一种情况下该种实体并未从公众处取得存款，从而为今后的财产交易进行融资，相反，该实体接受存款是用来担保这种转让或租赁免于遭受损抑或其他与该交易相关的信贷风险。②托管机构。托管机构是指以为他人利益持有金融资产作为其实质业务的实体。如果在作出相关决定次年起的3年内或实体存续的期间内，该实体持有金融资产和相关金融服务的收入达到或超过其总收入的20%，那么该实体应当被认定为以持有他人账户金融资产作为其实质业务。③投资实体。投资实体是指任何为客户或代表客户从事货币市场工具的交易、外汇、汇率、利率和指标化工具、可转让的有价证券或商品期货贸易、代表他人投资等活动，并将之作为一项业务的实体。④特定保险公司。特定保险公司是指根据年金合同或现金价值保险合同而向金融账户付款或有义务进行付款的保险公司（或保险公司的控股公司）。如果控股公司没有签署年金合同或现金价值保险合同或者没有依据上述合同进行赔付，那么它就不是这里所说的外国金融机构。⑤控股公司与资产中心。如果实体的主要活动包含直接或间接持有一个或多个扩大关联集团成员流通在外的股票，那么该实体即为控股公司。如果实体的主要活动是与其关联集团成员进行特定目的（如，为管理扩大关联集团的运营资金等）的投资、避嫌及融资交易，则该实体为资产中心。

除此之外，根据《实施细则》的规定，免受扣缴的非金融集团实体、免受扣缴的非金融新创公司或开辟新业务的公司、免受扣缴的清算中或破产的非金融实体、免受扣缴的关系企业间的外国金融机构、符合《美国国内税法典》第501条（c）款规定的实体、非营利组织、保险公司的准备金活动等被排除在外国金融机构的定义之外。

(2) 外国非金融机构

外国非金融机构是指除外国金融机构之外的实体。通常情况下，如果外国非金融机构不是除外的外国非金融机构，则该外国非金融机构必须向扣缴义务人提供实质美国所有人的信息，或向美国扣缴义务人证明该外国非金融机构中不存在实质美国所有人。除外的外国非金融机构包括上市公司及其附属公司，直接或间接由美国属地的善意居民完全所有的美国属地的外国非金融机构，以及积极的外国非金融机构。这些类型的实体由于其从事活动的性质，一般不会隐藏资产。然而，大多数美国人倾向于使用消极工具保护他们的收入，这正是要求不具有除外的外国非金融机构资格的实体提供实质美国所有人证明的原因。

2. 信息报告的内容

《合规法案》的监管对象即需报告的内容主要包括账户信息和可缴纳预提税的款项。

这里的账户，是指由美国自然人、美国机构或拥有美国受益所有人的外国机构持有的价值总计在5万美元以上的金融账户。在此笔者将这些账户统称为美国人账户。账户信息包括：账户持有人的类别、姓名、住址和纳税人身份识别号（TIN）；账户号码、余额或价值；账户的存、提、汇出、汇入款项等。

根据《实施细则》的规定，预提税只适用于2013年12月31日之后支付的可缴纳预提税的款项。但是，并非所有情况都需要进行预提。可缴纳预提税的款项是指任何来源于美国的固定、年度或定期所得款项，以及在2016年12月31日之后销售或以其他方式处分特定资产而产生的所得总额。固定、年度或定期所得包括补偿金、股息、利息、退休金、年金、租金、特许权使用等。所得总额是指销售、交换或处分财产的所得，且"该财产的销售、交换或处分须依第1001条（c）款确认获利或损失"。所得总额的预提将适用于所有2016年12月31日之后处分的财产（销售祖父债务的所得总额除外）。此外，《实施细则》还规定了可免于预提的款项包括：祖父债务，若干短期债务，有效关联的所得，除外的非金融款项，销售除外财产的所得总额，零碎股，2017年之前来源于固定、年度或定期所得的离岸款项。

祖父债务是最重要的一类可免于预提的款项。祖父债务包括：(1) 任何于2014年1月1日尚未清偿的债务（《通知函》将祖父债务的未偿付日期推迟至2014年7月1日）；(2) 该债务仅因在第871条（m）款下被视为可产生约当股利，故而产生应扣缴款项，且该债务于首次被视为可产生约当股利的6个月内被执行；(3) 任何要求被担保方就抵押祖父债务而做出支付的协议。如果抵押物对祖父债务和非祖父债务同时进行担保，则须依比例计算分配给祖父债务的金额。"债务"这一术语是指任何具有法律约束力的协议，包括但不限于债权、担保投资证书、定存、信用额度、循环信贷额度、经国际掉期业务及衍生投资工具协会协议确认的衍生性交易、在被保险人死亡时或死亡前给付全部价值的人寿保险合同、即期年金等等。但是"债务"不包括在美国税务目的下被视为股权的协议，任何缺乏明确截止日期的协议以及经纪协议或类似协议。

（二）预提税的征收

对于不履行信息报告义务的外国金融机构和外国非金融机构，《合规法案》还分别规定了不同的预提税征收方案。

对于一个外国金融机构而言，它必须通过与美国国税局签订协议的方式向美国国税局报告任何与直接或间接的美国人账户持有人有关的信息；否则，某些来源于美国的所得和销售或以其他方式处分美国股票或证券的所得总额将被征收30%的预提税。此外，根据与美国国税局签订的协议，外国金融机构将有义务就向支付给"顽固型账户持有人"（Recalcitrant Account Holders）和其他不合规的外国金融机构的款项代扣代缴30%的预提税。不仅如此，《合规法案》还要求外国金融机构通过尽职调查程序来判断美国人账户的类别，并遵照要求报告相关信息；否则，任何来源于可缴纳预提税的款项将被征收30%的预提税。但是，外国政府、国际组织、外国中央银行以及被美国国税局视为具有较低逃税风险的人员等可以免于征收预提税。

对于外国非金融机构，《合规法案》规定，它应当识别并报告持有本机构份额的美国人信息；否则，将对这些美国人账户征收30%的预提税。如果外国非金融机构能够满足下列要求，那么美国人账户可避免被征收30%的预提税：(1) 提供信息证明该外国非金融机构的利润或资本分配权益不被任何美国人持有；(2) 如果美国人在外国非金融机构中持有的利润或资本分配权益份额超过 10%，那么该外国非金融机构须提供每个受益所有人的姓名、地址和纳税人身份识别号；（3）外国非金融机构在满足美国国税局的信息报告要求的前提下，不知道或者没有理由知道上述信息是不正确的。但是，下列主体拥有的款项可得到预提税征收的豁免：（1）其股票在成熟的证券市场进行日常交易的公司；（2）属于公开交易控股集团成员的公司（超过 50%控股）；（3）按照美国法律成立的且由真实的当地居民全部拥有的实体；（4）外国政府（含政治分支）及其部门或机构；（5）国际组织及其部门或机构；（6）外国中央银行；（7）美国国税局规定的具有较低逃税风险的其他类别的外国人和付款。

由此，我们不难发现，《合规法案》所谓的预提税是一种惩罚性预提税，即如果外国金融机构或外国非金融机构不履行《合规法案》施加的信息报告义务，那么美国国税局将要求外国机构向美国人账户代扣代缴30%的预提税。当然，外国机构只要能够向美国国税局提供证明文件以证明自己本身是被征税款项的受益所有人，那么就可以获得退税的权利。

（三）《实施细则》的补充规定

《美国国内税法典》第 4 章授权美国财政部作为综合性的管理机构，负责制定法律中有关尽职调查、报告和预提税义务的规则和程序。《实施细则》即表现了这项权力的贯彻实施，它通过提供详细且具有可操作性的详细指引和一致方式，确保了所采取的实施手段能够在实现第 4 章的政策目标和最大限度减轻利益相关者的负担二者之间达到平衡。《实施细则》包括定义、预提规则、报告义务、外国金融机构协议、程序性事项五部分内容，其中较为重要的补充性规定包括以下几点：

1. 视为合规的外国金融机构

一般而言，视为合规的外国金融机构可以遵守较轻的义务，但是根据类别的不同，义务大小和影响程度也会有所差异。视为合规的外国金融机构包括以下三类：

（1）经注册视为合规的外国金融机构（Registered Deemed-Compliant FFIs）

经注册视为合规的外国金融机构需要向美国国税局注册，获得全球中介机构身份识别号（GIIN）并遵守其他义务。和参与的外国金融机构一样，经注册视为合规的外国金融机构需要选择一个负责官员，由该官员每三年对外国金融机构进行一次合规认证。经注册视为合规的外国金融机构包括：本地外国金融机构，参与的外国金融机构集团的非报告成员，合格的信用卡发行者，合格的集合投资工具，受限制的基金，受赞助的投资实体以及受控外国公司。除合格的信用卡发行者外，经注册视为合规的外国金融机构需要满足与参与的外国金融机构同样严格的条件，二者唯一放宽的义务在于申报规则。因此，金融机构应当仔细考虑，在如此严苛的条件下，是否有必要成为经注册视为合规的外国金融机构。

（2）经认证视为合规的外国金融机构（Certificated Deemed-Compliant FFIs）

经认证视为合规的外国金融机构的义务会减轻很多，因为它们无需向美国国税局注册，也不需选择一位负责官员进行合规认证。但是，经认证视为合规的外国金融机构需要向其扣缴义务人提供书面证明，以表明其符合适用经认证视为合规资格的条件。经认证视为合规的外国金融机构包括：非注册本地银行，受赞助且集中所有的投资工具，有限期限的债权投资实体，以及仅存在低价值账户的外国金融机构。

（3）所有人记录在案的外国金融机构（Owner-Documented FFIs）

所有人记录在案的外国金融机构是针对那些在技术上被视为外国金融机构的小型消极投资工具提出的。确定此种类别的理由在于，这些实体通常是非常小型的投资实体或信托，签订外国金融机构协议将会给这些小型实体施加非常繁重的负担。将它们作为所有人记录在案的外国金融机构，要求他们向扣缴义务人提供美国所有人的信息，随后再向美国国税局报告，此举在满足《合规法案》的同时，也能有效减少风险和负担。具有所有人记录在案的外国金融机构资格，需要满足以下条件：①该外国金融机构仅仅因为其是投资实体而具有外国金融机构的资格；②该外国金融机构并非有关款项的中介机构；③该外国金融机构并未由特定的扩大附属集团所有，也并非该集团的成员；④该外国金融机构并未替非参与的外国金融机构维护金融账户；⑤该外国金融机构向指定扣缴义务人提交所有要求的文件，并且同意在发生情势变更时通知扣缴义务人。

2. 文件要求和尽职调查

从2014年1月1日开始，参与的外国金融机构必须依照规定的程序识别其账户持有人的身份，以确定该账户是美国账户、非美国账户、顽固账户或非参与的外国金融机构持有的账户中的一种。参与的外国金融机构还须在向收款人支付款项时记录和获取关于该收款人的资料和文件。

(1) 新实体账户文件要求及尽职调查规则

自账户开立之日起 90 日内，参与的外国金融机构可以记录并搜集该账户的资料以确立该账户持有人的身份。超出该期限，外国金融机构只能依据推定规则确定账户持有人的身份。参与的外国金融机构通常可以使用 W-8 表单和 W-9 表单作为识别账户持有人身份的依据。当获取到相关信息后，参与的外国金融机构必须按照规定对搜集到的这些信息进行尽职调查，而且无论该参与的外国金融机构是否对该账户进行了支付，该程序都同样适用。

(2) 存量实体账户文件要求及尽职调查规则

为了减少参与的外国金融机构记录和识别存量实体账户的负担，《合规法案》延长了记录和尽职调查的时限。当账户持有人为表面上的外国金融机构时（表面上的外国金融机构是指扣缴义务人可以通过系统中的电子搜索信息识别其为合格或非合格中介），该账户必须在外国金融机构协议生效之日的 6 个月内搜集和获取相关文件。而其他的存量实体账户，只需在外国金融机构协议生效之日的 2 年内获取即可。存量实体账户的尽职调查适用新实体账户的尽职调查规则。

(3) 新个人账户的文件要求及尽职调查规则

一个新个人账户的持有人身份可以通过书面证据、第三方信贷机构提供的信息、预提凭证三种形式的文件予以确定。对于美国账户来说，参与的外国金融机构须获取该账户持有人的美国纳税人身份识别号，或者是含有美国纳税人身份识别号的 W-9 表单。此外，如果参与的外国金融机构所属辖区禁止报告该美国账户持有人的信息，参与的外国金融机构必须从账户持有人处获得一份弃权声明（声明放弃本国法律的适用）以报告信息；若不能获得该种弃权声明，外国金融机构就必须关闭或移交该账户。当参与的外国金融机构已经获取了关于账户持有人的相关文件后，其必须依据尽职调查程序审查该文件是否有效。一般来说，当参与的外国金融机构有理由知道预提凭证、客户文件、账户开立文件中的信息与该账户持有人的身份声明相矛盾时，该身份声明将被视为无效。另外，《实施细则》也规定，对于新个人账户而言，参与的外国金融机构既可以适用存量账户的识别程序，也可以适用新账户的识别程序。

（4）存量个人账户的文件要求及尽职调查规则

对于存量个人账户而言，参与的外国金融机构获取文件资料的时间相对较宽裕。账户余额价值超过 100 万美元的账户，外国金融机构必须在外国金融机构协议生效 1 年之内获取相关信息；而对于其他存量个人账户，外国金融机构必须在外国金融机构协议生效之日起 2 年内获取信息。对于被识别为美国账户的账户，参与的外国金融机构必须获取该账户持有人的美国纳税人身份识别号或含有美国纳税人身份识别号的 W-9 表单。此外，如果参与的外国金融机构的管辖区禁止报告该美国账户持有人的信息时，参与的外国金融机构必须从账户持有人处获得一份弃权声明，否则外国金融机构就必须关闭或移交该账户。而对于还没有被识别为美国账户的账户而言，若截至外国金融机构协议生效之日，其账户余额价值不超过 5 万美元（现金价值合同和年金合同为不超过 25 万美元），其将被视为非美国账户并免于审查。但是，一旦该账户价值在任何年度末超过了 100 万美元或者发生了情势变更，那么这种豁免将会取消。对于截至外国金融机构协议生效之日，账户余额价值超过 5 万美元的存量个人账户（低价值账户），参与的外国金融机构必须对其进行电子记录搜索，若经过搜索发现了美国标记，那么参与的外国金融机构就必须按照规定获取额外的文件（例如，若在电子搜索中发现了美国居民身份证明，那么外国金融机构可以试图寻找非美国政府发放的身份证件以证明该账户持有人的外国身份）。对于截至外国金融机构协议生效之日，账户余额价值超过了 100 万美元的账户（高价值账户），参与的外国金融机构也需适用上述电子搜索程序，若电子搜索程序中包含了美国标记，那么外国金融机构就无须进行下一步的书面记录搜索；否则，外国金融机构还须对当前的客户主文件进行书面搜索。若当前客户主文件中不包含所需的美国因素时（如客户主文件中不含有出生地信息），那么搜索对象将进一步扩大，扩大搜索的文件是与该账户相关的并在最近 5 年内获取的文件，包括最新的开户合同、生效的委托或授权文件等等。除了电子搜索和书面搜索以外，针对高价值账户的审查程序还包括客户经理调查。如果客户经理已实际知晓账户持有人是特定的美国人，那么参与的外国金融机构就必须将该账户持有人视为应申报美国账户。

（5）情势变更

作为外国金融机构协议中规定的一项义务，参与的外国金融机构有责任设置一定的程序来监控其账户的任何变化。这种情势变更包括任何可能影响账户持有人的身份的变化，也包括由于账户余额价值的变动而导致的豁免的取消（例如，账户余额超过了 5 万美元从而变成了需要审查的账户）。如果出现了这种情势变更，那么参与的外国金融机构就必须依据变更后的具体情况，按照上述的尽职调查要求，搜集有关变化的账户的文件资料。在情事变更之日起 90 天内，或向该账户做出预提支付或外国过手付款之日起 90 天内，外国金融机构必须获取相关文件记录，以确定账户持有人的身份，如果无法做到这一点，那么该账户将被作为顽固型账户或非参与的外国金融机构来对待。

3. 预提税规定

依据外国金融机构协议，参与的外国金融机构必须就支付给顽固型账户持有人或非参与的外国金融机构的款项征收 30% 的预提税。此预提税必须在支付款项之时征收。

《实施细则》规定，一般情况下，某笔支付款项的受益所有人有权要求返还其超过税法条款规定的应付税额所支付的税款。因此，在超额预提和预提不足的情况下，《实施细则》规定了调整措施：（1）当存在超额预提时，扣缴义务人应当在进行预提年度的次年结束之前，向受益所有人和收款人偿还超额预提的税款；或者以超额预提的税款抵销受益所有人或收款人应当缴纳的其他预提税税款。（2）当发生预提不足时，扣缴义务人应当适用第 1461 条第 1 款（b）项规定的程序补征不足的税款。但是此规定有两个例外。其一，从外国金融机构所实际拥有的支付款项中合理扣缴的税款，外国金融机构无权主张抵免或返还，除非美国承担的条约义务有此要求。其二，依照第 4 章的规定合理扣缴的税款不允许抵免或返还，除非该笔支付的受益所有人向部长提供了其所要求的用以辨别该受益所有人是否为美国拥有的外国实体的信息，以及该种实体的每个美国实质所有人的身份信息。

此外，《实施细则》对《合规法案》的预提税条款和《美国国内税法典》第 4 章其他预提税条款进行了协调：（1）对于第 1441、1442、1443 条规定的预提要求而言，如果可缴纳预提税的款项既受第 4 章预提的约束，又是第 1441 条第 2 款（a）项规定的预提金额，扣缴义务人可以将适用第 4 章的预提税税款抵免其依据第 1441、1442、1443 条所应承担的任何税收义务；（2）就第 1445、1446 条而言，受第 1445、1446 条约束的款项不受第 4 章的约束，即不得进行抵免。

4. 行政性事项

（1）合规法案注册门户网站

美国国税局将会建立合规法案注册门户网站来管理所有的注册、协议和验证事项。一旦在该网站上注册成功，就表明注册机构同意遵守《合规法案》或所签订的外国金融机构协议。外国金融机构可以利用这个门户网站注册并管理它们的注册信息，如有需要还可以为它们的身份做出所需的陈述。美国国税局也可以借助该网站与外国金融机构和其他注册者进行交流。该门户网站能够最大限度地提高注册程序效率、减少错误，并且促进全球中介身份识别码的发行。2013 年 8 月 19 日，美国国税局宣布启用合规法案注册系统，金融机构可以通过注册系统建立网上账户，自定义个人主页进行账户管理，指定联系点处理登记，监督成员或分支机构的信息，自动接收身份变更的通知。① 从现在开始，金融机构可以登录其账户，填写、修改信息，并于 2014 年 1 月之前提交其最终信息。一旦注册信息在 2014 年最终提交并经美国国税局通过，注册的金融机构将收到一份接受注册的通知，并且将拥有全球中介机构身份识别号。美国国税局将于 2014 年 6 月通过电子方式发布第一份"美国国税局外国金融机构清单"，该清单以后会每月更新。为确保出现在首份清单之列，金融机构必须在 2014 年 4 月 25 日之前登录网站录入信息并最终提交。

（2）表单

基于新的认证、报告及预提要求，美国国税局计划大量发行新的、经修订的国税局表单。美国国税局已经发布了一些修订后表单的草稿版本，其中包括 W-8IMY 表单，"外国中介、外国税收穿透实体或特定美国分支机构美国预提税的证书"；W-8ECI 表单，"外籍人士声明其所得与其在美贸易或商业行为存在实际联系的证书"，以及 W-8XP 表单，"外国政府或其他外国组织美国预提税的证书"。美国国税局计划发布的表单包括：① W-8BEN-E 表单，"美国预提税（实体）之受益所有人身份的证书"，以及 W-8BEN 表单，"美国预提税之受益所有人外籍身份的证明"，分别供作为实体和个人的受益所有人使用。② 8966 "FATCA 申报"

---

① See Internal Revenue Service, IRS Opens Online FATCA Registration System, August 2013 (http://www.irs.gov/uac/Newsroom/IRS-Opens-Online-FATCA-Registration-System).

表单,它将被外国金融机构(包括合格中介、外国预提合伙、外国预提信托)和扣缴义务人(在有限的情形下)用于遵守《合规法案》的申报义务,这份新的8966表单会列出符合《实施细则》之金融账户必须申报的所有相关信息。③1042表单,"外籍人士来源于美国所得的年度预提税申报"以及修订后的1024-S表单,"外籍人士需缴纳预提税的来源于美国的所得"。修订后的1042表单和1042-S表单将列出扣缴义务人为满足第1474条第1款(c)项和(d)项以及第1416条第1款之义务所需申报的所有信息。美国国税局计划在2013年年底或2014年年初发布8966表单和1042-S表单的最终版本。

(3) 验证合规程序

每个参与的外国金融机构都必须指定一个合规官,由其适用检验合规的程序监督该外国金融机构遵守外国金融机构协议的相关规定。参与的外国金融机构须接受定期审查,以验证其遵守了协议的规定。相应地,合规官必须定期地向美国国税局证明该外国金融机构与外国金融机构协议中的要求相符合。这种证明被要求每3年提交一次,以表明该外国金融机构维持了有效的内部控制,并且在证明期间没有重大错误,或者任何确实发生过但已被纠正的实质错误。

(4) 国税局合规审查

《实施细则》对美国国税局要求参与的外国金融机构提供额外信息,以确定其是否遵守外国金融机构协议的标准做出了具体的规定。另外,《实施细则》定义了外国金融机构协议的违约事项,并提出了参与的外国金融机构对违约事项的救济程序。值得注意的是,违约事项不会自动导致外国金融机构协议的终止,如果国税局知道存在违约事项,它将向参与的外国金融机构发出违约通知,并允许该参与的外国金融机构制订违约事项的救济计划。如果该参与的外国金融机构没有对违约通知做出回应或者没有遵守商定的救济计划,那么国税局可以在合理期间内终止该外国金融机构的参与的外国金融机构的身份。但是,外国金融机构也可以要求对终止协议的行为进行复议。

美国制定《合规法案》的目的在于通过加大透明度、强化报告获得关于作为受益所有人的美国纳税人拥有的海外账户和投资信息,以侦查、防止海外避税,而非通过预提税制来征税。《合规法案》对于有自营美国投资、美国人账户或美国金融交易的外国金融机构将产生直接、深远的影响。不仅如此,《合规法案》的影响力还将被国际金融交易予以放大。每一次外国金融机构收到或支付属于可缴纳预提税的款项的付款时,就会受《合规法案》的影响。因为按照《合规法案》的规定,外国金融机构将被视为预提税代扣代缴义务人。受《合规法案》影响的外国机构,将就其是否同意遵守《合规法案》作出选择。那些希望继续自营或代理客户向美国资本市场投资的外国机构,将不得不同意遵守《合规法案》;否则,他所管理的美国人账户将被征收30%的预提税,从而在与同意遵守《合规法案》的外国机构的竞争中处于不利的地位。面对《合规法案》,有些外国金融机构可能选择不再接受美国客户或者增加美国客户开立账户的费用;而另外一些外国金融机构则可能重组其业务,将美国客户转入一家单独成立的机构。

(四)《通知函》:修订《合规法案》的时间表

美国财政部和国税局于2013年7月12日颁布了《通知函》,宣布修订《合规法案》相关条款的实施时间。通过推迟合规时间表,财政部为全球的实体提供了更加充裕的时间完成合规准备。

表6-3 《通知函》的主要内容

主要条款	原截止日期	现截止日期
注册		
开放注册门户网站	2013年7月15日	2013年8月19日
美国国税局通过电子方式发布外国金融机构清单	2013年12月2日	2014年6月2日
外国金融机构结束注册	2013年10月25日	2014年4月25日
外国金融机构协议的最早生效日期	2014年1月1日	2014年6月30日
范本一外国金融机构获得全球中介机构身份识别号	2015年1月1日	相同
存量账户的尽职调查		
存量账户	2014年1月1日	2014年7月1日
审查初步认定的外国金融机构的存量账户	2014年6月30日	2014年12月31日
存量账户的测试	美国金融机构:2013年12月31日存在的账户;参与的外国金融机构/视为合规的外国金融机构:2013年12月31日,或者外国金融机构协议的生效日期	美国金融机构:2014年6月30日存在的账户;参与的外国金融机构/视为合规的外国金融机构:2014年6月30日,或者外国金融机构协议的生效日期

续表

主要条款	原截止日期	现截止日期
存量账户的尽职调查 高价值存量账户的尽职调查	2014年12月31日	2015年7月1日
其他存量账户的尽职调查	2015年12月31日	2016年7月1日
新账户的尽职调查		
新账户的开立程序	2014年1月1日	2014年7月1日
对新账户预提的起始日	2014年1月1日	2014年7月1日
政府间协议		
已经签署但尚未在国内生效	截至2014年1月1日，许多司法辖区的政府间协议可能已经签署但尚未在国内生效。为此，美国财政部将在其官方网站上公布相关司法辖区的清单，这些司法辖区与美国签订的政府间协议将被视为已在其国内生效。具有相关司法辖区居民身份的金融机构可以在门户网站上注册为经注册视为合规的外国金融机构或参与的外国金融机构。 如果一司法辖区在合理时间内未实施使条约生效的必要措施，该司法辖区可能会被排除在清单之外	
其他条款		
合格中介协议、外国预提合伙协议和外国预提信托协议的终止	2013年12月31日	2014年6月30日
祖父债务的未偿付日期	2014年1月1日	2014年7月1日
申报美国账户	2015年3月31日（针对2013年及2014年）	2015年3月31日（仅针对2014年）
第3章文件的终止	2013年12月31日	2014年6月30日

三、美国海外账户税务合规制度提出的挑战

《合规法案》对预提税和信息报告采取了强硬立场来打击离岸逃税，并且非常清楚地表明，政府不容忍利用离岸机构破坏美国税制。然而，毋庸置疑的是美国极大地延伸了其权责范围，颁布了一个范围广泛、成本高昂、有违常理的全新管理计划，试图通过《合规法案》要求外国金融机构充当跨境税收征管的中介，以协助美国打击离岸避税。可以说，《合规法案》是迄今为止美国长臂管辖权在税收征管领域最大范围的延伸。[①]《合规法案》的出台，已经引起国际社会的广泛关注，尤其是各国金融机

---

① See Scott D. Michel and H. David Rosenbloom, "FATCA and Foreign Bank Accounts: Has the U. S. Overreached?", *Tax Analysts*, May 30, 2011, p. 713.

构和银行业协会纷纷着手研究该法案的内容，评估其影响。从《实施细则》的内容看，《合规法案》无疑将对我国的银行业甚至国家主权提出严峻的挑战。

（一）对银行业的挑战

《合规法案》对我银行业的挑战主要体现在三个方面：

第一，银行业务。根据《合规法案》的规定，如果我国的商业银行不遵守《合规法案》规定的信息报告要求，那么其所持的美国人账户的相关款项将被征收30%的预提税。而《合规法案》并未对美国的金融机构施加代扣代缴预提税的义务，这就让不遵从《合规法案》的我国商业银行在竞争中处于劣势地位。当然，受影响的我国商业银行也可以选择不在美国投资这一简单方式来避免《合规法案》带来的预提税负担。然而，美国拥有着世界上最强的经济实力，任何为自己或为客户谋求最大利益的金融机构都很难忽视美国市场。此外，由于《合规法案》规定，遵循《合规法案》的金融机构对支付给不遵循《合规法案》金融机构的款项要预提30%的税款，因此那些停止直接涉足于美国资本市场的金融机构仍然会因这种过手付款规则而受《合规法案》的影响。如此看来，遵守《合规法案》的信息报告要求对我国商业银行来说似乎是必要的选择。

第二，银行成本。成为合规的金融机构虽然可以避免被征收30%的预提税，但经营成本却会大大增加。首先，《合规法案》要求外国金融机构对美国人账户持有人身份进行验证，对其所有客户群开展广泛、深入、详细的尽职调查，识别美国客户，获取美国客户的信息并每年向国税局报告，这就需要金融机构投入大量的人力、物力和财力。外国金融机构不仅要实时识别新增客户中的美国人、受益所有人为美国人的外国机构，而且还必须对数量庞大的现有客户进行梳理和补充的尽职调查，并识别出其中的美国人、受益所有人为美国人的外国机构。为此，我国商业银行将不得不建立一套识别美国人账户的业务程序，这对于我国银行业现有的客户尽职调查程序来说是一个巨大的挑战。其次，《合规法案》将增加我国银行信息技术系统的负担。例如，我国商业银行要获取并保存美国人账户持有人的相关信息，实现即时获取账户余额跨分行汇总账户总收入和总支出等动态信息并以电文等形式保存和报送这些信息，就必须改进现有的信息技术系统。总而言之，为了成为合规的金融机构，我国商业银行需要对人员、流程、技术及内部治理进行重大调整和更新，这将导致经营成本的增加,加重我国商业银行的经营负担和成本。国际银行家协会预计全球主要银行为遵守规章可能耗费逾2.5亿美元,然而部分企业担心每年的成本会高达数十亿美元。① 最终,《合规法案》迫使外国机构为追踪美国逃税者买单。

第三,银行保密制度。《合规法案》凌驾于现有税收协定所规定的任何条款之上②,会造成诸多法律障碍,首当其冲的就是银行保密法,许多金融机构所在地为了保护客户的隐私,禁止银行或公司直接向外国政府提供客户信息。就我国的相关国内法而言,如《中华人民共和国储蓄管理条例》第5、32条,《中华人民共和国商业银行法》第29、30、53条,《中华人民共和国银行业监督管理法》第11条和《人民币结算账户管理办法》第8条都规定了银行的保密义务。根据这些法律的规定,银行要遵守为客户保密的义务,除非存在例外情况,银行不得将客户信息披露给他人;否则,将承担违反保密义务的法律责任。作为银行保密义务的例外,允许银行披露的通常包括客户同意、法律特别规定、法院要求等情况。《合规法案》的信息报告要求不在上述银行保密义务的例外情况之列,无疑是对我国的银行保密制度提出了挑战。

(二) 对国家主权的挑战

《合规法案》是一个强加了繁重的美国合规义务的美国法律,通过分析,我们不难发现,美国为了获取外国金融机构的相关信息,采取了一种单边立法的模式,即无视外国国家银行立法甚至外国国家税收主权,通过美国国内立法的形式来强制要求外国金融机构披露信息。具有单边性质的美国海外账户合规模式,已经突破了国家属人管辖权和属地管辖权,将其税收监管行为和税收征收行为的触角延伸至另一主权国家,对另一主权国家的税收主权形成巨大的挑战。仅代表美国的单方意志,要求我国金融机构依照该法向美国国税局直接进行信息披露,完全避开我国主管机关的专属管辖权,严重损害了我国主管机关的法定职能和权威。美国绕过中美税收双边协定的安排,直接对我国金融机构进行长臂管辖,严重损害了我国的税收主权和国家利益。

---

① See David Jolly and Brian Knowlton, "Law to Find Tax Evaders Denounced", *New York Times*, December 27, 2011.

② See Joanna Heiberg, "FATCA: Toward A Multilateral Automatic Information Reporting Regime", Washington & Lee Law Review, Vol. 69, No. 3, 2012, p. 1713.

（三）对国际自由贸易的挑战

从国际法层面来说，后危机时代美国仍是世界上最重要的资本输出国之一，对美国跨国公司离岸利润增加税负的行为将大大削减跨国公司的利润水平，降低其对外投资的积极性，从而减缓国际资本的流动速度，不利于全球经济的复苏。而国际资本流动规模的萎缩可能引发新一轮国际税收竞争，发展中国家与国际避税地为了争夺有限的资本资源，可能再一次纷纷启用手中的税收优惠政策工具，这不仅会破坏全球税收论坛反避税工作所取得的成果，而且发展中国家单方面的税收优惠政策无法达到吸引外资的效果，反而会使得现有税收收入更多地流向国际避税地，加剧全球税收分配的不公平程度。与此同时，美国的税收改革方案，将可能进一步刺激全球贸易保护主义的抬头，不利于国际自由贸易的发展，这有悖于20国集团峰会上达成的全球反对贸易保护主义的共识。

美国作为世界上最重要的发达国家，因离岸避税而常年饱受税源流失之苦。金融危机之后，为了增加财政收入以应对金融危机的猛烈冲击，美国国税局在反思现行规章制度的基础上，制定了一个全新的海外账户监管制度——《合规法案》。美国国会和国税局认为，许多美国公民及美国绿卡持有人通过外国金融机构将他们的资产藏匿海外，来规避他们在美国的纳税义务。《合规法案》要求外国金融机构进行一系列的尽职调查，确认美国人账户，并向美国国税局报告该人的账户信息。不愿意遵守《合规法案》的金融机构在取得来源于美国的"可缴纳预提税的款项"时将被扣缴30%的预提税。但是《合规法案》采取的这种单边方式严重地侵犯了别国的国家主权，极大地加重了别国金融机构的成本负担，受到国际社会和相关行业的批评与抨击。

《合规法案》的实施将对我国产生巨大影响。由于目前我国银行业与发达国家银行业在基础设施、系统维护、人员配备等方面还存在一定差距，《合规法案》将会加大我国银行业的法律与合规风险，《合规法案》的准备实施工作将会异常艰难。因此，我国应当密切关注美国《合规法案》的进展情况，坚持我国的利益诉求，充分发挥相关行业的整体力量，依法维护我国的合法权益。

四、《合规法案》的替代模式：政府间协议

政府间协议模式则是美国财政部和国税局为解决法律障碍和行政成本

等焦点问题所提出的替代方案,即美国财政部和国税局与其他国家政府开展合作以实现法案的既定目标。

(一) 美国的妥协:单边行动向双边合作的转变

作为长臂管辖权在美国税收征管领域最大范围的延伸,①《合规法案》受到全球各界人士的批评,许多国家及外国金融机构都对是否签订外国金融机构协议、是否执行《合规法案》持观望态度,更有部分国家纷纷声称将制定类似《合规法案》的国内立法,并以此要求美国金融机构向本国提供税收信息。基于国际趋势和外国金融机构的现状考量,美国意识到继续采取这种单边行动、要求外国金融机构与美国国税局直接签订协议缺乏可行性,因此在不断完善法规的同时,美国国税局也开始考虑其他替代性方法。

2012年2月7日,美国与法国、德国、意大利、西班牙、英国达成协议,共同发表了《关于提高国际税收遵从、执行〈合规法案〉的政府间方法的联合声明》(Joint Statement from the United States, France, Germany, Italy, Spain and the United Kingdom Regarding An Intergovernmental Approach to Improving International Tax Compliance and to Implement FATCA,以下简称《联合声明》),旨在推动《合规法案》实施的深入化和国际化,"通过国内报告和对等的自动交换,基于现有的双边税收协定以探求执行《合规法案》的共同方法"。《联合声明》设想构建一个替代机制,即外国金融机构只需遵守《合规法案》伙伴国家之间的协议。不同于《合规法案》规定的直接向美国国税局提供信息,伙伴国金融机构向其母国报告《合规法案》规定的相关信息,然后其母国在自动交换的基础上向美国国税局提供信息。美国用部分让步换取欧洲5国的合作,一方面为通过国际磋商调整法案条款开辟了道路,另一方面也为法案在国际范围的进一步推行打开了突破口。2012年7月26日,美国财政部颁布了《改善税收遵从、实施〈合规法案〉政府间协议范本》(Agreement Between the Government of the United States of America and the Government of [FATCA Partner] to Improve International Tax Compliance and to Implement FATCA) 的第一个范本 (以下简称《范本一》),《范本一》包括互惠型 (Model 1A) 和非

---

① See Scott D. Michel and H. David Rosenbloom, "FATCA and Foreign Bank Accounts: Has the U. S. Overreached?", *Tax Analysts*, May 30, 2011, p. 713.

互惠型（Model 1B）两个版本（如无特别说明，下文所述《范本一》均指互惠型的《范本一》）。互惠型获取信息的方式，所依据的法律是政府间协议的《范本一》和国内法。作为直接向美国国税局报告的替代方法，《范本一》允许位于已经签署《范本一》政府间协议的司法辖区的外国金融机构，根据本国采用的尽职调查要求来识别美国账户，并向本国政府报告《合规法案》要求的美国账户的信息，然后再由其本国政府以自动交换的形式与美国国税局进行信息交换。2012年11月14日，美国财政部又出台了政府间协议的第二个范本（以下简称《范本二》），其获取信息所依据的法律是政府间协议的《范本二》和《实施细则》。签署《范本二》政府间协议的司法辖区同意指导其境内的外国金融机构向美国国税局注册，并直接向美国国税局报告《合规法案》要求的美国账户的信息。由此可见，《实施细则》与《政府间协议》相互独立又相互联系：《实施细则》适用于美国境内，以及按照《范本二》签订政府间协议的国家或地区；按照《范本一》签订政府间协议国家一般无须遵守《实施细则》，但是在特定情况下《合规法案》伙伴国可以选择使用《实施细则》中的定义。

政府间协议范本标志着美国朝着建立自动信息交换，以国际合作方式打击逃避税的方向上迈出了至关重要的一步。自英国与美国于2012年9月12日正式签署了《大不列颠及北爱尔兰联合王国与美利坚合众国改善税收遵从、实施〈合规法案〉的政府间协议》（Agreement Between the Government of the United States of American and the Government of the United Kingdom of Great Britain and Northern Ireland to Improve International Tax Compliance and to Implement FATCA）以来，英国、丹麦、墨西哥、爱尔兰、瑞士、挪威、西班牙、德国等8国已经分别依据上述两个范本签署了政府间协议，另有包括开曼群岛、列支敦士登、新加坡、卢森堡等著名避税天堂在内的近50个国家和地区正在积极地与美国就《合规法案》政府间协议展开谈判协商工作。①

---

① 更多详细情况请访问：http://www.treasury.gov/press-center/press-releases/Pages/tg1759.aspx，最后访问于2013年8月21日。

表 6-4　　　　　　　　　目前已经签订的政府间协议

缔约方	签订日期	采用模式
英国	2012年9月12日	范本 1A
丹麦	2012年11月15日	范本 1A
墨西哥	2012年11月19日	范本 1A
爱尔兰	2013年1月23日	范本 1A
瑞士	2013年2月14日	范本 2
挪威	2013年4月15日	范本 1A
西班牙	2013年5月14日	范本 1A
德国	2013年5月31日	范本 1A
日本	2013年6月11日	范本 2

笔者认为，按照互惠型《范本一》谈签协议更符合我国的国家利益，因此，下文仅就互惠型《范本一》进行更加深入的分析论述。

（二）政府间协议的主要内容

2013年5月9日，美国财政部更新了政府间协议范本及附件，此后缔结新政府间协议的谈判，将根据最新的范本展开。笔者在此简要介绍更新后《范本一》的主要内容。《范本一》由10个条文和2个附件组成，涉及的主要内容包括交换信息的内容、时间、方式，合规合作，进一步增强税收透明度，尽职调查程序等。

1. 对正文的修订

新修订《范本一》对正文做出的变更主要体现在：

（1）第3条（信息交换的时间与方式）增加了第8、9、10三款，更加全面地规定了信息交换的时间。《范本一》要求缔约国主管当局应在2015年9月之前努力在本辖区建立、完善相应的基础设施和保障措施，并在相关措施完成后书面通知另一缔约国。各方按照第2条获取并交换信息的义务自书面通知后开始生效。如果根据第9款，协议第2条仍未对另一方生效，协议将在2015年9月30日终止。

（2）第4条（伙伴国金融机构适用《合规法案》）增加了第7款——与美国财政部细则规定定义的协调。对于《合规法案》涉及的定义，原《范本一》并未全部予以明确规定，对于部分定义则是要求"与美国财政部相关细则中的定义相一致"。为此，更新后的范本明确，在不与协议目的相冲突的前提下，伙伴国在实施协议的过程中，可以使用美国财政部相关细则中的定义,以代替协议中的相应定义。

(3) 修订了第10条(协议的期限)第1款,明确协议自伙伴国书面通知美国其已完成令协议生效的必要的内部立法程序之日起生效。

2. 对附件二的修订

更新后《范本一》的主要变化集中在附件二——豁免列表。新的《范本一》对豁免归类做出了较大的调整,包括豁免的受益所有人(涵盖早前版本中的豁免的受益所有人和豁免的产品)、视为合规的外国金融机构,以及排除在金融账户之外的账户三类,并给每一类的豁免范围与认定标准做出了详细的说明。附件二中的豁免范围与认定标准是对《实施细则》的概括,同时涵盖了美国财政部愿意同意的对《实施细则》的修改内容。

(1) 豁免的类别

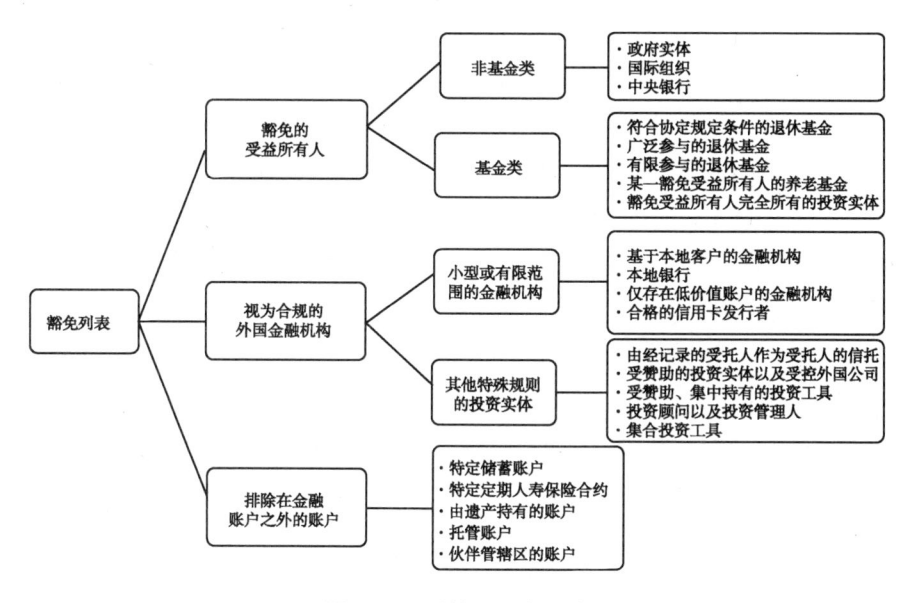

图 6-5 附件二豁免列表

(2) 具体类别的认定标准

除了更新豁免的类别外,《附件二》还结合《实施细则》明确了相关类别认定豁免的标准和关键条件。我们在此简要概括部分豁免类别的认定标准:

①对于广泛参与的退休基金,认定的关键条件在于任一受益人无权获得超过5%的基金资产,并且该基金向税务机关按年度报送其受益人

信息;

②对于有限参与的退休基金,认定的关键条件在于基金参与者少于50人,非伙伴国的居民参与者无权拥有超过20%的基金资产,并且该基金向税务机关按年度报送其受益人信息;

③对于基于本地客户的金融机构,认定的关键条件在于,金融机构在伙伴国境外没有固定营业场所,并且占在该金融机构所维持的金融账户总金额至少98%的金融账户均由伙伴国的居民(包括自然人、法人、非法人实体)持有;

④对于本地银行,认定的关键条件在于,金融机构限于银行或非营利性的信用社、合作社,金融机构的主要业务包括从无关联的零售客户处接受存款,以及向无关联的零售客户发放贷款,并且金融机构的资产不超过1.75亿美元,其所在集团合并总资产不超过5亿美元;

⑤对于仅存在低价值账户的金融机构,认定的关键条件在于其维持的单个金融账户的余额或价值都不超过5万美元,并且金融机构的资产不超过5000万美元,其所在集团合并总资产不超过5000万美元;

⑥对于合格的信用卡发行者,关键条件在于该金融机构可以接受溢缴款(被视为存款)但不能立即返还给客户,并且溢缴款一般不超过5万美元(不包括争议退款,但包括消费返款),如果超过5万美元,应在60日内返还客户;

⑦对于受赞助、集中持有的投资工具,认定的关键条件在于,该金融机构仅仅因为它是一个投资实体而成为金融机构,并且其全部债权权益及股权权益由不超过20位自然人持有;

⑧对于投资顾问及投资管理人,认定的关键条件在于,资金以委托人本人名义,而非投资顾问或投资管理人名义存放;

⑨对于集合投资工具,认定的关键条件在于,利息持有人的范围有严格限制,即集体投资工具的利息是由(或通过)一个或多个有豁免权的受益所有人,积极的外国非金融机构,除特定美国人之外的美国人,或者不是非参与的外国金融机构的金融机构所持有;

⑩对于退休和养老账户,认定的关键条件在于,账户年度出资限额5万美元,或终生出资限额100万美元;

⑪对于非退休的储蓄账户,认定的关键条件在于账户年度出资限额5万美元;

⑫对于特定定期人寿保险合约，认定的关键条件在于，保单持有人不以投资为目的，并且保险期间截至被保险自然人达到90周岁之前。

按照美国财政部的设想，附件二是各国依据《范本一》订立政府间协议时唯一可自行确定的部分，因此，我国在谈签协议的时候，应当注意结合我国现有的物质基础和法律框架，确定附件二的具体内容。

（三）政府间协议的评述

政府间协议是由美国单方面提出的，其主要目的是为了更好地执行《合规法案》，克服单边模式的不足，以"对等"（Reciprocal）为诱饵刺激更多的国家主动参与，从而加快税收信息获取、交换的进程，以维护本国的税收收益。根据已经公布的政府间协议范本及美英协议，美国在协议中所设定的义务是以本国利益为出发点的，协议名为"对等"，实则隐含许多对他国不利的因素，因此为了维护国家利益，在日后中国与美国开展合作的过程中，中国应当结合自身实际和本国法律基础，对协议作出仔细的分析考量。下文笔者将就政府间协议存在的潜在问题进行简要解析。

1. 协议存在潜在的侵犯国家主权的风险

协议第5条第1款"轻微错误和行政错误"中规定："主管机关之间进一步签订的协议，当一国的主管机关有理由相信，行政上的错误或其他轻微错误可能导致信息报告的不准确、不完整或其他违反本协议的情况时，它可以直接对其他司法辖区内进行报告的金融机构进行调查。主管机关之间的协议可以规定，当一国的主管机关对其他司法辖区内进行报告的金融机构就其是否遵守本协议进行直接调查时，该主管机构应通知对方主管机关。"从国际法基本原则的角度来看，该条所规定的一国主管机关"可以直接对其他司法辖区进行的金融机构进行调查"的权力，本质上与各国之间的平等主权存在着根本冲突。基于国家主权平等原则，任何国家均不享有这种直接对他国主权范围内的机构进行调查的权力。

上述规定与该条第2款关于"重大不合规"的相关规定存在着逻辑上的不合理之处。在"重大不合规"的场合，"当一国的主管机关确定其他司法辖区内进行报告的金融机构严重违反了本协议的义务时，该主管机关将通知对方的主管机关。对方的主管机关应适用其本国法来处理通知中所述的'重大不合规'"。即在重大不合规的情况下，一方基于尊重另一方的国家主权，只能请求对方依其国内法来进行处理而不得直接调查对方的金融机构，但在上述"轻微错误和行政错误"的情况下，一方却有权径行调查对方的金融机构,这样的规定在逻辑上并不合理。事实上,从国家主权平等原则出发,协议关于"重大不合规"的规定更为符合该原则的要求,即由违反协议义务的金融机构的本国来对该些金融机构进行相关处理。反观协议对于"轻微错误和行政错误"的处理方式,则很容易导致侵犯国家主权的后果。

2. 协议中存在着潜在的法律冲突

美国国税局采用政府间方法的目的之一就是减轻潜在的法律障碍。但是,笔者经过深入的分析,认为政府间协议并不能有效减少法律障碍,而是将此转化为国内法的冲突,逼迫伙伴国修改国内法。根据"条约必须信守"这项重要的国际法原则,我国在签署政府间协议之后,就必须善意履行条约所规定的各项义务,否则就会违反国际条约,产生国际法律责任。但是政府间协议中,有很多义务势必会与我国的国内法规定产生冲突。

首先履行尽职调查义务标准问题相当模糊,而这将中国置于一种两难境地。目前对客户开展尽职调查存在以下三种标准:(1)中国国内法的标准,这些标准存在于《中华人民共和国刑法》、《中华人民共和国反洗钱法》和《中华人民共和国金融机构反洗钱规定》的相关规定,为金融机构和非金融机构已经设立了尽职调查义务;(2)反洗钱金融行动特别工作组规定的尽职调查义务标准是国际标准,我国在2007年已经通过反洗钱金融行动特别工作组的同行评议;(3)政府间协议《附件一》中规定的尽职调查标准,也可以说这是美国单方面提出的标准。如果是坚持中国的国内法规所确立的标准和义务来确定"尽职调查"问题,那么有两种情况:当其他标准与中国的国内标准是一致的时候,那么依照中国的国内法标准是完全合理的,而且国内法标准属于本国的法律体系的一部分,本国的法律与政策语境将使得具体理解和实施"尽职调查"更为简便易行;当其他标准与中国的国内标准存在重大或较多的差异时,则将产生一个如何协调处理国际协定与国内法的问题。因为中国对条约的国内实施没有明确地确立"直接并入"的方式(除非全国人大在批准条约时明确要求在国内直接实施),采用其他标准意味着中国将承担超过国内标准的新的条款义务,如果不修改国内法的话,中国的金融机构和监管机构将无法履行新的协定义务,最终产生国际责任。

其次是第2条第2款中规定的信息交换存在法律冲突问题:一是我国

立法中对银行保密义务规定相对较多,对于信息披露交换的规定相对较少,我国关于信息交换的规定账户信息,其范围是小于《合规法案》的规定的,某些《合规法案》要求获取并报告的信息在我国属于银行保密义务之列,我国《中华人民共和国储蓄管理条例》第5、32条,《中华人民共和国商业银行法》第29条、第30条、第53条,《中华人民共和国银行业监督管理法》第11条和《中华人民共和国人民币结算账户管理办法》第8条都规定银行有保密的义务,这与政府间协议中设定的义务有冲突之处;二是我国允许交换的信息往往加以诸多限制性规定,在获取并交换的程度、程序等方面与《合规法案》的规定仍存在差距。如《中华人民共和国税收征管法》第54条第(六)项规定了税务机关查询纳税人存款账户的事项,但却规定了诸多限制,包括行使存款账户检查权的限制性以及查询的账户内容的限制,且仅限于税收违法案件。

最后,在第3条第6款中,美要求按照双边签订的税收协定履行义务。根据《中美双边税收协定》第25条之规定,情报交换不受第一条缔约国一方或者双方居民条件的限制。但是根据《国际税收情报交换工作规程》第8条情报交换的一般范围中的要求,人的范围应仅限于税收协定缔约国一方或双方的居民,但允许缔约国双方作出例外规定。两者在范围上没有完全重叠。

3. 协议未从实质上降低合规成本

由于《合规法案》给外国金融机构设立了过于沉重的义务,外国金融机构对于合作持有抵触心理,美国试图通过签订政府间协议来减少金融机构履行《合规法案》的成本,从而加快获取信息的进程。然而,如果仔细对比政府间协议给双方设立的义务就会发现,协议并未从实质上降低合规成本。

政府间协议附录一详细介绍了尽职调查的程序、标准、种类、例外情况及法律后果,其烦琐复杂程度也是罕见的。政府间协议规定金融机构应当履行尽职调查的义务,审查每一个客户存量个人账户以确定这个账户是否在某一方面与美国有联系,并交换信息。由于美国在我国投资远多于我国在美投资,同时美国建立了身份识别的完整系统,中国金融机构在软件研发、银行系统升级与维护、人员培训上所耗费的时间、支出是远远大于美国的。而且,政府间协议第2条第2款在规定双方金融机构报告义务的时候,在报告信息的范围、期限等方面存在偏颇,伙伴国金融机构还要获取并报告托管账户和储蓄账户的相关信息。中国金融机构负担义务如此之重，承受成本如此之多，这对我国是很不公平的。

五、我国的对策：双边—多边信息合作机制的建立

鉴于《合规法案》与现行国际税收合作协定和各国的国内法形成冲突，为了减轻外国机构特别是金融机构的行政成本，2012年2月8日美国与法国、德国、意大利、西班牙、英国发布了《联合声明》，设计出一种在双边协定的基础上通过国内的信息报告和互惠的自动信息交换来实施《合规法案》的方法。根据《联合声明》的规定，美国与《合规法案》的合作国将签订双边协议。在双边协议的框架下，《合规法案》的合作国同意制定相关的法律来实施《合规法案》，要求本国管辖范围内的金融机构向本国主管机关报告《合规法案》所要求的信息，再由本国主管机关在自动交换的基础上把信息转交给美国。而美国也就《合规法案》提出的要求做出以下妥协：（1）免除设立在《合规法案》合作国的金融机构直接与美国国税局签订协议的义务，允许这些金融机构通过向其所在国报告信息，而不是直接向美国国税局报告来履行《合规法案》的信息报告义务；（2）取消对《合规法案》合作国的金融机构征收预提税，即把所有设立在《合规法案》合作国的金融机构认定为合规的或具有低逃税风险的外国金融机构；（3）致力于互惠措施，收集《合规法案》合作国居民在美国的账户信息，并在自动交换的基础上向《合规法案》合作国的主管机关报告信息。《联合声明》使得设立在《合规法案》合作国的金融机构的合规负担得以减轻。可以说，它代表了目前国际社会通过政府间的自动信息交换来实施《合规法案》的新走向，以最大限度地降低外国金融机构的合规成本为出发点，把《合规法案》的要求转化为双边协议中对方可接受的权利义务，使《合规法案》转变为切实可行的提高税收透明度、打击国际逃税的新方法。2012年9月，按照《联合声明》的意图，美国与英国签订了《美国和大不列颠及北爱尔兰改善税收遵从、实施〈合规法案〉的政府间协定》。笔者认为，针对我国是发展中国家的国情，我国可以选择一条在与美国建立双边信息合作机制的同时，并积极主动地倡导建立多边信息合作机制来高效地解决因相关制度的实施可能带来的问题。

（一）双边信息合作机制

虽然单边模式的《合规法案》将对我国的银行业甚至国家主权提出

严峻的挑战,但瑞英匿名预提税模式和欧盟自动信息交换模式,已为我国应对《合规法案》提供了一种思路。笔者认为,双边自动信息交换模式对我国来说是一个较好的选择。自动信息交换,是指缔约国之间的主管机关依据事先达成的协议,将有关纳税人取得的所得或财产的信息系统、批量地提供给对方。通常由所得来源国将相关情报自动提供给纳税人的居住国。双边自动信息交换有利于提高纳税人的税收遵从度,如果跨国纳税人知道在其母国与所得来源国之间缔结了有关自动信息交换的协议,那么就会意识到与自己有关的涉税事项将会在两国之间自动交换,从而选择遵守税法,诚信纳税。经济与合作发展组织一直致力于提高税收透明度和促进有效信息交换,自动信息交换模式与《经合组织范本》的精神相一致。更重要的是,选择双边自动信息交换模式有我国国内法的支持。2006 年国家税务总局制订的《国际税收情报交换工作规程》(以下简称《规程》)是现阶段我国关于国际税收信息交换工作的主要法律文件。

《规程》第 7 条列举了 6 种信息交换的方式,其中就包括自动信息交换。也就是说,自动信息交换既是我国进行国际税收信息交换工作的法定方法,也符合通过互惠合作解决国际税收问题的发展趋势。笔者认为,我国也可以接受这种为税收目的获取银行信息的双边模式,中美两国可以在平等互惠的基础上就《合规法案》的要求进行谈判,将我国能够接受的《合规法案》规定转化为合作协定的条款和相关的国内立法。在信息获取方面,由我国金融机构收集并向我国的主管机关报告《合规法案》所要求的我国金融机构信息,然后由我国主管机关在自动信息交换制度的基础上将相关信息转交给美国的主管机关。执行《合规法案》将大大增加我国金融机构的经营成本,美国作为执行《合规法案》的受益者,理应承担守法的成本。关于如何补偿为美国国税局服务所增加的成本,美国应当提供哪些互惠措施等问题,可以借鉴《瑞英协定》的相关规定与美国进行磋商。

(二) 多边信息合作机制

我国与美国的资本相互投资呈现极大的不平衡状况,2011 年中国对美国直接投资所得仅为美国对中国直接投资所得的 1/56,这意味着如果我国签订实施《合规法案》的政府间协议,那么需要花费巨大的行政成本才可能获得相当于美国从我国获取税收增长的 1/56,这显然极不公平。并且,政府间协议附件中的尽职调查义务非常烦琐,如果要达到合规标准非常困难。可以说,建立双边信息合作机制只是一个权宜之策。与其花费高昂的成本仅仅获取来自美国的金融信息,不如建立一个多边的金融信息自动交换机制,以高效地获取各国的金融信息。

目前国际税务官员和国际税务学者对国际税收体制发展的共识就是以由金融机构充当跨境税务中介为基础,从而建立多边合作体制。英国银行家协会(BBA)就曾表示:"从长远来看,我们敦促美国和其他国家为寻求替代性全球多边解决方案而努力,开展能够惠及所有国家的互惠安排并获取、交换情报。我们建议将多边解决方案列入即将举行的20国集团峰会议程,因为这显然是一个需要国际合作的国际问题。"[1] 英国银行家协会的该言论不仅代表英国银行组织的诉求,更代表全球银行组织对建立多边体系的展望。

从现实角度分析,目前国际社会已经具备了建立多边体制的土壤。2013年4月9日,英国、法国、德国、意大利和西班牙财长通知欧盟税务专员表示,他们已经同意利用《合规法案》政府间协议,在七国和美国之间进行多边交换的试点工作。这意味着除与美国政府交换税收信息外,他们也意图在彼此之间交换信息。2013年4月13日,比利时、捷克、荷兰、波兰和罗马尼亚也表达了他们对该方案的兴趣,截至5月14日已经有17国批准了该方案,墨西哥和挪威随后也将在6月初加入这一计划。此外,英国最近也批准了根据其同美国签订的政府间协议进行自动信息交换,包括其属地(马恩岛,根西岛和泽西岛)和许多其他海外领土(安圭拉、百慕大、英属维尔京群岛、开曼群岛、直布罗陀、蒙特塞拉特、特克斯和凯科斯群岛)。所有以上这些司法辖区也承诺与法国、德国、意大利、西班牙和英国一起加入这一试行计划。5月30日经合组织部长级会议也呼吁:"为了有效抵制税收欺诈和逃税行为,所有司法辖区应迈向自动信息交换之路,并且保证受益所有人信息的可获取性、质量和精确性。"此次的试点工作将不仅有利于威慑逃税者,而且也将为将来更广泛参与的多边协议提供参考和借鉴。同时,他们力邀其他欧盟成员国加入这项试点工作,并且希望欧盟能够在构建自动信息交换的全球机制方面发挥引领作用。

---

[1] See British Bankers Association, Comments for Notice 2010 - 60, October 2010 (http://www.bsmlegal.com/PDFs/FATCA_ BBA_ 20101029. pdf).

2013年6月18日，经合组织向8国集团领导人提出了建立一个更加公平透明的全球税收体制所需要采取的措施。在遵循2013年4月报告的基础上，经合组织颁布了《进一步完善税收透明度报告》（A Step Change in Tax Transparency: Delivering A Standardized, Secure and Cost Effective Model of Bilateral Automatic Exchange for the Multilateral Context，以下简称《报告》）①，意图探讨在多边背景下构建标准化双边自动交换模型，以期实现联合规制国际避税地的目的。

1. 多边自动交换标准化模型的核心特点

诚然，目前各国采取的不同方式对开展国际税收行政合作有所裨益。然而，各种不同方式的推广可能导致标准的不统一，进而引发相冲突的要求，可能最终显著增加各国政府和企业收集必要信息、运作不同模型的成本并降低合规成效。有鉴于此，国际社会逐渐意识到标准化模型有助于简化程序、提高效率并降低成本，而且一个在全球范围普遍适用的标准化模型能够从根本上解决海外逃避税的问题，而非仅仅只是转嫁问题。

根据《报告》，有效自动交换的关键成功要素是：①就报告和交换的范围以及尽职调查程序达成共同协议；②具备国内报告和国际信息交换的法律依据；③通用的技术解决方案。

（1）在报告和交换范围内和尽职调查程序方面达成通用协议

有效的自动信息交换模型应该具备一个关于本国金融机构报告以及与居民管辖区交换信息范围的协议，从而确保金融机构的报告符合居民国的利益，同时有助于提升交换信息的质量和可预测性。

为了限制纳税人利用向金融机构转移资产或对未被模型所覆盖的产品进行投资等方式来规避这一模型的适用，报告制度需要覆盖以下三方面内容：①需要报告金融信息的范围：一个全面的报告制度会涵盖不同类型的投资所得，包括利息、股息和其他同类型的所得，而且能够解决纳税人意图藏匿所得或资产中已经部分逃避纳税义务的问题。②需要报告的账户持有人的范围：一个全面的报告体制不仅要求报告个人信息，还需要通过利用中间法律实体或其他安排来尽量减少纳税人逃避被报告的可能。这意味

---

① See OECD, OECD Reports to G8 on Global System of Automatic Exchange of Tax Information, June 2013 (http://www.oecd.org/ctp/oecd-reports-to-g8-on-global-system-of-automatic-exchange-of-tax-information.htm).

着要求金融机构彻底审查空壳公司、信托机构或类似安排，包括可征税的实体以涵盖纳税人意欲藏匿资产但愿意就资本所得缴税的情况。③需要履行报告义务的金融机构的范围：一个全面的报告体制不仅包括银行，还有其他金融机构，比如经纪公司、集体投资公司和保险公司。

除了有关收集和交换信息范围的通用协议，有效的金融信息自动交换模型还需要一份明确了金融机构应遵守的尽职调查程序的协议，从而识别可报告的账户，并获得账户持有人关于特定账户被要求报告的识别信息。尽职调查程序非常重要，因为它能帮助确保被报告和交换的信息的质量。

（2）法律依据和保密性

标准化的多边自动交换模型要求具备国内报告义务和金融信息交换的法律依据。报告义务一般规定于国内税收立法中，伴之以尽职调查程序来确保规章或指引所载数据的质量。自动交换可依据不同的法律基础进行，目前既存的法律基础包括以《经合组织范本》26条为基础的双边税收协定和《多边税收征管互助公约》。《北欧公约》也提供了这样的法律依据，欧盟方面也通过其指令规定了一个27个成员国（不久将是28国）之间的关于自动交换利息所得信息和其他类似信息的法律框架。

所有协定和信息交换工具都包含了严格的条款，这些条款要求秘密地或保密地交换信息，并且限定了可披露信息的人的范围和利用信息的目的。经合组织最近发布了一份题为"保证安全"的保密指引（Keeping It Safe：The OECD Guide on the Protection of Confidentiality of Information Exchanged for Tax Purposes）①，其列举了保密性最佳的一些做法，并提供了关于如何确保足够水平保护措施的实践指南。在与其他国家达成自动交换信息的协议之前，非常有必要确定接收国具备一定的法律框架、行政能力和适当程序，以确保所接收信息的机密性，并且这些信息只能基于体制所限定的目的被特别地利用。

（3）技术和IT方面

发展信息报告和交换的通用技术解决方案是标准化交换系统中的关键要素。首先，技术报告格式必须规范，使信息可以被接收方以一种符合成

---

① See OECD, *Keeping It Safe*：*The OECD Guide on the Protection of Confidentiality of Information Exchanged for Tax Purposes*, OECD Publishing, July 2012（http://www.oecd.org/ctp/exchange-of-tax-information/Keeping%20it%20Safe_EN_FINAL_forweb.pdf）.

本效益的方式迅速高效地获取、交换和处理。其次，安全和兼容的数据传输和加密方法必须发展起来。许多司法辖区已经以经合组织达成的议定书为基础电子化地交换应请求的信息。信息传输一般直接从一国的信息门户交换到另一国的信息门户（俗称"点到点"），在欧盟范围内这种交换则是通过一个安全网络（CCN）。北欧国家则根据《北欧公约》通过安全的网络系统自动交换信息。此外，交换的信息必须加密，而且加密与解密方法必须与发送及接收辖区的系统兼容。

为推动建立一个安全的、符合成本效益分析的标准化自动信息交换模型，《报告》提出了四项具体的实施步骤：①制定广泛的法律框架，以促进一国伙伴司法辖区关系网络的扩大；②选定（或必要时生效）信息交换的法律依据；③调整报告和尽职调查要求的范围，并进行协调指导；④开发通用或兼容的 IT 标准。

2. 利用《范本一》建立多边模型的可行性分析

《报告》的附件《运用最新的双边协议推动建立标准化多边模型》（Using Recent Bilateral Agreements to Advance Towards A Standardised Multilateral Model），集中探讨了建立在《范本一》和最新双边协定上的标准化自动交换模型的一种可能形式。线①和线②显示了《范本一》政府间协议所要求的信息的移转。在这两种情形下（转移到美国和从美国分别转移到 A 国与 B 国），客户或账户持有人向居住国金融机构提供信息，再由金融机构向居住国的税务当局报告。A 国和 B 国的税务当局分别与美国税务当局自动交换信息，美国税务当局也分别与国家 A 和国家 B 自动交换。线③显示了借助实施《范本一》政府间协议允许国家间交换类似信息的可能性。

为了施行《范本一》政府间协议，各司法辖区开始修改国内法律，包括对金融机构适用尽职调查规则。这些司法辖区希望通过法律修改就账户持有人与引入类似规则的其他特定司法辖区建立自动交换关系。此外，世界各金融机构目前正投入大量资本以遵循《合规法案》。多边模型和《范本一》政府间协议的结合将使金融机构从其投资中获益，并减少其合规成本。《范本一》具有的以下主要特征，使其成为全球性标准化自动交换体系的关键发展方向：

首先，《范本一》包含了广泛参与的报告机制的详细规则：①它涵盖了大量的金融机构（不仅包括银行、经纪公司和托管人，还包括特定的

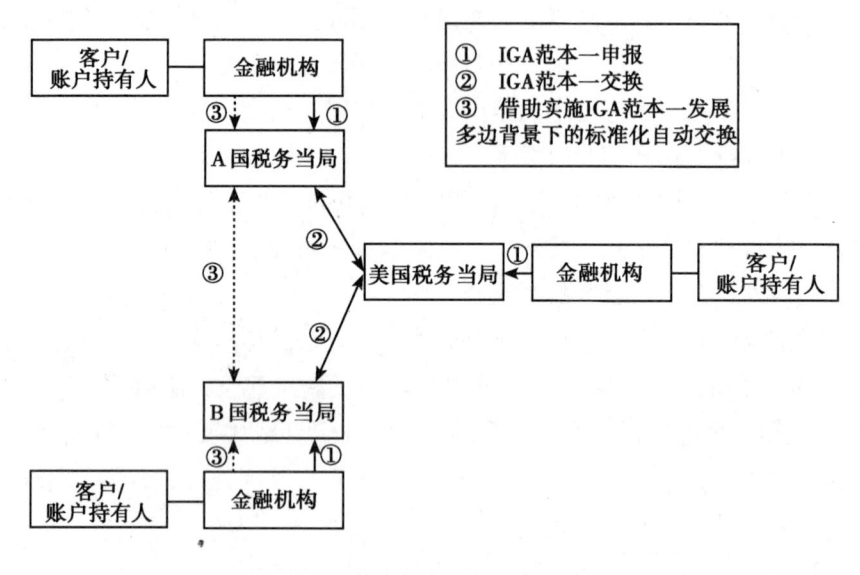

图 6-6　《范本一》与多边自动信息交换

保险公司、信托和集体投资机构，包括对冲基金和私募股权投资基金）；②它规定了非常广泛的金融信息报告范围，包括账户利息、股息或其他所得的余额总额，出售和赎回托管账户财产的所得，以及特定保险合同的所得；③它对个人和实体的报告有附加要求，要求金融机构揭开特定实体的"面纱"以决定受益所有人是否可以课税，这就限制了通过空壳公司、信托、基金或其他公司机构规避该模型的机会。

其次，《范本一》含有大量可确保交换信息符合特定质量标准且为居住地司法辖区有效利用的特征。包括：①要求采集账户持有人的纳税人身份识别号；②金融机构识别应报告账户持有人所遵循的详尽的尽职调查程序。这些程序通常依赖于金融机构根据可适用的"反洗钱"规则下的"了解你的客户"规则，从而可以增加效率、减少成本。

最后，它依赖业已存在并经证明有效的联系和进程——金融机构向国内税务当局报告，税务当局之间进行信息交换。这种信息传递路径为《范本一》的全球适用创造了可能。

第二节　选择性的匿名预提模式：《瑞英税收合作协议》

为了加强彼此之间的财政联系、促进彼此在税收和跨境金融服务领域的合作、打击逃避税行为，2011 年 8 月瑞士和英国签署了《瑞士联邦与大不列颠及北爱尔兰联合王国税收合作协议》（Agreement between the Swiss Confederation and the United Kingdom of Great Britain and Northern Ireland on cooperation in the area of taxation，以下简称《瑞英税收合作协议》），随后两国又于 2011 年 10 月 6 日在伦敦签署了《大不列颠及北爱尔兰联合王国与瑞士联邦关于税收合作协议的议定书》（Protocol Amending the Agreement Between the United Kingdom of Great Britain and Northern Ireland and the Swiss Confederation on Cooperation in the Area of Taxation，Signed at London on 6 October 2011，以下简称《协议议定书》）。为推进协议目标的实现，瑞英两国的税收主管当局相互协助以确定相关人员持有的相关资产的税务合规性，并且进行信息交换以保证有效征税。

一、《瑞英税收合作协议》的主要内容

《瑞英税收合作协议》共有 4 章、44 条，对在瑞士支付机构持有相关资产（Relevant Assets）的相关人员（Relevant Persons）施加了选择性的义务。

"相关资产"是指登记或存入瑞士支付机构的一切形式的可做银行担保的资产，包括但不仅限于现金账户和贵金属账户，瑞士支付机构作为信托代理人所持有的可做银行担保的资产，一切形式的股票、股份和证券，期权、债务和远期合约，其他通过银行交易的结构性产品。但是，保险箱里的内容、不动产、动产以及由瑞士金融市场监督管理局监管的保险合同不得被视为是相关资产。"相关人员"是指任何在英国的个人居民，且该居民不仅是账户持有人或者存款持有人，而且还是资产的受益所有人；或者是家庭公司、保险公司或在瑞士支付机构有账户和存款的其他个人持有资产的受益所有人。瑞士支付机构、法人实体或投资基金或者相似的投资计划，以及向瑞士支付机构披露其身份、居住地的国家或司法管辖区的相关人员不会被认定为相关人员。

《瑞英税收合作协议》对指定日期之前纳税义务和之后所产生的纳税义务分别规定了不同的规则：对于之前的纳税义务，相关人员可以选择一次性支付或自愿披露；对于新产生的纳税义务，相关人员可以选择最终预提税或自愿披露。

（一）对之前纳税义务的处理规则

对于不在英国定居并且于 2010 年 12 月 31 日和《瑞英税收合作协议》

生效之日起4个月后的最后一天在瑞士支付机构持有有关资产的相关人员，可以选择指示瑞士付款机构就以前所欠税款完成一次性匿名支付，或者授权瑞士支付机构披露信息。如果相关人员没有在《瑞英税收合作协议》生效之日起4个月后的最后一天确定选择哪种方式，瑞士支付机构应当对一次性支付征税。

如果相关人员选择第9条规定的一次性支付，瑞士支付机构应在《瑞英税收合作协议》生效之日起4个月后的最后一天在支付机构所持有和拥有的资产进行一次性的按照34%税率缴纳所欠税收。当征收一次性支付时，瑞士付款机构应向相关人员发布规定形式的证书，如果相关人员在30天之内没有对此提出反对意见，则视为其认可该证书。瑞士付款机构应在证书被认可时向瑞士主管当局转移征收的一次性支付，瑞士主管当局应按月将这笔款项转移给英国主管当局。此外，根据第17条的规定，瑞士支付机构应当在《瑞英税收合作协议》生效后25天内向瑞士主管当局前期支付5亿瑞士法郎。瑞士主管当局应在本协议生效后1个月内向英国主管当局移交这笔前期支付，以赔偿过去10年给英国造成的财政损失。当转移给英国主管当局前期支付和一次性支付总额达到13亿瑞士法郎时，瑞士主管当局可以用前期支付的5亿瑞士法郎抵销前期一次性支付的进一步付款义务。当前期支付完全抵销时，进一步付款应被转移给英国主管当局。瑞士主管当局应以英镑的形式向英国主管当局移交款项，上述款项应以抵销之日SIX Telekurs AG公布的固定汇率中相应的汇率来转换货币。

如果相关人员选择第10条规定的自愿披露，经书面授权瑞士付款机构应该每月向瑞士主管当局提交账户信息，包括：相关人员的身份、出生日期和地址，英国税收参考编号，瑞士支付机构的名称和地址，账户或存款持有人的客户编号，以及从2002年12月31日到协议生效之日的期间内账户或存款的存续时间和每个相关年份12月31日的年度账户余额和资产报告。瑞士主管当局应每月将上述信息传递给英国主管当局，在提供的信息不能识别相关人员的身份的情况下，英国主管当局可请求瑞士主管当局进行说明或提供进一步信息。

（二）对新产生纳税义务的处理规则

瑞士付款机构对相关人员在相关资产的所得和收益征收最终预提税，税率分别为：利息收入48%、股息收入40%、其他收入48%，资本利得27%。当据此征收预提税时，相关人员应被免除英国的纳税义务。瑞士付款机构应当在相关纳税年度结束后的 2 个月内向瑞士主管当局转移所征收的税款。在转移税款时，瑞士付款机构应当向瑞士主管当局说明所征收的税款在不同种类的收入和资产收益中的分配。瑞士付款代理人应当使用英镑计算、征收并向瑞士主管当局转移预提税。瑞士主管当局应当使用英镑在相关纳税年度结束后的 3 个月之内一次性地向英国主管当局转移所征收的预提税税款。瑞士主管当局可以在转移给英国主管当局的款项中扣除 0.1% 的费用作为其开支的补偿，这在某种程度上，降低了瑞士金融机构信息披露的成本。

当未在英国定居的相关人员明确授权瑞士付款机构向英国主管当局公开其账户或存款上增加的收入和资产收益时，瑞士付款机构应当公开这些收入和资产收益，而不是征税预提税。当未在英国定居的相关人员明确授权瑞士付款机构向英国主管当局公开其来源于英国的收入和资产收益及其自某一账户或存款汇往英国的汇款时，瑞士付款代理人应当公开这些收入、资产收益及汇款，而不是征收预提税。披露的信息包括以下信息：相关人员的身份、出生日期和地址，英国税收参考编号，瑞士支付机构的名称和地址，账户或存款持有人的客户编号。除了未在英国定居的个人，其他相关人员还应公开收入总额和已实现的资产收益和损失的总额。对于未在联合王国定居的相关人员，还应公开收入和资产收益的总额以及汇款总额。瑞士付款机构应当在不晚于相关纳税年度结束后的 3 个月内向瑞士主管当局转移信息，瑞士主管当局应在相关纳税年度结束后的 6 个月之内自动将信息转移给英国主管当局。

(三) 继承规则

《协议议定书》第 12 条增加了有关继承的规定。一旦瑞士付款机构得知相关人员已死亡，付款机构应当在死亡日冻结作为受益所有人的相关人员的相关财产。在进行预提税或完成自愿披露之后，瑞士付款机构应当解除对相关财产的冻结。如果被授权人适时提供由律师、会计师或税务顾问出具的证明，瑞士付款机构应当及时解除对相关财产的冻结，并且无须履行预提税义务或自愿披露义务。被授权人可以在相关人员死亡日之后的 1 年内向瑞士付款机构以书面授权书的形式进行披露。一旦被授权人提交书面授权书，瑞士付款机构应当毫不迟疑地将下列信息通报瑞士主管机关：被继承人的姓名、生日、死亡日期和住所，瑞士付款机构的名称和住所，账户持有人或者存款持有人的客户编码，被授权人的姓名和住所，死亡日的账户余额和财产清单。

在知道或者应当知道相关人死亡日的 1 年期间届满时，瑞士付款机构应当对相关人员死亡日书面记载的相关财产代扣总共 40% 的税款，瑞士付款机构应当毫不迟延地将代扣的预提税款移交给瑞士主管机关。一旦代扣预提税，被授权人对英国承担的因相关人员死亡日的相关财产所引起的缴纳继承税（包括应支付的利息和罚金）的义务将得以免除。

《瑞英税收合作协议》采取双向互惠合作的模式，主要解决英国纳税人在瑞士金融机构隐匿财产的所得征税问题。《瑞英税收合作协议》的出台既保证了瑞士金融机构的客户遵守其母国的税法，同时又保存了长期以来瑞士的银行保密制度；保证了英国在瑞士境内相关人员所持有的所得和资产的资本利得被有效征税，同时瑞士也可以请求协定中规定的相同措施，保障瑞士居民在英国资产的有效征税。该协议采用了匿名预提税制度作为信息交换的替代选择，由瑞士支付机构首先对外国客户的所得征收预提税，然后将所得税款通过瑞士主管当局，转交给他们各自国家的税收主管当局以完成履行纳税义务，是国家在国际层面上的双边税收合作的体现。

二、《瑞英税收合作协议》与《合规法案》的比较研究

《瑞英税收合作协议》与美国《合规法案》有一些相似之处，例如两者的立法目的都是打击国际逃避税行为，增加资本输出国的税收收入；两者都把预提税制度作为信息披露的替代选择。但是这两个法律文件存在着本质上的差异：《合规法案》采用的是单边的立法模式，通过美国国内法给世界各国的金融机构和非金融机构强行施加信息披露的义务，而《瑞英税收合作协议》则是采取双边的立法模式，以协定的方式解决英国纳税人在瑞士金融机构隐匿财产及逃避纳税的问题；《瑞英税收合作协议》将预提税作为一种实施征税的机制，规定了具体的税种和税率，瑞士金融机构扣缴预提税后，相关人员就不再负有对英国纳税的义务，而《合规法案》把预提税作为迫使外国金融机构遵守信息报告义务的工具，不区分税种和税率，甚至那些本不需要纳税的款项也会被征收 30% 的预提税，实际上是以预提税之名对管辖权之外的金融机构实施惩罚性措施。相比之下，《瑞英税收合作协议》具有明显的平等合作与互惠的特点。

首先，《瑞英税收合作协议》保证了双方行政主管当局的参与，体现了缔约双方的平等地位及合作关系。在《瑞英税收合作协议》的框架下，瑞士金融机构在获得英国客户的授权后，将账户信息提交给本国的主管当

局，再由瑞士主管当局转交给英国主管当局。瑞英之间的任何一次信息交换，都是通过本国的主管当局来进行，是国际层面上的双边税收合作。而《合规法案》则不同，《合规法案》要求各国的金融机构直接向美国主管当局报告信息，根本没有考虑其他国家的行政主管当局所应有的地位和作用，所依靠的完全是单边主义的域外管辖权。

《瑞英税收合作协议》中的预提税机制同样也必须依托合作双方的行政主管当局来执行，首先由瑞士金融机构对英国客户的资本收益征收预提税，然后将所得税款通过瑞士主管当局，转交英国的税收主管当局以完成履行英国客户的纳税义务。《瑞英税收合作协议》第33条还规定，当瑞士金融机构没有按照该协定征收预提税时，瑞士金融机构应当缴纳与逃脱的预提税等值的款项。这一规定比《合规法案》更好地弥补了美国合格中介制度的不足。由于在合格中介制度下，美国和各国的金融机构直接签订协议，这些协议不是国家之间的条约，协议规定的义务也就不能转化为国内法上的义务，金融机构是否履行协议义务将得不到保证。《合规法案》试图通过惩罚性的预提税来解决之一弊端，而不是采用国际合作的方式，因而是效率低下的。而《瑞英税收合作协议》则把这种国家和单个金融机构之间的协议发展为国际法上的双边条约，它的生效和实施都由两国的国内法来保证。可以说，《瑞英税收合作协议》是更加健全版本的合格中介制度。

第二，《瑞英税收合作协议》强调平等合作与互惠性。《瑞英税收合作协议》平等合作与互惠的特点主要体现在：

（1）保障协议目的之配套措施充分体现合作与利益协调。《瑞英税收合作协议》规定，只有当英国主管当局提供某一英国纳税人的身份及合理依据时，瑞士主管当局才应当在其请求下向其提供信息。英国主管当局应当事先通知英国纳税人其将请求瑞士方面提供信息，除非存在合理依据可证明事先通知将严重损害税额查定与征收。受《瑞士银行法》管辖的所有机构应当在瑞士主管当局的要求下，以本条所要求的程度为限，向其披露英国纳税人的账户和存款信息。在任何情况下，英国主管当局均得依据在瑞士适用的有关法律规定寻求行政或司法援助。瑞士主管当局应当在传送信息之前通知英国纳税人其信息将被交换。英国纳税人可以对此提起上诉，但以瑞士法律规定的程度为限。这些合作要求较好地反映了合作方之间以及与纳税人之间的利益协调，这在美国的单边主义法案里是比较缺乏的。

（2）税收信息交换的数量控制安排具有积极的作用。根据《瑞英税收合作协议》，共同委员会应当在本协议生效后，经一致同意决定本条中每年可容许请求的最大数量。最大数量须与投资者不遵守规定的风险相当，且在前3年应当在以百为单位的范围内浮动并不超过500次每年。在共同委员会决定请求的最大数量之前，不得据此请求提供信息。每年请求的最大数量应当在该年年初受到年度审查，且在必要情况下，基于前3年内的请求数量针对该年进行调整。"最大数量须与投资者不遵守规定的风险相当"构成了一种特殊的"比例原则"，发挥宏观调控与指导作用；"在前3年应当在以百为单位的范围内浮动并不超过500次每年"构成了直接的量化控制指标，易于识别和操作；"年度审查和必要调整"构成了动态的灵活调整机制，使得信息交换能够不断适应情况变化的要求。这样的安排体现的是一种可预期的和可控的双边合作，使合作方的税收管辖权获得适度的域外合作延伸。

（3）保证行政主管当局的参与合作。《瑞英税收合作协议》规定，如果瑞士支付机构的行为违反了相关规定，瑞士支付机构应当缴纳与逃脱的预扣所得税等值的款项。款项应当向瑞士主管当局缴纳，并由其转移给英国主管当局。瑞士付款代理可以向参与人为操作的任何相关人员行使追偿权。美国的《合规法案》则根本没有考虑相关国家的行政主管当局的应有地位和作用，所依靠的完全是单边主义的域外管辖权。

（4）强调合作的互惠性。瑞士主管当局应当依照协议，在转移给英国主管当局的款项中扣除0.1%作为其开支的补偿。瑞士得要求通过同等措施的引入，享受互惠待遇，以保障对瑞士居民在英资产的有效征税。引入的措施应当包括建立在与英国对其他国家和地区所采方法相似的基础之上的信息交换制度，且应当通过双方达成的协议来实施。这是美国《合规法案》所完全没有的。

（5）争议的合作解决。双方主管当局若对《瑞英税收合作协议》的解释或使用存在分歧，应当进行协商并努力通过协议方式解决争议。若不能达成协议，应当将争议提交共同委员会。缔约国应当建立由两国代表组成的共同委员会。除《瑞英税收合作协议》其他条款规定的职能以外，在缔约国任意一方的要求下，共同委员会应当：检查本协议是否正常实施；评估相关新情况；给予缔约国有关修正或修订本协议的建议。与这种模式所不同的是，美国的《合规法案》所确立的只能是美国税收当局的单边的自由裁量权。

最后,《瑞英税收合作协议》既保证了瑞士金融机构的客户遵守他们母国的税法,同时又保存了瑞士长期以来的镇山之宝——银行保密制度,充分考虑了合作双方各自的国内法及相关政策。执行《合规法案》的最大障碍在于,由于当地法律的禁止,外国金融机构可能无法满足《合规法案》的信息报告,征收预提税或关闭账户的要求。其实作为冲突主要来源的银行信息披露只是美国政府打击国际逃税,增加财政收入的一种手段,并不是非它不可。

第三节 欧盟区域性合作模式:《利息税指令》

利息税是指以存款、有价证券等的利息所得为征税对象征收的一种税收。目前,世界上许多国家都开征了利息税,但也有一些国家和地区没有开征。从欧盟范围来看,绝大多数成员国都开征了利息税。与其他税种一样,由于各成员国利息税制存在较大差异,欧盟各国的利息税也面临着一个如何协调各方利益、实现共赢发展的问题。尤为重要的是,利息是影响资金流向和资本流动的一个非常重要的指标,不同的利率、不同的利息税率都会对投资者的投资倾向乃至一般居民的储蓄倾向产生影响,从而导致不同的资金流向。首先,成员国间的利息税率差异很大,一些国家如德国、法国等利息税率较高,而卢森堡、奥地利等国的利息税率则很低,这就会导致资金会更多地从高税率成员国流向低税率成员国;其次,一些成员国规定对非居民利息收入不征税,或给予大量的税收减免,而一些成员国则对居民和非居民都征收利息税,这就会导致资金会更多地从对非居民征收利息税的成员国流向不对非居民征收或减免利息税的成员国;再次,欧盟成员国与非欧盟成员国之间的利息税率也有很大差异,一些非欧盟成员国对非居民也存在不征收或减免利息税的情况,这些实行低税率或者对非居民不征收利息税的非欧盟成员国就会吸引走欧盟成员国一部分公民的存款,这也决定了欧盟利息税的协调不可能只局限于欧盟内部,否则达不到应有的效果。归纳起来,会对成员国造成三个后果:一是资本外逃;二是税收流失,尤其是高税国利息税流失严重;三是税收竞争。此外,在利息税上还存在着双重征税问题需要进一步协调。

为了应对上述状况,欧盟很早就开始对成员国的利息税进行必要的协调,但是在协调过程中又遇到了个很大阻力,这就是银行保密制度。一直以来,除了低税率之外,实行严格的银行保密制度成为一些国家(包括欧盟成员国比利时、奥地利、卢森堡以及瑞士等非欧盟成员国和地区)吸引储户的又一法宝,这些国家不允许向外界透露任何储户信息。然而,如果存款人的母国政府不了解本国居民在海外的利息收入,则根本无从对其征税。这样一来,银行间的信息交换就成为利息税协调的关键。尽管一波三折,欧盟理事会还是在2003年6月3日颁布了期待已久的《对存款所得采用支付利息形式的税收指令》(Council Directive 2003/48/EC of 3 June 2003 on Taxation of Savings Income in the Form of Interest Payments,以下简称《利息税指令》或《指令》)。

一、《利息税指令》出台的过程

(一)一度搁浅的《利息税指令》

早在1998年欧盟委员会就提出了协调利息税的"共存模式"(Co-Existence Model)议案。在这个模式下,成员国可以在从源征收预提税和向存款者所在居民国提供存款所得信息中,选择其一履行义务。[①] 最后这个议案未获通过,这主要是因为不断加深的政治壁垒,使非欧盟国家不愿采取同等的或相似的措施来配合欧盟境内利息税的协调。尤其是一直将银行保密制度视为其金融体系基石的瑞士。作为瑞士竞争对手的卢森堡和奥地利宣称只有《行动指南》中规定的有害税收措施被制止时,他们才会同意通过利息税指令。[②] 欧盟如果让各成员国协调利息税制并建立信息交换制度,无疑会损害一些以金融业为支柱行业的成员国的利益,而最后的结果可能会使欧盟境外的第三国竞争者受益,并会对资本流动造成扭曲性影响,从而影响内部大市场的有效运作。在这种情况下,这个行将达成一致的指令在一片争论声中偃旗息鼓,一度搁浅。

(二)欧盟与瑞士达成妥协

瑞士掌握着全球1/3的私人储蓄,主要是瑞士的中立国地位与存款保密制度影响着这些存款。银行保密法虽然为正当的客户保守了秘密,但瑞

[①] Commission of the European Communities, Council Directive of 24 June 1998 for the Implementation of Art 67 of the Treaty, 88/361/EEC. OJ, L178/5, June 1998.

[②] See Id.

士也因此成为洗钱和逃税者的天堂。① 为了有效打击洗钱和偷漏税行为，欧盟要求瑞士公布欧盟成员国公民在瑞士银行的存款账户情况。2001年欧盟各国财长达成一致意见，准备在欧盟成员国内部实行税务信息共享，有效地避免税收外流。欧盟希望瑞士能够助其一臂之力，自动地提供储户信息。布鲁塞尔方面为了防止欧盟的税收计划失败，表示在过渡期结束以后，每个成员国都应该引进一种系统，使储户所在国能够跟踪该储户在另一个欧盟国家所获得的利润，这样不管储户是否公布其财产状况，政府都能够照常征税。尽管瑞士并不是欧盟成员国，但奥地利和比利时都坚持，如果要他们参与银行信息交换，那么必须使同样实行银行保密制度的瑞士等国也参与欧盟的银行信息交换。

欧盟与美国的协商进行得很顺利，而与列支敦士登、摩纳哥、安道尔共和国、圣马力诺以及泽西岛等国的谈判则取决于与瑞士的谈判成功与否。瑞士同意向在其银行存款的欧盟成员居民征收35%的利息税，并在不透露存款人账户信息的情况下把税金直接交给欧盟各国，但这一措施未能获得欧盟的满意。欧盟讨论是否要采取制裁措施，迫使瑞士放弃银行保密制度。英国表示了最为强硬的立场，威胁要对瑞士进行制裁，采取有关措施，限制资本从欧盟流入瑞士。欧盟负责内部市场事务的委员弗里茨·博尔克斯泰因警告说，如果瑞士与欧盟不能达成一致，那么欧盟税收一揽子计划可能泡汤。他还敦促德国和其他成员国政府从瑞士抽资。2002年2月19日，德国部长会议通过了一项新的《税收赦免法案》，规定从当年7月1日起，将资金转移到国外的德国逃税者只要补缴25%的利息税，就可以在一定期限内将"黑钱"转回德国境内而不受任何惩罚。同时，意大利为拥有瑞士账户的本国公民提供税费赦免的政策，已经使800亿欧元的资金重新回到意大利，这其中有60%来自瑞士。瑞士南部泰辛州因此遭受了严重的打击。2003年6月在欧盟强大的经济压力下，瑞士与欧盟终于达成有关利息税的协议，同意从2005年1月起对欧盟成员国居民在瑞士的存款征收15%的利息预提税，这一税率到2007年提高至35%，瑞士将把税款的75%交还给储户原籍国。

然而，瑞士一直要求将执行双边利息税协议与签署《申根协定》挂

---

① 参见黄良德：《欧盟财政部长不满，瑞士银行保密法面临挑战》，2002年10月10日（http://business.sohu.com/29/04/article203600429.shtml）。

钩,以免瑞士的银行保密制度受到威胁。《申根协定》第51条规定,如果涉及偷漏税犯罪,有关国家有义务提供个人银行存款信息。这一规定与瑞士银行保密法的相关内容存在抵触。只有保证瑞士银行保密法将来不受《申根协定》约束,瑞士才能如期执行《利息税协定》。2004年5月14日,欧盟与瑞士代表在布鲁塞尔就双边关系中的遗留问题达成妥协,瑞士将在签署《申根协定》的同时获准保留其银行保密法。

(三)《利息税指令》的出台

2003年6月3日欧盟正式公布了欧盟理事会通过的2003/48/WC利息税指令。该指令要求成员国在2004年1月1日前出台和公布与指令相一致的法律、法规和行政规章,并在2005年1月1日起实施。紧接着,在2004年底,欧盟又同摩洛哥、圣马利诺、列支敦士登、安道尔达成了协议,为《指令》在2005年1月1日的正式实施提供了良好的基础。这些国家将采取与瑞士相类似的方式,执行利息税指令。欧盟出台这项指令的最终目的是保证各成员国对其税收居民在其他成员国及相关非欧盟成员国所取得的利息收入,可以按照该国的法律进行有效征税的权利。这不仅打击了偷漏税的行为,同时也保证了各成员国税收主权的完整性。

二、《利息税指令》的主要内容

(一)指令中的几个关键术语

支付利息是指:(1)支付或在银行账户中存入与各种债务转移有关的利息,无论是否有担保保证或是否参与了债务人利益分配的权利,但来自公债和企业债券的政府所得和公司所得,包括附着在这样的公债、证券或债券的溢价和红利以及迟延付款的罚金等都不是利息支付;(2)在上述有关的债务转移中因买卖、偿付或赎回关系产生的增值利息或资本利息;(3)通过特定的某些机构直接或间接地投资,由与理事会85/611/EEC指令①中规定相一致的集体投资证券交易机构②分配的利息衍生的利

---

① Commission of the European Communities, Council Directive 85/611/EEC of 20 December 1985 on the Coordination of Laws, Regulations and Administrative Provisions Relating to Undertakings for Collective Investment in Transferable Securities (UCITS), OJ L375, December 1985, pp. 3—18.

② 欧盟理事会于1985年12月通过了《可转让证券集合投资企业(UCITS)相关法律法规与行政规章协调指令》,该指令通过后,所有成员国均设立了可转让证券集合投资企业。此类金融企业由此获得了前所未有的发展。

息；(4) 如果投资者通过共同投资机构或特定的部门直接或间接地投资，其中投资资产占债务转移的40%以上，通过股票或基金单位的购买、偿付或赎回获得的所得。

受益人是指收到利息或其利息已被保证支付的个人，除非他能证明他没有收到他的利息或者他的利息没有被保证支付。

支付机构是指对受益人的既得利益进行支付或保证支付的任何经济机构，可能这个机构是在债务支付中应支付利息的债务人，或是由债务人管理的机构，或是应向受益人支付利息或保证支付利息的债务人。在《指令》第4条中列举了一些特殊情况，比如向设立在成员国内的任何机构支付利息或保证向受益人支付利息，这样的支付或保证支付行为也可认定其为支付机构。

(二) 适用范围

《指令》只适用于对以利息形式支付的收入所得征税，排除了相关的对养老金和保险利息的征税，在地域范围上，《指令》的适用超出了欧盟条约覆盖的领土范围内的支付机构所支付的利息，具有一定的特殊性。

1. 属地效力

事实上，《指令》适用的范围已经远远超出了欧盟地域的屏障，辐射到许多非欧盟国家和地区。为了保证《指令》在欧盟的有效实施，防止非欧盟国家和地区从中渔利，阻碍甚至破坏《指令》的实施，欧盟通过与有关国家进行谈判，使该指令扩大适用到非欧盟成员国和欧盟成员国的海外属地。

(1) 对非欧盟成员国的适用

非欧盟成员国的支付机构在向欧盟成员国居民支付收入所得利息时，也必须采取相同的措施，有条件地实施《指令》。如果不采取这些相同的措施，《指令》关于减少逃税的目的就会大打折扣。其中与瑞士达成的有关协议的基本内容，构成了欧盟与安道尔、列支敦士登、摩洛哥、圣马利诺之间协议内容的基础。该协议的基本内容包括：一是在《指令》的过渡期内，可以保留银行保密制度，但须征收预提税，所征预提税获得的财政收入应以与比利时、卢森堡、奥地利相同的财政收入分配比例，在欧盟税收居民国和支付地国之间进行分配；二是在受益人同意向其税收居民国公开其利息所得时，支付地国也可以自愿向欧盟成员国披露有关利息支付的信息；三是当偷税或类似违法行为发生时，可以要求支付地国进行信息公开;四是缔约方应依照国际形势发展,适时检查《指令》的执行情况。

(2) 对欧盟成员国海外属地的适用

所有欧盟成员国的海外属地,例如泽西岛、根西岛、马恩岛、开曼岛、维尔京群岛以及加勒比海附属地,这些往日的避税天堂,都将采取指令规定的相似措施。例如,他们要实施信息汇报制度或者在过渡期内依照与比利时、卢森堡、奥地利相同的规定,征收预提税。在理事会高层会议达成的意见中,这些海外属地必须建立一个范本条约,构成他们与每一个欧盟成员国达成双边协议的基础。

2. 属人效力

《指令》仅适用于向欧盟成员国的自然人的利息支付,而不适用于向公司等法人的利息支付,也不适用于向非欧盟成员国自然人的利息支付。

(三) 核心制度——信息交换制度

1. 由支付机构汇报

当受益人(Beneficial Owner)是一成员国税收居民,而支付机构(Paying agent)位于另一成员国境内时,《指令》规定支付机构应该向其所在国主管当局报告最低限度的信息。这些信息包括:受益人的身份和居住国;支付机构的地址和名称(姓名);受益人的存款账户或者当没有这项信息时,产生利息的债务的账户号;《指令》中规定的有关利息支付的其他相关信息。然而,根据最低限度信息公开原则,成员国可将支付机构汇报的有关利息支付的信息,仅限制为《指令》中规定的利息或所得的总额以及买卖、偿付或赎回交易过程的总次数。此外,由支付机构所汇报的最低限度的有关利息支付的信息,应该按照《指令》所列举的特定类型的利息进行区别汇报。《指令》规定的利息所得包括四类,即:一般利息;现金债务转移中对本金支付的利息;集体投资基金应分配利息衍生的利息;集体投资基金中40%以上投资现金债券,其债务转移中对本金支付的利息。[①]

2. 自动信息交换

根据《利息税指令》,支付机构的成员国主管当局必须于每一财政申报年度终了后6个月内向税收居民国的税务当局提供有关利息税的信息。

---

① See Commission of the European Communities, Council Directive 2003/48/EC of 3 June 2003 on Taxation of Savings Income in the Form of Interest Payments, Article 6.1.

由于有三个欧盟成员国暂不参加信息交换，而采取代扣预提税作为同等措施，其他成员国居民可以要求这三国支付机构申报有关信息而免于代扣预提税。

（四）过渡期条款——预提税

在过渡期内，如果比利时、卢森堡和奥地利对利息收入征收了预提税，那么他们就无须按照《指令》的要求交换有关这笔利息的信息。在欧盟成员国中，只有上述三国有权适用过渡期条款。过渡期截止时，必须满足以下两个条件：一是直到瑞士、安道尔、列支敦士登、摩纳哥、圣马力诺以及泽西岛保证采取相同的措施并完全依照《指令》交换信息；二是直到理事会全体一致同意美国必须依照《经合组织范本》的要求交换信息时。

《指令》规定当支付机构位于比利时、卢森堡和奥地利这三国，而受益人是其他成员国的居民时，三国须对这些受益人的利息收入征收预提税，其中前3年税率为受益人利息收入的15%，2008年该税率将调整为20%，2011年更将高达35%。关于所征预提税财政收入的分配问题，指令规定三国可以保留所征预提税的25%，另外75%的税收收入转交给受益人所在的居民成员国。针对可能产生的双重征税，《指令》规定税收居民成员国要保证避免因支付机构所在国征收预提税而引起的双重征税。对于已征收的预提税，受益人的税收居民国应根据本国税法的规定予以抵免；如果所征预提税数额超过了根据本国税法计算出的数额，那么税收居民国应向受益人退还超出的数额。最后，《指令》没有排除成员国依国内法和双边税收协定征收的除预提税以外的其他税收。

2011年，比利时政府宣布结束过渡期，转而实施信息交换制度。此前一直强烈反对税收信息交换的奥地利和卢森堡的反对态度已有所软化。2013年5月，奥地利总理维尔纳·法伊曼（Werner Faymann）表示，奥地利不会阻碍欧盟27个成员国银行账户信息的自动交换，并且支持在全欧洲范围内打击税务欺诈的行动。奥地利和卢森堡财政部长上周不再反对欧盟委员会寻求与瑞士及四个其他非欧盟避税天堂签署新税收协议的计划。如果奥地利和卢森堡认为新税收协议将在全欧洲范围内创造公平的征税环境，这或将鼓励两国同意签署欧盟税务信息共享协议。[1]

---

[1] 参见华尔街日报中文网：《欧盟或设定在年内达成税务信息共享协议》，2013年5月23日（http://www.ctaxnews.net.cn/news/hqcs/201305/t20130523_15002.html）。

三、对《利息税指令》的评价

（一）《指令》的特点

1. 周密性

《指令》的适用范围超出了传统意义上的欧盟条约所覆盖的领域，积极向非欧盟国家及成员国的海外属地扩张，这样保证了指令在欧盟境内能够得到全面的贯彻和落实，而且最大限度地避免了适用真空。尽管也存在大量国际资本流向欧盟以外的国家和地区，比如中国香港、巴哈马、百慕大等地方，但跨国投资者在这些避税地区不得不更多地考虑避税成本的问题。

2. 灵活性

欧盟成员国所承担的义务，是可选择性的义务，即或者进行信息交换，或者征收预提税。这样的弹性机制让金融业占国民经济比重较大的比利时、卢森堡、奥地利三国得以暂时保留银行保密制度，以便和瑞士等国进行竞争。

3. 一致性

《指令》并没有脱离欧盟法这个大框架，它在指导原则上和欧盟法保持了高度的统一。欧洲法院认为："为了明确一个欧洲共同体法律的条款是否符合相适应原则，首先必须明确（该条款）采用的为了实现该种目的的手段是否与目的的重要性相一致。其次，这种手段是否为实现这种目的所必需的。"对支付机构施加有限公开的义务，正是为了保证税收居民国、支付机构所在地国以及支付机构之间的利益平衡，因而这种义务必须适当。

4. 创新性

为了使《指令》能够在实践中更为确切地得到实施，欧盟立法者赋予了受益人、支付机构和支付利息等术语以新的内涵和外延，超出了现存国际税收条约和《经合组织范本》中的定义。这种制度创新丰富了传统国际税法的内容，推动了国际税法的发展。

（二）《指令》在实施过程中遇到的问题

由于各国银行法和税法规定的内容迥异，《指令》在转换为国内法实施的过程中，遇到了许多问题，从而削弱了它在实践中的效力。

其一，《指令》将"利息支付"定义为受益人的可征税利息，但成员国对何为可征税利息的界定并不一致，这就可能导致同一笔利息所得在某个成员国被认为是可征税利息，而在另一个成员国则不认为是可征税利息。比如，一位比利时居民用100美元认购了面值为200美元的货币市场基金，根据比利时税法的规定这笔资本利息不应视作应税所得。然而，若他在一个英国机构申购了同样的基金单位，这笔资本利息则被视作应税所得，英国当局将根据《指令》的规定通知比利时当局，这位比利时居民已获得支付利息100美元[①]。在这种情况下，支付机构可以毫无顾忌地向其主管机关汇报，而经过该国主管机关传递给受益人所在国主管机关的利息支付情况，却在受益人所在国的税法中无法找到对应的应税税种，即不被视为可征税利息。

其二，如何征收预提税也是摆在金融机构面前的一个难题。比如，一位在比利时某银行开设账户的英国居民，于2005年7月1日在二级市场上购买了一份法国财政部发行的长期指数债券。这份债券的年利息为365欧元，基准指数为欧元区的生活水平和债券的资本数额。12月1日，英国居民指示他的比利时银行出售他的债券。但这时发生了通货膨胀，物价急剧上涨，而且支付债券的利息和债券的资本数额都已成为4个连续基准指数评价的对象。这种情况下，比利时支付机构应如何确定应征预提税的基础呢？根据比利时的有关法律，比利时税务当局会要求比利时银行最大限度地严格遵守指令的规定，对所出售的债券征收预提税，无论是否有通货膨胀之类的重大情势变更。由于很多债券的利息所得实际上都处于一种动态的变化中，税务主管机关如何通过精确的计算，确定实际应征收的预提税，的确是一个棘手的难题，同时也影响到指令的实施。

事实上，《指令》也规定那些选择征收预提税的国家，其境内的支付机构在下列情况下，可以不征收预提税：一是受益人授权支付机构向支付机构所在国的税收主管当局，传递所有相关信息，相应地，这些信息由支付机构所在国传递给受益人所在的税收主管当局；二是受益人向支付机构出示了由受益人所在国主管当局签发的已纳税证书，支付机构将对这笔利息所征的预提税进行抵免。但即使是选择了实施信息交换制度，也同样会遇到由于利息不确定所带来的一些问题，比如信息交换内容的不确定。

[①] Marc Dassesse, "The EU Directive 'on Taxation of Savings': The Provisional Edn of A Long Journey?", *EC Tax Review*, Vol. 13, No. 2, 2004, p. 45.

其三,根据"祖父条款"的规定,《指令》在溯及力问题上也存在着不明确的地方。一般情况下,对于在国际市场上发行的债券和包含有税收总额上升及提前赎回条款说明书的债券,免缴预提税;如果对这些债券征收预提税,将导致发行人要对债券增加可支付利息,以保证利息税指令实施前后,债券持有人收到的净利息的一致性,发行人也可选择提前赎回债券。为了避免欧盟范围内国际债券市场的动荡(特别是在伦敦),并防止资本外流到欧盟境外,《指令》第15条规定了所谓的"祖父条款"。这一条款是长期政治妥协的结果,它很复杂并且存在许多不一致的地方。

"祖父条款"的内容主要如下:在过渡期中并截至2010年12月31日为止,国内和国际债券以及其他的流动债券在2002年3月1日前首次发行,或者对于在这个日期前主管机关(证券发行地国或第三国的主管机关)已经批准的债券募集说明书,不应被视为债务(《指令》第6条第1款a项规定的利息的定义),并且在2002年3月1日或之后没有增发这些可转让债券。但是,如果在2002年3月1日或之后由政府或相关机构发行了上述可转让债券,那么所有的债券,包括首次发行和增发的债券,都将被认为是债务。这一条款的适用截止日至少应是2010年12月31日,2002年3月1日前发行的国内和国际债券的利息支付以及其他可转让债券仍然不在《指令》适用范围内,这一规定不仅适用于选择征收预提税的成员国,同样也适用于选择自动交换信息的成员国。比如选择自动信息交换的英国,当其境内的一个非公共发行人向另一个成员国的受益人支付在2002年3月1日前发行的债券的利息时,不需要按照《指令》的规定,要求支付机构公开信息。《指令》还规定,在2010年12月31日截止的过渡期之后,"祖父条款"将继续适用于以下可转让债券:一是这些债券包含了税收总额和提前赎回条款;二是当支付机构设立在适用预提税的成员国,并且该支付机构向另一成员国的受益人支付利息或保证对受益人的既得利益支付利息。

然而在实践中,债券所有者(或支付机构)难以确定由政府或相关机构发行的债券,是否会在2010年12月3日之前将继续被排除在指令适用范围之外。由于附着在这些债券上的祖父条款权利很不稳定,如果同样的政府发行人或相关公共机构在2002年3月1日后增发了相同的债券(比如为了加强该债券的市场流通性),祖父条款权利将不复存在。目前,已有一些成员国使用了这种方法以取消附属在这些国家公债上的祖父条款权利。可见,"祖父条款"的特别规定并不能阻止成员国根据它们的国内法对可转让债券的所得征税。

尽管欧盟《利息税指令》在实际适用中可能会遇到种种困难,然而瑕不掩瑜,该指令所确定的原则和制度从宏观上讲,在一定程度上促进了金融服务贸易的自由化,消除了资本自由流动的障碍,巩固了统一市场的有效运作;从微观上看,它打击了海外避税,增加了欧盟成员国的财政收入,并防止了资金外流。

《指令》的出台,充分体现了欧盟领导者坚强的决策意志和灵活务实的工作方法,比如通过无数次的谈判,终于与固守70多年银行保密法的瑞士达成妥协。《指令》灵活的制度设计,还使三个欧盟成员国可以选择性地履行义务,一定条件下保留了银行保密制度,并坚持了欧盟法律中的"相适应原则",有效地协调了支付地国、税收居民国和受益人之间的利益,这不仅在欧盟立法史上写下了重要的一笔,而且为国际税法的发展做出了突出贡献。

四、欧盟《利息税指令》对我国的借鉴

利息税在我国的全称是"储蓄利息所得个人所得税",主要指对个人在中国境内存储人民币、外币的利息所得征收的个人所得税。我国自1999年11月恢复征收利息税以来,利息税对刺激消费、促进投资、减缓分配不公、增加财政收入等发挥了一定的作用。但现行利息税是在我国宏观经济持续走低的情况下,为刺激消费、启动需求、推动投资而开征的,带有经济转轨时期的典型特征,即政策救市的因素过多,而体现经济规律的因素考虑过少。从目前的实践效果来看,当年赋予利息税的使命完成得并不理想,我国居民储蓄存款余额仍在逐年上涨,而作为重要投资渠道的股市却长期低迷不振。有鉴于此,很多人都提出要取消利息税[①]。根据税法原理,对于一切具有可税性的所得都可以依法征税,因此开征利息税本身应该说是合理的,关键是我们对利息税期望过多,利息税承载不了加在它身上的这么多要求和目标。所以,笔者并不主张取消利息税,而是主张

---

① 参见余丰慧《到了取消储蓄利息税的时候了》,2005年3月9日(http://opinion.people.com.cn/GB/1036/3231441.html);参见新华网《"取消利息税"建议成代表委员的焦点话题》,2005年3月7日(http://news.sohu.com/20050307/n224575738.shtml)。

进一步健全完善我国的利息税制度。在这个方面，欧盟《利息税指令》能够给我们以下借鉴：

一是合理定义可征税利息。欧盟《利息税指令》确定的应税项目不仅包括银行存款利息，还包括企业债券利息、资本投资收益等。但在我国，个人所得税法相关条款中与储蓄利息并列的其他资本利得项目仍旧免税。随着我国金融业的不断发展以及投资渠道的多元化，个人金融资产也日益呈现出多样化的趋势。为适应个人金融资产多元化的需要，建议将利息税的范围进一步扩大到企业债券利息、资本投资收益等方面。

二是适当扩大征收范围。欧盟国家的利息税征收范围不仅包括本国公民在境内的利息所得，还包括本国公民在境外的利息所得。但我国却对本国公民在境外的储蓄利息所得不征税，这无形中刺激了资本外流乃至外逃。世界银行近期发布的报告指出，2005 年中国收到的有记录的向外汇款数额为 213 亿美元，但其中可能有超过 50% 是通过非正式渠道汇出的。这不仅造成我国大量税源的流失，更扰乱了金融秩序。因此，笔者建议对中国公民在境外的储蓄利息收入纳入利息税征缴范围，防止税源流失，遏制资金外逃的趋势漫延。

三是建立健全适合我国国情需要的利息税协调制度。随着金融服务贸易的日益发展，加之利息税征收范围有可能扩及我国公民在境外的利息所得，我国也正面临着与其他国家之间如何协调利息税的征收问题。欧盟《利息税指令》确立了信息交换以及征收预提税的协调模式，这对我国与其他国家进行利息税协调时提供了可资借鉴的范本。同时，在另外一个层面，即对于我国两岸三地之间的利息税协调也有很强的借鉴意义。目前，祖国大陆和台湾、澳门都开征了利息税，而我国香港地区则没有开征利息税①，一些企业家利用地下钱庄秘密地将资金汇入香港地区的银行，以规避祖国大陆税收主管机关的征管；在大陆的一些台商、港商也存在着某些规避利息税征管的行为。在这种情况下，我们可以借鉴欧盟《利息税指令》的做法，在我国"两岸三地"之间建立一种信息交换制度，合理协调解决利息税征收问题，让资本依法流动。目前，内地和香港、澳门之间已签订并正在实施《关于建立更紧密经贸关系的安排》（Closer Economic

---

① 宋凌凌：《港澳台与大陆个人所得税的税制模式、纳税额之比较》（http：//www.cftl.cn/show.asp? a_ id = 2440）。

Partnership Arrangement，CEPA），"两岸三地"之间的经济交流和资本联系进一步加深，区域间自由贸易区已初见雏形，因而在"两岸三地"建立一种利息税协调制度，无论在理论上还是在实践上都具有可行性。

第四节　全球多边合作模式：税收信息交换协定

为了加强信息交换，促进国际税收领域的合作，经合组织全球税收论坛有效信息交换工作组（OECD Global Forum Working Group on Effective Exchange of Information，以下简称信息交换工作组）于 2002 年制定了《经合组织税收信息交换协定范本》（OECD Model Agreement on Exchange of Information on Tax Matters，以下简称《税收信息交换协定范本》）。该工作组由经合组织成员国代表与阿鲁巴、百慕大、巴林、开曼群岛、塞浦路斯、毛里求斯、马耳他岛、荷属安的列斯群岛、塞舌尔和圣马力诺等国际避税地的代表组成。正是由于各避税地的参与起草，《税收信息交换协定范本》一定程度上体现了在岸国与离岸国之间的博弈与妥协。在 2008 年金融危机爆发之后，税收信息交换协定成为在岸国与离岸国进行合作的一种重要方式。目前，全球已签订超过 500 份税收信息交换协定，其中绝大多数都签订于 2008 年之后。笔者在此简要列举部分避税地签署的税收信息交换协定：①

表 6-7　　　　　　避税地缔结的税收信息交换协定

国家	灰/黑名单	协定总数	缔约国	尚未生效的协定（数量、国家）	不符合标准的协定（数量、国家）
哥斯达黎加	黑名单	20 15 个缔结于 2008 年后	阿根廷、澳大利亚、加拿大、丹麦、萨尔瓦多、法罗群岛、芬兰、法国、格陵兰、危地马拉、洪都拉斯、冰岛、墨西哥、荷兰、尼加拉瓜、挪威、圣马丁、南非、瑞典、美国	11 丹麦、萨尔瓦多、法罗群岛、芬兰、格陵兰、冰岛、尼加拉瓜、挪威、圣马丁、南非、瑞典	1 危地马拉
马来西亚	黑名单	1 缔结于 2012 年	百慕大	尚未生效	符合标准

---

① 详细内容请访问：http://www.oecd.org/tax/transparency/exchangeoftaxinformation-agreements.htm，最后访问于 2013 年 8 月 29 日。

续表

国家	灰/黑名单	协定总数	缔约国	尚未生效的协定（数量、国家）	不符合标准的协定（数量、国家）
菲律宾	黑名单	0	—	—	—
乌拉圭	黑名单	12 全部缔结于2008年后	阿根廷、澳大利亚、巴西、加拿大、丹麦、法罗群岛、法国、格陵兰、冰岛、荷兰、挪威、瑞典	9 澳大利亚、巴西、加拿大、丹麦、法罗群岛、格陵兰、荷兰、挪威、瑞典	均符合标准
安道尔	灰名单	21 均缔结于2008年后	阿根廷、澳大利亚、奥地利、比利时、捷克、丹麦、法罗群岛、芬兰、法国、德国、格陵兰、冰岛、列支敦士登、摩纳哥、荷兰、挪威、波兰、葡萄牙、圣马力诺、西班牙、瑞典	5 澳大利亚、比利时、捷克、格陵兰、波兰	1 列支敦士登
安圭拉	灰名单	17 均缔结于2008年后	澳大利亚、比利时、加拿大、丹麦、法罗群岛、芬兰、法国、德国、格陵兰、冰岛、爱尔兰、荷兰、新西兰、挪威、葡萄牙、瑞典、英国	6 比利时、格陵兰、冰岛、爱尔兰、新西兰、葡萄牙	0
安提瓜和巴布达	灰名单	20 19个缔结于2008年后	阿鲁巴、澳大利亚、比利时、库拉索岛、丹麦、法罗群岛、芬兰、法国、德国、格陵兰、爱尔兰、列支敦士登、荷兰、挪威、葡萄牙、圣马丁、瑞典、英国、美国	7 比利时、库拉索岛、法罗群岛、格陵兰、冰岛、葡萄牙、圣马丁	1 列支敦士登
阿鲁巴	灰名单	23 22个缔结于2008年后	安提瓜和巴布达、澳大利亚、巴哈马、百慕大、加拿大、开曼群岛、丹麦、法罗群岛、芬兰、法国、格陵兰、格林纳达、冰岛、墨西哥、挪威、圣基茨和尼维斯、圣卢西亚、圣文森特和格林纳丁斯、西班牙、瑞典、英国、美国、英属维尔京群岛	2 格林纳达、墨西哥	均符合标准
奥地利	灰名单	5 均缔结于2008年后	安道尔、直布罗陀、泽西岛、摩纳哥、圣文森特和格林纳丁斯	均已生效	均符合标准
巴哈马	灰名单	30 29个缔结于2008年后	阿根廷、阿鲁巴、澳大利亚、比利时、加拿大、中国、丹麦、法罗群岛、芬兰、法国、德国、格陵兰、根西岛、冰岛、印度、日本、韩国、马耳他、墨西哥、摩纳哥、荷兰、新西兰、挪威、波兰、圣马力诺、南非、西班牙、瑞典、英国、美国	4 比利时、韩国、新西兰、波兰	均符合标准

续表

国家	灰/黑名单	协定总数	缔约国	尚未生效的协定（数量、国家）	不符合标准的协定（数量、国家）
巴林	灰名单	9 均缔结于2008年后	澳大利亚、丹麦、法罗群岛、芬兰、格陵兰、冰岛、印度、挪威、瑞典	2 法罗群岛、瑞典	均符合标准
比利时	灰名单	15 均缔结于2008年后	安道尔、安圭拉、安提瓜和巴布达、巴哈马、伯利兹、百慕大、多米尼加、直布罗陀、格林纳达、列支敦士登、摩纳哥、蒙特塞拉特、圣基茨和尼维斯、圣卢西亚、圣文森特和格林纳丁斯	均为生效	2 多米尼加、列支敦士登
伯利兹	灰名单	16 均缔结于2008年后	澳大利亚、比利时、丹麦、法罗群岛、芬兰、法国、格陵兰、冰岛、爱尔兰、墨西哥、荷兰、挪威、波兰、葡萄牙、瑞典、英国	4 比利时、波兰、葡萄牙、瑞典	均符合标准
英属维京群岛	灰名单	24 23个缔结于2008年后	阿鲁巴、澳大利亚、加拿大、中国、库拉索岛、捷克、丹麦、法罗群岛、芬兰、法国、德国、格陵兰、根西岛、冰岛、印度、爱尔兰、荷兰、新西兰、挪威、葡萄牙、圣马丁、瑞典、英国、美国	8 加拿大、库拉索岛、法罗群岛、格陵兰、根西岛、新西兰、葡萄牙、圣马丁	均符合标准
文莱	灰名单	9 均全部缔结于2008年后	加拿大、丹麦、法罗群岛、芬兰、法国、格陵兰、冰岛、挪威、瑞典	8 加拿大、法罗群岛、芬兰、法国、格陵兰、冰岛、挪威、瑞典	4 芬兰、法国、冰岛、瑞典
开曼群岛	灰名单	30 均缔结于2008年后	阿根廷、阿鲁巴、澳大利亚、巴西、加拿大、中国、库拉索岛、捷克、丹麦、法罗群岛、芬兰、法国、德国、格陵兰、根西岛、冰岛、印度、爱尔兰、意大利、日本、墨西哥、荷兰、新西兰、挪威、葡萄牙、卡塔尔、圣马丁、南非、瑞典、美国	6 巴西、库拉索岛、捷克、意大利、卡塔尔、圣马丁	1 圣马丁
智利	灰名单	1 缔结于2012年	根西岛	尚未生效	符合标准
库克群岛	灰名单	17 均缔结于2008年后	澳大利亚、丹麦、法罗群岛、芬兰、法国、德国、希腊、格陵兰、冰岛、爱尔兰、意大利、韩国、墨西哥、荷兰、新西兰、挪威、瑞典	5 法罗群岛、德国、希腊、格陵兰、意大利	均符合标准

续表

国家	灰/黑名单	协定总数	缔约国	尚未生效的协定（数量、国家）	不符合标准的协定（数量、国家）
多米尼加	灰名单	20 19个缔结于2008年后	澳大利亚、比利时、加拿大、丹麦、法罗群岛、芬兰、法国、德国、格陵兰、冰岛、爱尔兰、荷兰、新西兰、挪威、波兰、葡萄牙、南非、瑞典、英国、美国	11 比利时、法罗群岛、芬兰、德国、格陵兰、爱尔兰、新西兰、波兰、葡萄牙、南非、瑞典	均不符合标准
直布罗陀	灰名单	26 均缔结于2008年后	澳大利亚、奥地利、比利时、丹麦、法罗群岛、芬兰、法国、德国、希腊、格陵兰、冰岛、印度、爱尔兰、意大利、马耳他、墨西哥、荷兰、新西兰、挪威、波兰、葡萄牙、南非、瑞典、土耳其、英国、美国	6 比利时、希腊、意大利、墨西哥、波兰、土耳其	均符合标准
格林纳达	灰名单	18 17个缔结于2008年后	阿鲁巴、澳大利亚、比利时、丹麦、法罗群岛、芬兰、法国、德国、格陵兰、冰岛、爱尔兰、荷兰、挪威、波兰、瑞典、英国、瓦努阿图	9 阿鲁巴、比利时、法罗群岛、德国、格陵兰、冰岛、波兰、瑞典、瓦努阿图	1 瓦努阿图
危地马拉	灰名单	11 7个缔结于2008年后	哥斯达黎加、丹麦、萨尔瓦多、法罗群岛、芬兰、格陵兰、洪都拉斯、冰岛、尼加拉瓜、挪威、瑞典	9 丹麦、萨尔瓦多、法罗群岛、芬兰、格陵兰、冰岛、尼加拉瓜、挪威、瑞典	均不符合标准
利比里亚	灰名单	15 均缔结于2008年后	澳大利亚、丹麦、法罗群岛、芬兰、法国、加纳、格陵兰、冰岛、印度、荷兰、挪威、葡萄牙、南非、瑞典、英国	4 加纳、冰岛、葡萄牙、南非	均符合标准
列支敦士登	灰名单	24 均缔结于2008年后	安道尔、安提瓜和巴布达、澳大利亚、比利时、加拿大、丹麦、法罗群岛、芬兰、法国、德国、格陵兰、冰岛、爱尔兰、日本、墨西哥、摩纳哥、荷兰、挪威、圣基茨和尼维斯、圣文森特和格林纳丁斯、瑞典、英国、美国	4 比利时、加拿大、印度、墨西哥	7 安道尔、安提瓜和巴布达、比利时、摩纳哥、圣基茨和尼维斯、圣文森特和格林纳丁斯、英国
卢森堡	灰名单	0	—	—	—
马绍尔群岛	灰名单	14 13个缔结于2008年后	澳大利亚、丹麦、法罗群岛、芬兰、格陵兰、冰岛、爱尔兰、韩国、荷兰、新西兰、挪威、瑞典、英国、美国	7 法罗群岛、格陵兰、冰岛、爱尔兰、新西兰、瑞典	均符合标准

续表

国家	灰/黑名单	协定总数	缔约国	尚未生效的协定（数量、国家）	不符合标准的协定（数量、国家）
蒙特塞拉特	灰名单	12 均缔结于 2008 年后	澳大利亚、比利时、丹麦、法罗群岛、芬兰、德国、格陵兰、冰岛、爱尔兰、荷兰、挪威、瑞典	6 比利时、法罗群岛、德国、格陵兰、爱尔兰、瑞典	均符合标准
瑙鲁	灰名单	0	—	—	—
纽埃岛	灰名单	1 缔结于 2012 年	新西兰	尚未生效	符合标准
巴拿马	灰名单	9 均缔结于 2008 年后	加拿大、丹麦、法罗群岛、芬兰、格陵兰、冰岛、挪威、瑞典、美国	8 加拿大、丹麦、法罗群岛、芬兰、格陵兰、挪威、瑞典、冰岛	均符合标准
圣基茨和尼维斯	灰名单	21 均缔结于 2008 年后	阿鲁巴、澳大利亚、比利时、加拿大、库拉索岛、丹麦、法罗群岛、芬兰、法国、德国、格陵兰、根西岛、冰岛、列支敦士登、荷兰、新西兰、挪威、葡萄牙、圣马丁、瑞典、英国	9 比利时、库拉索岛、法罗群岛、德国、格陵兰、冰岛、新西兰、葡萄牙、圣马丁	1 列支敦士登
圣卢西亚	灰名单	20 均缔结于 2008 年后	阿鲁巴、澳大利亚、比利时、加拿大、库拉索岛、丹麦、法罗群岛、芬兰、法国、德国、格陵兰、冰岛、爱尔兰、荷兰、挪威、葡萄牙、圣马丁、瑞典、英国、美国	6 比利时、库拉索岛、法罗群岛、格陵兰、圣马丁、瑞典	均符合标准
圣文森特和格林纳丁斯	灰名单	21 均缔结于 2008 年后	阿鲁巴、澳大利亚、奥地利、比利时、加拿大、库拉索岛、丹麦、法罗群岛、芬兰、法国、德国、格陵兰、冰岛、爱尔兰、列支敦士登、荷兰、新西兰、挪威、圣马丁、瑞典、英国	5 比利时、法罗群岛、格陵兰、冰岛、新西兰	1 列支敦士登
圣马力诺	灰名单	26 均缔结于 2008 年后	安道尔、阿根廷、澳大利亚、巴哈马、加拿大、中国、捷克、丹麦、法罗群岛、芬兰、法国、德国、格陵兰、根西岛、冰岛、爱尔兰、摩纳哥、荷兰、挪威、波兰、萨摩亚、南非、西班牙、瑞典、英国、瓦努阿图	3 法罗群岛、格陵兰、瓦努阿图	2 捷克、瓦努阿图
新加坡	灰名单	1 缔结于 2012 年	百慕大	尚未生效	符合标准

续表

国家	灰/黑名单	协定总数	缔约国	尚未生效的协定（数量、国家）	不符合标准的协定（数量、国家）
瑞士	灰名单	1 缔结于2013年	马恩岛	尚未生效	符合标准
特克斯和凯科斯群岛	灰名单	16 均缔结于2008年后	澳大利亚、加拿大、丹麦、法罗群岛、芬兰、法国、德国、格陵兰、冰岛、爱尔兰、荷兰、新西兰、挪威、葡萄牙、瑞典、英国	5 法罗群岛、格陵兰、爱尔兰、新西兰、葡萄牙	均符合标准
瓦努阿图	灰名单	14 均缔结于2008年后	澳大利亚、丹麦、法罗群岛、芬兰、法国、格陵兰、格林纳达、冰岛、爱尔兰、韩国、新西兰、挪威、圣马力诺、瑞典	11 丹麦、法罗群岛、格陵兰、格林纳达、冰岛、爱尔兰、韩国、新西兰、挪威、圣马力诺、瑞典	均不符合标准

第七章

国际税收行政合作发展对中国的新考验：挑战及应对

第一节 全球税收论坛对中国的同行评议法律问题研究

目前，全球税收论坛已发起了 96 个同行评议并通过了 79 份报告。这已公布的 79 份报告共做出了 710 个结论，提出了 495 个建议（分布图见图 7-1）。由于改进建议都是针对问题而提出的，因此，针对某一基本要素的改进建议越多，则该基本要素在整体的同行评议之中就越加趋于成为一个普遍性的问题。从这些建议的分布图可以看出，有近 1/3 的改进建议都集中于一个基本要素，即"所有权和所有者身份信息的保留"。

如前文对同行评议机制实体内容的论述，"所有权和所有者身份信息的保留"属于同行评议考察的第一个环节，即"信息的保留"之中的一项。审议分别从公司、合伙、信托、基金、其他实体和安排，以及银行或其他金融机构这六个方面，考察相关的信息保留。而在这之中，有三个是同行评议关注的焦点，也是导致一些国家和地区在"所有权和所有者身份信息"基本要素上被判定为要素缺位（Not In Place），或基本存在但仍需改进（In Place But），最多的三个问题。即使是一些在税收信息交换已经建立多年并趋于成熟的国家，也不能幸免。它们分别是，在"公司"项下的无记名股票和名义股东的所有权和身份信息保留，以及"信托"项下的涉外信托的所有者和所有权信息保留。

2011 年 11 月，我国开始接受全球税收论坛同行评议程序的审查，审查结果于 2012 年 6 月通过全球税收论坛发布。从审议结果来看，尽管近年来我国在税收信息交换领域取得了长足的进展，但是在涉外信托、无记

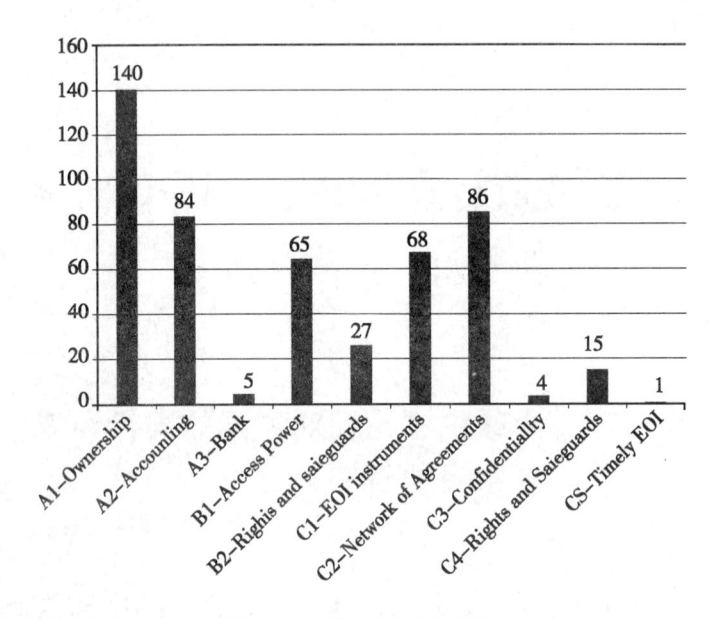

图 7-1　第一阶段的建议

名股票和名义持有人等问题上,我国的现行法律法规与审议标准仍然有一定距离,值得注意并加以改进。

因此,下文将结合审议结果对报告中存在的主要问题进行分析,并结合中国的实际情况提出应对之策,这对于我国完善相关法律制度具有非常重要的实践意义。

一、无记名股票

(一) 无记名股票的概念和发展趋势

股票可分为记名股票(Registered Share)和无记名股票(Bearer Share)。记名股票是指股票和股东名册上都记载股东姓名的股票,而无记名股票则是指在股票和股东名册上均不记载股东姓名的股票;但是,记名股票和无记名股票在享有股东实体权利上并无差别。[①]发行无记名股票的,公司记载其股票数量、编号及发行日期。不同于记名股票以背书方式转让,无记名股票自交付受让人后发生转让的效力,无须背书,因而持有无记名股票的人即具有股东地位、享有股东权利。也就是说,对于无记名股份,公司只能凭借股票的持有来识别股东,股东也只能凭借持有股票来表明身份。无记名股份在股东

---

① 参见施天涛《公司法论》,法律出版社 2006 年第 2 版,第 181—182 页。

名册上不记载其股东的姓名，仅仅根据股票实际占有就可以主张股东权。例如，我国台湾地区《公司法》第 176 条规定："无记名股票之股东，非于股东会开会五日前，将其股票交存公司，不得出席。"

无记名股票在证券有纸①时代曾经颇为流行，尤其是在原联邦德国，② 因为无记名股票相较于记名股票在转让中具有手续简便、交易方便的特点。然而，随着证券无纸化趋势的发展，大多数股票都采用电子登记方式记载其权利而较少发行实物股票。电子登记式股票因为缺乏现实的占有，因而必然要求登记股票的所有人信息如姓名，这样就使得无记名股票在证券无纸化时代难以继续存在。③ 不过，因为绝大多数国家并不禁止发行实物股票，所以无记名股票仍有其存在的空间。由于上市公司已经实现了证券全面无纸化发行，故只有非上市股份公司可发行无记名股票。但因为无记名股票还存在其他弊端，比如不利于维护公司经营权的稳定，因为公司难以把握无记名股票的转让，④ 无法掌握持此类股票的股东信息。现在各国采用无记名股票的情况已经越来越少了。⑤ 日本在 1990 年修订其《商法》时，就将其中的无记名股票的规定完全删除，⑥ 使得无记名股票在日本不复存在。

（二）无记名股票与税收透明度的关系

如上文所述，无记名股票在股票和股东名册上不记载股东的身份信息，如姓名、身份证号、住所等，发行无记名股票的公司仅记载无记名股票的数量、编号和发行日期，因而发行此类股票的公司对其一部分股东（持无记名股票的股东）的身份信息是无法掌握的，并且对此类股票的交易转让信息也是不知情的。这就与国际税收透明度原则相违背。如本文第二部分所述，国际税收透明度原则的第一大类基本要素"信息的保留"，

---

① 证券有纸是相对于证券无纸化而言的，是指证券采用物理意义上的实物形态表现出来，通常是纸质票据。

② See OECD, *Global Forum on Transparency and Exchange of Information for Tax Purposes Peer Reviews*: Germany 2011: Combined: Phase 1 + Phase 2, OECD Publishing, 2011, p. 83（http://www.keepeek.com/Digital-Asset-Management/oecd/taxation/global-forum-on-transparency-and-exchange-ofVinformation-for-tax-purposes-peer-reviews-germany-2011_ 9789264110489-enJHJpage1）。

③ See David C. Donald, "Heart of Darkness: The Problem at the Core of the U. S. Proxy System and Its Solution", *Virginia Law and Business Review*, Vol. 6, No. 1, October 2011, p. 48.

④ 参见李哲松《韩国公司法》，中国政法大学出版社 2000 年版，第 206 页。

⑤ 参见孙有强《股权公示制度》，博士学位论文，中国政法大学，2005 年 6 月，第 21 页。

⑥ 参见崔香梅《我国股票善意取得制度的立法缺失与完善》，《法学》2010 年第 11 期。

要求"所有人信息和身份信息是应当被记录的",其中包括股票持有人信息。当公司发行的是记名股票时,股票持有人的身份信息会记载在股票登记账簿和股东名册上,当一国的税务主管机关需要这些信息时就能从该公司处获取。然而,当发行的是无记名股票时,公司无法掌握股票持有人的身份信息,一国税务机关也就可能无法获得该类信息,[①] 因此也就进而无法与他国进行此方面的信息交换,从而为该类股东避税提供方便。

全球税收论坛一直十分关注各国在无记名股票上的规定。从其2006年报告中的年度评估(Annual Assessment),到现在的同行评议,全球税收论坛在"所有人信息和身份信息的获得"方面都重点审查各国是否有能力获取无记名股票持有人的身份信息。[②] 如德国、丹麦、爱尔兰这三个发达国家的审议报告,虽然这三个国家在第一阶段审查上整体上达到税收国际税收透明度原则,但都被认为在"所有人信息和身份信息的获得"这一项上存在缺陷,因为它们都在一定程度上无法获取部分无记名股票持有人的身份信息,因而全球税收论坛发布的这三个国家的同行评议报告中都对它们提出了建议,要求它们建立相应机制来获取该部分无记名股票持有人的身份信息。[③]

[①] See OECD, Terms of Reference: To Monitor and Review Progress towards Transparency and Exchange of Information for Tax Purposes, 2010, p. 24 (http://www.oecd.org/ctp/44824681.pdf)。

[②] 根据2006年经合组织报告《税收合作:面向公平竞技场》,被评估的82个国家中有48个国家允许无记名股票的发行,其中39个国家在某些情况下有相应机制可获得无记名股票持有人的信息。

[③] See OECD, *Global Forum on Transparency and Exchange of Information for Tax Purposes Peer Reviews: Germany 2011: Combined: Phase 1 + Phase 2*, OECD Publishing, 2011, p. 44 (http://www.keepeek.com/Digital-Asset-Management/oecd/taxation/global-forum-on-transparency-and-exchange-of-information-for-tax-purposes-peer-reviews-germany-2011_ 9789264110489-enJHJpage1); See OECD, *Global Forum on Transparency and Exchange of Information for Tax Purposes Peer Reviews: Denmark 2011: Combined: Phase 1 + Phase 2*, OECD Publishing, 2011, p. 44 (http://www.keepeek.com/Digital-Asset-Management/oecd/taxation/global-forum-on-transparency-and-exchange-of-information-for-tax-purposes-peer-reviews-denmark-2011_ 9789264097094-enJHJpage1); See OECD, *Global Forum on Transparency and Exchange of Information for Tax Purposes Peer Reviews: Ireland (2011): Phase 1 + Phase 2*, OECD Publishing, 2011, p. 34 (http://www.keepeek.com/Digital-Asset-Management/oecd/taxation/global-forum-on-transparency-and-exchange-of-information-for-tax-purposes-peer-reviews-ireland-2011_ 9789264097155-enJHJpage1)。

(三) 香港、澳门关于无记名股票的规定及问题

1. 香港关于无记名股票的规定及问题

香港《公司条例》第73条规定，股份有限公司对于已缴足股款的股份，且经公司章程正式授权后，可以发行不记名股票。同法第97条规定，不记名股票的发行的事实须在公司股东名册上有所反映，并记载股份数额、编号和发行日期。而香港的私立公司则被禁止发行不记名股票。

另外，香港的金融机构和律师还须遵守"客户尽职调查"义务，特别是在与股份有限公司有业务往来时，须识别所有权人的身份信息；金融机构还需要特别的注意，因为股份有限公司的资本中可能有很大一部分比例是以不记名股票的形式存在的。而且，香港《银行补充规则》还规定，经授权的机构还需建立审查不记名股票原始持有人的身份情况的机制，以此来衡量是否要禁止该不记名股票的流通。

但实践中，香港市场上并没有不记名股票的流通，香港证交所也表示还没有出现香港证券发行商（有202家）发行不记名股票的案例。所以，总的来说，只有未上市的股份有限公司（有292家）才有发行不记名股票的可能，但结果显示，这些公司也不存在发行不记名股票的事实。而香港出台的新公司法案，将会废除公司发行不记名股票的权利，但之前存在的不记名股票不受影响。

关于不记名股票的上述规定，香港还存在着些许问题。尽管香港证券市场中并没有流通不记名股票，但是就其本身的相关法律机制而言，并未做到能确保持有人身份信息的可获取性。因为法律只赋予了金融机构和律师对不记名股票尽职调查的义务，而没有普遍存在的要求股票持有人本身登记信息的规定，这就难免不会出现"漏网之鱼"。随着新公司法案的出台，不记名股票的取消，原有不记名股票应如何处理、信息是否能有效获取，也还需有相关规定予以明确。

2. 澳门关于无记名股票的规定及问题

澳门商法典规定，股份公司和合伙可以发行不记名股票。对于其他公司而言，若欲发行不记名股票，须在提交给贸易和动产登记处的文件中递交一份声明。原始的不记名股票持有人须签署章程，以便识别其身份。章程必须交由公证处备案登记。不记名股票进行转让时无须提交或保存任何信息。另外，当服务提供者参与到不记名股票的转让交易中时，他们就有义务识别交易相关的人的身份。但是，法律并没有规定服务提供者必须介

入到股票转让中来。但实践中，同香港一样，澳门证券市场也没有不记名股票的流通。

尽管有上述规定，我们仍可以看到信息获取机制的缺陷所在。虽然其他公司（除了股份公司和合伙以外）在发行不记名股票时必须递交一份声明文件，从而被主管当局知晓，但股份公司和合伙并不受此限制，他们若发行不记名股票，主管当局就无法登记该信息。另外，由于无记名股票在转让时没有程序限制，转让之后的持有人的身份信息也是没有义务保存的，这同样给信息获取增添了难度。所以，即使澳门现今也没有不记名股票的流通，但就其现存的关于不记名股票的法律机制而言，并不足以确保该种信息能够充分被获得。

（四）对中国的应对建议及改进建议

根据我国《公司法》第130条的规定，我国允许公司发行无记名股票。然而，在公司法颁布以前，我国是不允许发行无记名股票的[1]，公司法颁布之后我国实际上也并未发行过无记名股票[2]。这种情况，对于中国应对同行评议来说十分尴尬。

当然，存在类似问题的受审国家也并非只有中国。比如新西兰在无记名股票方面，就存在与中国类似的问题，但新西兰的应对如下："新西兰的公司法不禁止发行无记名股票，但是根据新西兰对于股票的发行和转让的规定，以及公司法和证券法要求股票登记应包含股东姓名的规定，新西兰实际上排除了发行无记名股票的可能；特别是，公司法规定，股票登记中登记股东姓名，是股东对该股票享有权利的基础凭证，转让股票时，受让人也应当在股票登记中登记其姓名。"[3] 新西兰的应对思路是：虽然法律没有直接禁止发行无记名股票，但是其他的相关规定却要求所有股票都登记股东姓名，也就是说实际上间接排除了发行无记名股票的可能。

---

[1] 国务院1993年颁布《股票发行与交易管理暂行条例》第53条，股票的发行应当采取记名的形式。

[2] See OECD, Terms of Reference: To Monitor and Review Progress towards Transparency and Exchange of Information for Tax Purposes, 2010, p. 153 (http://www.oecd.org/ctp/44824681.pdf).

[3] See OECD, Global Forum on Transparency and Exchange of Information for Tax Purposes Peer Reviews: New Zealand 2011: Combined: Phase 1 + Phase 2, OECD Publishing, 2011, p. 38 (http://www.keepeek.com/Digital-Asset-Management/oecd/taxation/global-forum-on-transparency-and-exchange-of-information-for-tax-purposes-peer-reviews-new-zealand-2011_9789264115040-en).

对此，我们结合中国的相关法规和具体时间，新西兰的应对思路是可以参考借鉴的，尽管可能无法如同新西兰一样完全排除无记名股票的影响。虽然缺乏法律的直接规定，但是根据现行的一些行政法规和行政规章，中国政府主管部门有权通过上市公司的登记和报告制度，以及非上市公司的登记制度和股权托管制度，获得上市公司和绝大多数非上市公司发行股票的所有者身份信息。

具体规定如下：

1. 上市股份有限公司

根据《证券登记结算管理办法》的规定，上市证券的发行人，应当委托证券登记结算机构办理其所发行证券的登记业务。① 而中国的证券登记结算机构是受中国证监会监管的中国证券登记结算有限责任公司。② 在中国证券登记结算有限责任公司进行登记、交易和转让的股票必须进行证券持有人名册的初始登记和变更登记。③ 证券持有人名册的具体内容包括：证券持有人姓名或名称、证券账户号码、持有证券数量、通讯地址等等。④ 也就是说，上市发行的股票，不论是记名股票还是无记名股票，都应当在发行机构登记持有人身份信息。

除上述一般性的证券持有人名册登记制度之外，中国对于持股5%以上的股东还有特别的报告要求。根据《证券法》第86条的规定，投资者持有或者通过协议、其他安排与他人共同持有一个上市公司已发行的股份（包括无记名股票）达5%时，应当向国务院证券监督管理机构、证券交易所做出书面报告，通知该上市公司并予以公告。另外，在前述情形下，其所持该上市公司已发行股份比例每增加或减少5%时，也应当如前述一般进行报告和公告。

2. 非上市股份有限公司

如前所述，现行《证券法》只要求上市公司的股权在中央证券登记结算有限责任公司集中登记，而对于非上市股份有限公司的股权，却未规定相应机构对其进行登记管理。因此，对于非上市的股份有限公司，仍然

---

① 中国证券监督管理委员会2006年发布《证券登记结算管理办法》，第26条。
② 中国证券监督管理委员会2001年发布《证券交易所管理办法》，第4条。
③ 中国证券监督管理委员会2006年发布《证券登记结算管理办法》，第27、28条。
④ 中国证券登记结算有限责任公司2003年发布《中国证券登记结算有限责任公司证券持有人名册服务业务暂行办法》，第6条。

存在发行不记名股票的问题。笔者在此建议通过工商登记制度和股权托管制度,将无记名股票游离于监管之外的空间压缩到最小。

根据我国《公司登记管理条例》第18条的规定,设立股份有限公司的,应当向公司登记机关提交发起人的法人资格证明或者自然人身份证明。这就使得登记机关能够掌握发起人的身份信息。但是,对于那些非发起人股东,却无法仅仅通过工商登记确认他们的身份。

与此同时,为了促进非上市股份有限公司的健康发展,规范股权交易,许多地方政府都以行政规章的形式要求对非上市股份有限公司的股权进行集中托管。① 目前,上海、天津、深圳、武汉、程度、山西、山东、浙江、江苏、沈阳、江西等地均已建立非上市股份公司股权托管中心。非上市股份公司股权托管中心是不以盈利为目的的管理、服务型机构,同时兼具政府监管职能和市场化运作功能,其职能是按照国家及当地政府的法律法规,为托管企业提供股权登记及股权的日常管理服务,按托管企业要求提供股东登记服务、变更服务、信息查询及分红等其他服务。② 在股权托管登记时,挂牌公司需要提交股东名册资料,具体内容包括:股东姓名或名称、身份证号码或营业执照编号、住址、持股数量、股权性质和所占比例。③ 因此,通过各地的非上市公司股权托管制度,股权交易机构可以获得股票持有人的信息,从而使无记名股票在实践中转化为记名股票。然而,我国对待股权托管的态度仅仅只是提倡和引导性的,并非完全的强制性要求;并且,股权托管中心也只是建立在主流城市,并非遍布全国。因此,股权托管制度的普及力度还不足以覆盖所有的非上市公司发行的股票。这就意味着,我国难以在实践中完全排除发行无记名股票的行为。

总而言之,根据上述法律法规,可以很大程度上排除无记名股票在我国的实际发行,但是却并非绝对,这对于我国应对无记名股票的审议构成

---

① 例如《上海市人民政府关于本市推进股权托管交易市场建设的若干意见》沪府发〔2011〕99号,第5条就规定,各区县政府要结合实际情况,制定支持股权托管交易市场发展的政策措施,积极鼓励和引导辖区非上市股份公司合规有序地通过上海股权托管交易中心进行股权托管、登记、转让、融资、结算、过户,并对企业股权托管交易过程中所发生的相关费用给予一定的支持。

② 参见杨涤《股权托管为非上市公司股权流动提供规范服务》,《产权导刊》2005年第3期。

③ 《齐鲁股权交易中心股权登记托管业务实施细则》,第10、11条。

了一定的障碍。对此，笔者认为，无记名股票的存在有害无利，原因有四：（1）从无记名股票的缺陷来看，如前文所述，无记名股票的存在不利于维护公司经营权的稳定，即使在允许发行无记名股票的国家，对无记名股票的发行也有所限制[①]；（2）从无记名股票与税收透明度的关系来看，无记名股票的发行使得一部分股东的信息无法被公司掌握，在没有其他机制的弥补下，这一类股东的信息就处于一种不可获取的未知状态，从而为其避税提供了方便；（3）从无记名股票的发展趋势来看，无记名股票已经不适应证券无纸化时代的需要了，日本在1990年就废除了无记名股票的规定，即使在一些允许发行无记名股票的国家，其实际上发行的也基本上都是记名股票，如韩国[②]；（4）从我国的现实情况来看，我国从未发行过无记名股票，无记名股票在我国没有生存的土壤，禁止发行无记名股票也不会给我国带来任何缺失。因此，笔者建议，下一次修订《公司法》时，大可删除如同摆设一般的关于无记名股票的规定，从而消除《公司法》与实践之间的矛盾，使我国的立法更加的完善合理。

二、名义股东

（一）名义股东的概念和成因

名义股东（Nominee Shareholder）是一个与隐名股东相对的概念，其本质在于将实际出资人与股东名义相分离。在实践中，隐名投资人与名义股东达成协议，由后者作为公司的显名股东；此种隐名投资又可分为两种，即完全隐名方式和非完全隐名方式（甚至在参与公司经营及实际行使股东权利的时候不隐名，此时的显名股东仅仅具有对外公示的意义，即通常所说的"挂名股东"或"空股股东"）。[③] 因此，隐名股东虽然向公司实际出资，但在公司章程、股东名册，以及相关政府部门的登记等公示文件中却将出资人记载为他人；与之相对的，名义股东则是实际并未向公司出资，却记载于签署公示文件之上，在名义上行使股权之人。

名义股东的产生通常是基于以下几种原因：（1）规避相关法律法规，比如法律规定不得成为从事某种特定行业公司的股东的人，可以通过隐名

[①] 如德国、韩国和我国台湾地区都规定无记名股票只有在章程中有规定时才可发行，并且我国台湾地区《公司法》第166条还规定无记名股票的股数不得超过已发行股份总数的二分之一。

[②] 参见李哲松《韩国公司法》，中国政法大学出版社2000年版，第206页。

[③] 参见潘福仁主编《股权转让纠纷》，法律出版社2007年版，第40页。

出资的方式，规避这种限制；（2）实际出资人不愿公开自己的信息，这有可能帮助实际出资人向其主管税务机关隐匿资产，从而达到逃税避税的目的；（3）出于某种商业目的，这种原因相对而言更为普遍，例如利用名义股的身份获得某种税收优惠，或者秘密进行关联交易等等。

然而名义股东的存在，虽然能够为隐名投资者带来种种便利，但同时也会带来一些危害，比如由于公司对外公示的股东为显明股东，可能会误导第三人的商业决策，或者可能会导致主管机关对某些特定行业的监控实效。

（二）名义股东与税收透明度的关系

如上文所述，隐名股东在公司章程、股东名册，以及相关主管机关的登记等公示文件上均记载的是显名股东的信息，因此隐名股东的身份信息，如姓名、身份证号、住所等信息，无法为公司以外的第三方所知悉。而如果采用的是完全隐名的方式出资，隐名股东的信息甚至可能连公司自身和名义股东都无法掌握。这就与税收国际税收透明度原则相违背。如本文第二部分所述，国际税收透明度原则的第一大类基本要素"信息的保留"要求"所有人信息和身份信息是应当被记录的"，其中包括股东的身份信息。正是因为隐名股东的存在，首先会导致其所有权和身份信息无法在相关政府部门进行登记，同时也无法见于公司的公示文件之上，所以外界无法直接获得该信息；其次，公司以及显名股东本身往往无义务确认和保留隐名股东的身份信息，即使税务主管机关行使权力要求公司提供隐名股东的信息，公司和显明股东均能以未掌握该信息为由拒绝提供隐名出资人的身份信息。这明显为纳税人隐匿资产、洗钱等不法活动提供了便利，并且使得税收主管机关调查无门。

世界上大多数国家的法律都承认名义股东和隐名股东的存在，全球税收论坛同行评议亦然，但是要求各国家和地区加强立法，赋予公司或名义股东以保留隐名股东的身份信息，并定期向主管机关披露的义务。例如，爱尔兰就规定了证券的名义持有人应当每年向税务主管机关披露其所代理的实际受益人的身份信息。[①] 但是，更多的情况是，这种确认和保留隐名

---

① See OECD, *Global Forum on Transparency and Exchange of Information for Tax Purposes Peer Reviews: Ireland: Phase 1 + Phase 2*, OECD Publishing, 2011, p. 21（http://www.keepeek.com/Digital-Asset-Management/oecd/taxation/global-forum-on-transparency-and-exchange-of-information-for-tax-purposes-peer-reviews-ireland-2011_ 9789264097155-enJHJpage1）.

股东身份信息的义务仅仅只是建立在商业关系的基础之上的，也就是说非商业性质的代理隐名投资人出资是没有这种义务的。例如德国 2008 年最新修订的《反洗钱法》就要求，当名义股东与隐名股东之间的协议构成一种商业关系、或者交易金额超过 1500 欧元、或者有理由怀疑该交易可能用于洗钱或资助恐怖活动，则名义股东作为受托人，有义务确认和保留其客户的身份信息。① 当然，还有许多国家虽然有类似规定，但实质上并无法确保任何形式的隐名股东身份信息的认定和保留。比如在塞舌尔，虽然规定了如果代为持有股份构成商业关系，该受托人就具有确认和保留隐名出资人身份信息的义务，但是由于法律并未规定其向相关主管机关提供这种信息的时限，导致这种义务形同虚设。②

（三）香港、澳门关于名义持有人的规定及问题

1. 香港关于名义持有人的规定和问题

而香港的名义持有人制度有很大不同。在香港地区，名义持有人不需要知晓终端的实际受益人的身份，但需要知晓其直接代表的是谁，然而，法律未规定其保存所代表的人的身份信息。依据《公司条例》，公司也无须指明股票被匿名持有的事实。

香港法律还对金融机构和律师施加了"客户尽职调查"义务。金融机构必须识别实际受益人（包括那些直接或间接拥有 10% 以上股份或选举权的人）；律师也须识别实际给予指示的所有人和背后蕴藏的所有权和控制关系。③

---

① See OECD, *Global Forum on Transparency and Exchange of Information for Tax Purposes Peer Reviews*：*Germany*：*Combined*：*Phase 1 + Phase 2*, OECD Publishing, 2011, p. 30（http：//www. keepeek. com/Digital-Asset-Management/oecd/taxation/global-forum-on-transparency-and-exchange-of-information-for-tax-purposes-peer-reviews-germany-2011_ 9789264110489-enJHJpage1）.

② See OECD, *Global Forum on Transparency and Exchange of Information for Tax Purposes Peer Reviews*：*The Seychelles* 2011：*Phase* 1：*Legal and Regulatory Framework*, OECD Publishing, 2011, p. 27（http：//www. keepeek. com/Digital-Asset-Management/oecd/taxation/global-forum-on-transparency-and-exchange-of-information-for-tax-purposes-peer-reviews-the-seychelles-2011 _ 9789264096929-en-JHJpage1）.

③ See OECD, *Global Forum on Transparency and Exchange of Information for Tax Purposes Peer Reviews*：*Hong Kong*, *China* 2011：*Phase* 1：*Legal and Regulatory Framework*, OECD Publishing, 2011, p. 32（http：//www. keepeek. com/Digital-Asset-Management/oecd/taxation/global-forum-on-transparency-and-exchange-of-information-for-tax-purposes-peer-reviews-hong-kong-china-2011 9789264126411-en）.

另外,依据香港《证券期货条例》,对于证券和期货来说,实际股东、董事以及高管必须披露他们在上市公司中所占的股份,即使这些股份是被如经纪人、受托人或名义持有人持有的,也同样要进行披露。

上述条例在实践中存在一定的缺陷。首先,名义持有人没有法律上的义务来保存实际受益人的相关信息,这意味着该种所有权信息难以被主管当局获得。其次,即使香港主管当局曾表示,在实践中,名义持有都有书面形式的合同为证,且该合同由名义持有人来保存,但法律并没有这样明确规定,也就是说这并不是硬性要求,那么就很有可能出现名义持有的行为并没有书面合同,也就更遑论信息的保存了。最后,尽管香港对金融机构和律师做出了尽职调查的要求,但除此之外的职业并不受尽职调查义务的限制,这种情况下,关于所有权的信息也是难以获得的。

2. 澳门关于名义持有人的规定和问题

澳门地区并没有关于名义持有人的直接规定,其主要是通过对相关职业人做出类似于尽职调查的要求,从而间接规制名义持有人。第一,澳门商法典规定,公司成立时,所有股东须在公司成立协议上签字,并交由公证人鉴定,该公证人将会对公司成立协议和公司章程一并登记备案,更重要的是,公证人还须在公司登记簿中记录名义持有股票的所有人。第二,对于金融机构而言,其须建立一套系统的程序用以识别新客户和实际受益人的身份,其中,对于高风险的账户(包括信托账户、名义持有人股东的账户)和营业关系,金融机构必须适用更严格的识别程序。金融机构在审查客户时若发现其为名义持有人,则须获取足够的关于名义持有人和实际受益人的信息和证据。第三,对于律师、会计等专业人员,法律虽没有施加识别实际受益人的义务,但他们有义务识别自己的客户,即使客户本身为名义持有人,并做相关记录。

我们可以看到,虽然澳门关于名义持有人都是一些间接的规定,但首先,其在公司成立登记阶段就已经将名义持有人的身份信息交由公证人登记备案,确保了该信息可以被获得。其次,法律还赋予金融机构尽职调查的义务,必须识别、记录和保存关于名义持有人的信息。所以,澳门地区在这方面基本上达到了标准。但值得注意的是,由于律师、会计等行业没有硬性的义务去保存该种信息,虽然澳门主管当局指出,实践中这些职业都会识别客户信息,并且会和金融机构保持业务往来从而由金融机构保存相关信息,但我们认为,强制规定的缺乏仍将会使一部分名义持有人的信息流失。

（四）对中国的应对建议和改进建议

首先，隐名股东在我国的商业实践中非常常见，但直到2011年我国隐名股东的地位和权利才正式获得了我国立法上的承认[①]。根据我国2011年1月出台的《关于适用〈中华人民共和国公司法〉若干问题的规定（三）》第25条的规定，承认了隐名股东与显名股东之间合同的有效性；在两者发生投资权益归属的争议时，支持实际履行出资义务的一方，即隐名股东；名义股东不得以公司股东名册记载、公司登记机关登记为由否认实际出资人的权利。其次，我国名义股东无法定义务获取隐名股东的身份信息，即使掌握了隐名股东的身份信息，名义股东也无保留该身份信息的义务，或向相关主管机关申报的义务。针对这些可能出现的漏洞，笔者提出以下建议：

1. 通过合同掌握隐名股东的身份信息

根据《公司法》解释（三）的规定，名义股东与隐名股东之间应当签订合同，以确认互相之间的权利义务关系，而该合同受到我国《合同法》的约束。根据《合同法》第12条的规定，合同内容应当包括合同双方当事人的姓名或名称，以及住址。所以，通过双方签订的合同，名义股东已经掌握了隐名股东的身份信息。

2. 名义股东基于保护自身权益目的获取和保留隐名股东的信息义务

虽然最新颁布的《公司法》解释（三）承认了隐名股东的法律地位，但是这并未改变我国在物权上的公示主义与外观主义相结合的立场。因此，为了平衡保护善意第三人的利益，《公司法》解释（三）对于隐名股东与名义股东的问题，做出了如下的限制性规定：公司债权人请求名义股东对公司债务不能清偿的部分在未出资本息范围内承担补充赔偿责任的，名义股东不得以其非实际出资人为由进行抗辩，但可事后向隐名股东追偿[②]。也就是说，对于善意第三人来说，隐名股东与名义股东是一体的，

[①] 在2011年《关于适用〈中华人民共和国公司法〉若干问题的规定（三）》颁布之前，我国法律上未有明确规定，但对股东资格的认定上一直采取的是商法公示主义与外观主义相结合的原则，即在隐名股东与显名股东权利纠纷的具体个案中，法院更倾向于站在记载于公示文件上的一方，即显名股东。参见范健《论股东资格的认定的基本理念与原则》，载王保树《实践中的公司法》，社会科学文献出版社2008年版，第30页。

[②] 参见《关于适用〈中华人民共和国公司法〉若干问题的规定（三）》，第27条。

共同对外承担责任,而不论他们之间的约定为何。如果发生名义股东为隐名股东承担债务的情况,名义股东若没有掌握隐名股东的身份信息,显然难以在事后向隐名股东追偿。因此,出于保护自身权益的目的,名义股东也会获取和保留隐名股东的身份信息。

但是这种应对存在一个问题,即虽然名义股东很有可能实际上获取并保留了隐名股东的身份信息,但是由于法律上并未赋予名义股东这种义务,在主管税务机关向其行使获取该信息的权力时,隐名股东或可能以没有掌握这种信息为由拒绝提供。

3. 名义股东向有关部门披露隐名股东的信息的义务

虽然我国法律没有明确规定,名义股东向相关税务机关披露隐名股东身份信息的义务,但是根据我国《规程》的规定,税务机关不得以税收信息由代理人、中介机构或者其他第三方所掌握而拒绝提供税收信息。① 这就意味着税务机关实际上有向掌握信息的第三方获取信息的权力。另外,在民事或刑事司法程序之中,人民法院、人民检察院或者公安机关也有权向掌握信息的名义股东获取相关信息,而信息持有人有义务提供这些信息。②

总而言之,尽管或许能够通过一些相关法规从侧面进行推断,但是名义股东获取、保留以及向相关部门披露隐名股东身份信息的义务是非常不明确的。

正如笔者在上文中所论述的那样,在名义股东没有法定义务保留隐名股东身份信息的情况下,名义股东极有可能以此为由拒绝提供信息。因此,笔者仍然认为,在《公司法》解释(三)明确认可了隐名股东的法律地位之后,为了使竞争环境更加透明化,避免给予纳税人通过名义股东的安排进行逃税避税以及实现其他非法目的的空间,我国还是应当赋予名义股东以保留和披露隐名股东身份信息的法定义务,将与之相关的立法进行完善,只有这样才能保证不会有大量的隐名投资人游离于我国相关主管机关的监管之外。

---

① 《国际税收情报交换工作规程》,国税发〔2006〕70号,第10条。
② 《中华人民共和国民事诉讼法》,第65条,《中华人民共和国刑事诉讼法》,第45条。

三、涉外信托

（一）涉外信托的概念

大陆法系国家以成文法的形式，将信托的本质特征归纳为以下三点：（1）委托人将财产或财产权转移给受托人；（2）设立信托是为受益人之利益或其他特定目的；（3）受托人应依信托的本旨管理或处分信托财产。[①] 而信托的本质特征就在于将财产的所有权与受益权相分离。现代信托设立的首要目的正是利用这一特点规避各种税赋，最为典型的就是利用信托规避遗产税——由于设立信托后，财产的法定所有权转移至受托人，因此委托人去世之后，由于信托财产不属于其遗产的一部分，因而无须缴纳数额庞大的遗产税。[②] 现代信托制度发源于英国，在英国、美国最为发达，而后为日本、中国等大陆法系国家引进。[③] 尽管信托的应用在世界范围内已经非常普遍，但并非所有国家都允许设立信托。比如最具代表性的大陆法系国家——德国和法国，其法律上就没有信托的概念。[④]

如前所述，信托的构成基本要素有委托人、受托人、受益人，以及信托财产。而涉外信托就是指，在上述的构成要素中有一个或一个以上处于境外的信托。随着经济全球化的不断深入，信托作为一个管理财产和规避税负的有效工具，也越来越多的以涉外的形式出现，而不论某一国家或地区的法律是否允许设立信托。特别是，通过将财产交给境外受托人管理，能够实现根据个人意志向继承人转移财富而不受所在居住地法律的限制。

尽管如德国、法国这样的大陆法系国家并没有引进信托制度，但是在经济全球化的背景下，它们仍然承认外国信托的存在，并且也不禁止它们

[①] 余卫明：《信托受托人研究》，法律出版社2007年版，第1—4页。

[②] 高凌云：《被误读的信托——信托法原论》，复旦大学出版社2010年版，第22页。

[③] 虽然英美法系国家和大陆法系国家都有信托制度，但是他们对于信托的定义是有区别的。而英美法系国家的信托，与大陆法系国家相比，最大的区别就在于，信托设立后，信托财产的法定所有权归受托人享有，而信托受益人则享有衡平法上的所有权，也即是一种双重所有权。同上书，第16页。

[④] 这主要是因为法国和德国主要受罗马法影响，一物一权的所有权理念根深蒂固，这与英美法信托制度下的双重所有权是相悖的。

的税收居民成为外国信托的受托人。① 因此，不论一个国家或地区的法律是否允许设立信托，都会受到信托制度的影响。

(二) 涉外信托与税收透明度的关系

对于设立于本国境内的信托，各国的法律制度已经相对完善，例如澳大利亚的法律就规定了商业信息必须登记，受托人未履行纳税申报义务应向税务主管机关披露信托受益人的身份信息等等。② 但是，也正如上文所述，涉外信托越来越普遍，即使是那些本身不承认信托概念的国家也不禁止其税收居民成为外国信托的受托人。涉外信托，特别是仅受托人在境内且为税收居民的涉外信托，由于信托财产、委托人和受益人都在境外，法律往往没有规定此时涉外信托的受托人具有保留信托委托人、受益人的身份信息，或者向税务主管机关披露该信息的义务，这就使得税务主管机关无法获取有关该涉外信托的身份信息，因此与税收国际税收透明度原则相悖。

全球税收论坛中的许多国家在涉外信托问题上都存在障碍，主要是因为没有相关的直接法律规定。因此，一些国家另辟蹊径通过了审议：比如澳大利亚（法律上允许设立信托）虽然法律没有直接规定作为居民纳税人的涉外信托受托人需要向税务机关披露信息，但是却要求信托受托人在收到信托财产的收益时，必须向其税务主管机关申报纳税，在信托受托人将税收收益转给位于境外的信托受益人时，才能通过向税务主管机关申请退税，尽管实际并没有纳税，但税务主管机关实际上通过这种方式获取和保留了涉外信托的身份信息；又比如德国（其法律上没有信托概念，但允许其税收居民成为外国信托的受托人），作为信托受托人的纳税居民应当就其所管理的信托财产缴税，除非他向税务主管机关证明该财产是信托财产，通过这种方式，德国税务机关将掌握有关该外国信托的身份信息。

---

① See OECD, *Global Forum on Transparency and Exchange of Information for Tax Purposes Peer Reviews*: Germany 2011: Combined: Phase 1 + Phase 2, OECD Publishing, 2011, p. 17 (http://www.keepeek.com/Digital-Asset-Management/oecd/taxation/global-forum-on-transparency-and-exchange-of-information-for-tax-purposes-peer-reviews-germany-2011_ 9789264110489-enJHJpage1).

② See OECD, *Global Forum on Transparency and Exchange of Information for Tax Purposes Peer Reviews*: Australia 2011: Combined: Phase 1 + Phase 2, OECD Publishing, 2011, pp. 30—31 (http://www.keepeek.com/Digital-Asset-Management/oecd/taxation/global-forum-on-transparency-and-exchange-of-information-for-tax-purposes-peer-reviews-australia-2011_ 9789264097087-enJHJpage1).

而更多的国家,法律上则完全没有要求保留涉外信托委托人和受益人的身份信息,比如塞舌尔①、特里尼和多巴哥②,它们在涉外信托的问题上获得了"该要素未执行到位"的判定,并被要求根据改进建议采取相应措施。

1. 香港地区信托制度的规定和问题

香港关于信托的规定主要见于普通法和《信托条例》,其没有限制香港居民作为受托人依据香港法或外国法律设立信托。总的来说,信托信息被掌握在四类主体手中:第一,登记机关,但这并不是强制性的。因为,香港没有普适性的信托登记制度,只在《信托条例》第3部分中规定了信托的自愿登记制度,所以,登记机关掌握的信托信息并不全面。第二,税务机关,依据香港《税收条例》,受托人作为一个自然人,其在信托业务中获得的利润需要缴税,从而该信托信息可以被税务机关获得。公益信托是免税的,但其信息也可以被税务机关掌握,因为其须提交资料证明自己的信托行为是公益性质的,在这些证明材料中就包括信托当事人的身份信息。从而,税务机关可以充分掌握信托的相关信息。第三,受托人。普通法要求,信托文件必须包含委托人和受托人的身份信息,受托人必须公正无私地管理信托,并尽到应尽的注意义务。③ 因此,受托人要对有关信托成立、信托管理的所有文件充分了解,且必须对信托进行记账和记录,并随时报告给受益人。因此,受托人也掌握并保存了信托的相关信息。第四,服务提供者。香港的金融机构和律师被要求在涉及信托的业务时须履行"客户尽职调查"义务,他们都须识别信托的实际受益人。《律师协会指导守则》还要求,可是须采取必要且合理的步骤识别所有当事方的身份。《银行条例》和《银行补充条例》中也做出了类似规定,金融机构须

---

① See OECD, *Global Forum on Transparency and Exchange of Information for Tax Purposes Peer Reviews*: Germany 2011: Combined: Phase 1 + Phase 2, OECD Publishing, 2011, pp. 31—33 (http://www.keepeek.com/Digital-Asset-Management/oecd/taxation/global-forum-on-transparency-and-exchange-of-information-for-tax-purposes-peer-reviews-germany-2011_9789264110489-enJHJpage1).

② See OECD, *Global Forum on Transparency and Exchange of Information for Tax Purposes Peer Reviews*: Trinidad and Tobago 2011: Phase 1: Legal and Regulatory Framework, OECD Publishing, 2011, pp. 27—29 (http://www.keepeek.com/Digital-Asset-Management/oecd/taxation/global-forum-on-transparency-and-exchange-of-information-for-tax-purposes-peer-reviews-trinidad-and-tobago-2011_9789264096936-enJHJpage1).

③ See Edge v Pensions Ombudsman [2000] Ch. 603 at 618.

获得有关受托人、委托人和受益人的充分身份信息，同时还须充分了解信托业务的具体情况和各方之间的关系。

从上述规定中我们可以看出，香港的制定法和普通法双管齐下，使得信托信息能够较好的得以保存，基本达到了税收透明度的要求。但同时也有一些瑕疵需要注意：如上文第三条中讲到的，受托人被要求记录信托活动并保存信托相关文件，但该项义务只存在于普通法中，也就是说受托人没有一项法定的强制性的义务来履行上述职责，这点在信息的保存上难免会遇到障碍。① 再者，上文第四条中提到的服务提供者，"客户尽职调查"义务也只适用于律师和金融机构，而其他不受反洗钱规则约束的服务提供者则没有识别客户和保存信息的义务，他们的行为则只受普通法的调整，这同样难以保证信托信息的获得。所以，在这方面，香港应尽快做出补充的规定。

2. 澳门地区信托制度的规定和问题

澳门法律没有关于境内信托制度的规定，所以无法依据澳门自身的法律设立信托。但澳门并不禁止本地居民作为受托人依据外国法律设立信托。

《澳门离岸业务法令》第二条对"离岸信托管理活动"做了定义，以下进行之管理及处分性质之业务为离岸信托管理："（1）由获许可在澳门离岸部门营运之称为信托管理人之法人所从事之管理及处分性质之业务；（2）就称为信托财产之一项确定财产所从事之管理及处分性质之业务，而该财产系由称为创立人之法律上属非居民之人，透过生前或死因行为而移转与信托管理人及由该管理人控制；（3）为达某特定目的，又或为一名或一名以上受益人之利益而从事之管理及处分性质之业务，该受益人得为创立人本人、信托管理人或属非居民之第三人。"所以，作为离岸信托的受托人，其必须经澳门货币汇兑监理署颁发许可才能成立。

同法第52条规定，如果离岸信托管理存续期满一年以上，需就该离岸信托管理活动的设立、变更及取消进行商业登记，登记的信息包括信托

---

① See OECD, *Global Forum on Transparency and Exchange of Information for Tax Purposes Peer Reviews: Hong Kong, China 2011: Phase 1: Legal and Regulatory Framework*, OECD Publishing, 2011, p. 45 (http://www.keepeek.com/Digital-Asset-Management/oecd/taxation/global-forum-on-transparency-and-exchange-of-information-for-tax-purposes-peer-reviews-hong-kong-china-2011_9789264126411-en).

财产、受托人的姓名和主要办事地、受托人的权利，以及规制该信托管理活动所使用的法律。另外，依据澳门《金融系统法案》，即使该信托管理活动不是在离岸部门中进行的（如通过设立金融中介公司），关于受托人的信息仍然是可以被获得的，因为设立金融中介公司也须向监理署提交申请，申请的文件中即包括受托人的所有身份信息。

另外，对于受托人本身而言，企业被要求要记录信托财产管理过程中的账目，并保有构成信托财产之资产的凭证。对于服务提供者而言，其也需要遵守"客户尽职调查"义务，如律师和公证员，他们要识别涉及信托业务的客户身份。

澳门信托制度基本达到了税收透明度的要求，但不足之处在于，其只规定了存续期满一年以上的信托才需要登记相关信息，那么那些存续不足一年的信托业务的信息将不会被登记机关保存，就该类信托而言，澳门政府也应加强信息获取的规定和途径。

(三) 对中国的应对建议和改进建议

中国法律允许设立信托，并且于2001年颁布了《中华人民共和国信托法》。需要特别注意的是，中国法中的信托对于信托财产采取了含混的态度：并未指出信托财产的所有权归属，而只是强调信托财产应当同委托人和受托人的财产中未设立信托的其他财产相区别。[①] 而我国对于境内信托的所有权和身份信息的保留方面的规定还是比较有效的：法律明确规定信托财产应当依法办理信托登记，否则该信托不发生效力；[②] 除此之外，还要求受托人保存处理信托事务的完整记录。[③]

除此之外，我国针对信托公司，有一系列专门的法律法规，包括《信托公司管理办法》，《信托公司集合资金信托计划管理办法》，《信托公司净资本管理办法》，《信托投资公司信息披露管理暂行办法》等等。此处的信托公司，是指依照《中华人民共和国公司法》和《信托公司管理办法》设立的主要经营信托业务的金融机构。[④] 并且信托公司的设立和变更都需经过我国银监会的审批，经营信托业务受到严格监管。登记显示截至2011年年底，我国境内共设立有56家信托公司，包括中信信托有限责

---

① 《中华人民共和国信托法》，第15、16条。
② 同上，第10条。
③ 同上，第33条。
④ 《信托公司管理办法》，中国银行业监督管理委员会令2007年第2号，第2条。

任公司、中融国际信托有限公司、中海信托股份有限公司、长安国际信托股份有限公司等等。其中，针对信托公司受托境外理财业务有专门的规定，将在后文的涉外信托问题应对建议中进行详述。

根据前述的我国有关信托的相关法律规定，虽然没有明确的规定，但我国也并不禁止中国税收居民成为外国信托的受托人，即我国承认涉外信托。例如，在实践过程中，存在信托公司接受境外机构或个人委托，从事事务信托的行为，一般对委托人的国籍没有限制。

同时，根据我国法律的规定，信托受托人可以是信托公司，也可以是自然人。信托公司依法受到银监会的高度监管，并且针对信托公司的法律法规较多，法定义务是直接赋予信托公司本身的，而不论该信托公司经营的业务是否涉外。但是对于受托人为自然人的情况，则缺乏具体的法律规制。因此，这种个人信托应当直接受到《信托法》的规制。但是，《信托法》只适用于我国境内进行的信托活动，包括非涉外信托和在中国境内开展信托活动的涉外信托，但是却不适用于在境外进行信托活动的涉外信托。①

针对涉外信托的问题，笔者根据我国的现状，提出的应对建议如下：

1. 信托公司

首先，信托公司可以经营涉外信托业务，但是根据《信托公司受托境外理财业务管理暂行办法》应当首先获得银监会的审批。

其次，根据《信托公司管理办法》的规定，信托公司属于金融机构，具有《中华人民共和国反洗钱法》规定的一般反洗钱义务，即应当依法采取预防、监控措施，建立健全客户身份识别制度、客户身份资料和交易记录保存制度、大额交易和可疑交易报告制度，履行反洗钱义务。② 因此，信托公司具有保留客户身份信息，并在特定情况下向相关主管部门报告的义务。

再次，不论所经营的信托业务是否涉外，根据《信托公司管理办法》的规定，对于中国境内的信托公司作为受托人经营信托业务时，都具有如下义务：妥善保存处理信托事务的完整记录；定期或不定期地接受银监会对其信托业务的检查；设立信托必须采取书面形式，在签订信托设立合同

---

① 《中华人民共和国信托法》，第3条。
② 《中华人民共和国反洗钱法》，第3条。

时,合同内容应当包括委托人和受益人的姓名或名称,以及住址。①

最后,针对信托公司所办理的涉外信托业务也有具体的法律法规。根据《信托公司受托境外理财业务管理暂行办法》的规定,信托公司在开展境外理财业务时,应妥善保存有关客户评估和顾问服务的记录,并妥善保存客户资料和其他文件资料;信托公司接受委托人资金的,还应核实委托人确实具备相应的投资资格。②

由此可见,我国的涉外信托问题审议,在信托公司这一部分不存在障碍。

2. 个人信托

首先,我国法律不禁止中国居民个人成为涉外信托的受托人。

当中国居民个人成为涉外信托的受托人,且该涉外信托活动在中国境内开展时,应当受到我国《信托法》的规制。根据该法律规定,信托受托人应当保存处理信托事务的完整记录;信托必须以书面形式设立,并应当包含有信托委托人和受益人的姓名或名称,以及住址;且如果信托财产位于中国境内时,应当办理信托财产登记,否则信托将不产生效力。③

对于中国居民个人成为涉外信托受托人,且该信托活动开展于境外的情况,我国法律虽然没有具体的规制,但是这种情形非常少,不影响中国对涉外信托委托人、受益人所有权和身份信息保留的整体规制。

基于笔者所提出的上述应对建议,可以看出我国在涉外信托上的问题,主要是中国居民个人成为涉外信托受托人并且于境外开展信托活动时,缺乏法律规制,因为我国《信托法》只适用在中国境内进行信托活动的信托。但是,由于中国的信托制度还不成熟,个人成为信托受托人还远不及西方发达国家那么普遍,这种信托的存在是非常少见的。因此也可以向审议评审小组表明,尽管在上述情况下缺乏法律规制,但是在实践中这个问题小到可以忽略不计。有许多已参评国家在遇到类似情况时,都是通过这种方法通过审议的。当然如何证明这种个人信托在中国非常少见,本身也是一个问题。因此,最好还是应当完善我国在这方面的立法,比如对居民个人成为在外国信托受托人时的权利义务进行具体的立法。

---

① 《信托公司管理办法》,第28、32、47条。
② 《信托公司受托境外理财业务管理暂行办法》银监发〔2007〕27号,第55条第2款,第20条。
③ 《中华人民共和国信托法》,第8、9、10、33条。

但我国信托制度还处于不成熟的状态,特别是个人信托相对较少,因此大部分个人信托还处于缺乏监管的状态。在许多信托制度相对成熟的国家,其同行评议主要通过两个方面的制度获得通过:第一,是受托人的资格制度,即个人需要通过一定的资格认证,登记成为职业信托受托人,负有勤勉审慎的义务,而这种勤勉审慎的义务,要求受托人应当记录和保留有关信托业务的信息,而不论其所管理的信托是否涉外;第二,是受托人的纳税申报,因为大多数国家的信托法都规定了,信托设立后信托财产所有权转移至受托人,受托人若不想因所有信托财产而多缴税,就应当向税务主管机关披露信托关系,其中就包括了信托的委托人和受益人身份信息。

笔者认为,上述两种制度都值得借鉴。第一种制度,即受托人资格制度,一方面能够加强我国个人受托人的职业素养,规范个人信托行为;另一方面也能够通过对职业受托人的登记,加强对个人信托的监管。而第二种制度,笔者认为在我国开展存在障碍,因为我国信托法没有明确信托确立后信托财产的所有权归属,因此在信托受托人申报纳税之时,难以明确该受托人是否是对该信托财产具有所有权。这也是《信托法》立法一直为我国学者所诟病之处,因为这种信托财产所有权不明的状态,实际上违背了信托的基本精神;因此,修改信托法,明确信托财产所有权归于信托受托人,不仅有利于税务机关获取个人信托的信息,也有利于进一步完善我国的信托制度。

随着国际税收透明度原则被越来越多的国家所接受,全球税收论坛建立并实施的这项综合性的同行评议程序也得到了充分的贯彻执行。经审查后发布的同行评议报告揭示了各国分别存在的法律问题,也反映出了各国可能普遍存在的焦点问题。在这一程序中,各国需要不断地沟通、协商,以便能够充分地协调平衡各国的税收主权和国家利益。中国的国内立法与配套措施在总体上符合国际税收透明度与信息交换的标准和原则的要求,但在若干重要问题上还需要进一步改进,从而积极履行其在国际税收行政合作领域的国际责任。

四、离岸公司

(一) 离岸公司与税收透明度

离岸公司是指在离岸金融中心内依该辖区的法律所设立的公司。这种公司的特点是，投资人只需将公司注册在该辖区，而主要经营业务是在该辖区之外的领域进行。世界上著名的离岸管辖区有巴哈马群岛、开曼群岛和英属维尔京群岛，这些区域设置了宽松的经济投资政策，允许外国投资者在当地设立离岸公司。

设立离岸公司的优势是显而易见的，第一，它免去了繁复的注册公司的程序，有专业的代理机构来完成，且批准成立一般只需1到2天的时间；第二，除了个别限制性行业，比如银行、保险等，离岸公司的经营范围几乎没有限制；第三，可以享受优厚的税收待遇，所有离岸金融中心均不同程度的规定了离岸公司所取得的营业收入和利润免缴当地税或以极低的税率缴纳；第四，海外离岸公司的股东身份、董事名册、股权比例、收益状况等资料高度保密并受法律保护，公众不能查阅。只有合法取得对离岸公司进行监管资格的信托管理公司才可以查阅公司的背景资料，同时，法律禁止信托管理公司对外任意泄露有关材料；此外，还有法律规制宽松、管理灵活简便等特点。

也正是因为离岸公司给海外投资带来的简便，遂催生了海外投资利用离岸辖区逃税的严重问题。正如上文所述，离岸公司的股东身份并没有主动公开的法定义务，且不是自始至终都被主管当局掌握，更不能随意被公众知晓，这在很大程度上阻碍了本国税务机关在行使居民税收管辖权时无法确切知晓该居民的所得，达不到税收透明度的标准。因此，离岸金融中心有必要在获得离岸公司的所有权信息方面做出规制，其他国家也须相应制定防止利用离岸公司进行逃税的措施。

中国大陆地区没有离岸中心，所以下面着重分析澳门作为离岸辖区，对离岸公司作出的相关规定。

(二) 澳门离岸公司的相关规定与问题

欲成立离岸机构，投资者必须首先获得贸促局的许可。在澳门经营离岸服务必须遵守以下条件：(1) 只能采用非澳门货币为交易及结算的货币；(2) 只针对非澳门居民为经营对象；(3) 只针对非澳门市场。依《澳门离岸业务法令》第5条，离岸机构须采取下列形式之一成立：(1) 依澳门法律成立的公司（成为离岸附属机构）；(2) 境外成立的机构的分支机构（成为离岸分支机构）。而且，这两种离岸机构都必须采用股份有限公司的形式成立。

同法对离岸金融机构（Offshore Financial Institution, OFI）的设立和

报告信息义务也做了特别规定。离岸金融机构必须采取股份有限公司的形式成立，并可以设立离岸金融分支机构和离岸金融附属机构。依同法第18条，澳门货币汇兑监理署须事先收到机构所属国家之主管当局发出的通知，其中载明了离岸附属机构或离岸分支机构的负责人的身份信息、拟经营的活动等。同时，离岸金融机构在成立时必须向监理署提交申请，提供完整的身份信息，并附上审计机构出具的审查报告。监理署在认为有必要时，特别是在考虑申请者的适格性时，可以要求其提供额外的信息。

另外，依同法第12条，从事离岸服务业务而得到的全部利润，离岸机构无须交付任何税款，包括所得税、营业税、遗产税、赠予税和印花税。取而代之的义务是，离岸机构都须履行关于营业税的报告义务，并须向金融服务部提交一份《营业税章程》中所规定的声明，但法律并未规定该声明需包含的内容，也就是说，该项报告中极有可能不涉及所有权信息。

对于离岸公司自身而言，澳门法律没有要求其须保存特定的登记簿或股东名册。而对于服务提供者而言，当他们有理由怀疑有关离岸业务的操作与洗钱行为有关或超出了特定数额的，就有义务对该客户进行识别。

澳门作为一个离岸金融中心，其对离岸公司做了一定的规制，要求其提供相关信息并履行报告义务，但我们可以发现，第一，《澳门离岸业务法令》第18条规定的通知中所包含的信息只是机构负责人的身份信息，而没有明确指出所有权人的身份信息也要提供，这可能导致离岸机构的实际所有人会委托他人作为负责人，从而规避提供信息的义务。第二，就《法令》第12条和《营业税章程》规定的报告义务而言，如上文所述，离岸机构提交的声明文件可以不包括相关的所有权信息，这样一来，表面上看似履行了报告义务，保存了相关资料，但关键的所有权信息却未得到保障。所以，不能获得离岸机构所有人的信息，就会给海外投资人逃避纳税提供机会。

第二节　我国加入《多边税收征管互助公约》的具体应对方案

2013年8月27日，国家税务总局局长王军代表中国政府在经合组织总部正式签署了《多边税收征管互助公约》（以下简称《公约》），成为《公约》的第56个缔约国。签署加入《公约》之后，我国将面对何通过国内的立法安排来履行这些义务,即公约在国内的适用问题。

国际条约在国内的适用主要通过直接适用或者转化适用来实现。直接适用是指条约对我国生效后无须任何后续立法程序就可以如同国内法一样在国内适用,国内行政部门可以直接将条约作为其具体的执法依据,有关当事人也可以直接根据条约规定主张其权利;转化适用则要求的是在条约生效后,还须在国内法上进行补充性立法后方可在国内适用,在此之前不能成为具体的执法依据,当事人也不得直接援引条约规定向法律适用的专门机构主张权利。转化适用的作用在于:(1)若条约本身仅仅只是框架原则性的,缺乏具体的权利义务界定,直接适用便不具有可能性,转化适用则可以使条约具体化,使之具有可操作适用性。(2)转化适用可以使条约相关内容的解释确定并符合本国的实际需要和利益,保证国内执法、司法能够协调一致地维护国家利益。(3)转化适用使条约生效后国家能够有一定的回旋余地,确保国家能够较为从容地调整相关的国内立法。总之,究竟应当直接适用还是转化适用并不是由国际条约本身或国际法来确定的,而是由各国在其国内宪法上确定的。

我国宪法仅对我国的缔约程序作出了规定,对于我国批准或加入的国际条约在国内法中的地位、国际法与国内法的关系,以及我国批准或加入的国际条约与我国现行立法相抵触时如何解决均无具体的规定。虽然《税收征收管理法》第91条规定了"中华人民共和国同外国缔结的有关税收的条约、协定同本法有不同的规定的,依照条约、协定的规定办理",但这也只是解决了条约与国内法规定的冲突,并未涉及条约在国内法上的适用方式问题。因此,根据我国的立法等实际状况,同时鉴于《公约》所具有的技术复杂性以及其所造成的税收主权问题,笔者认为,我国对《公约》在国内的适用应当采取转化适用的方式。具体来说,在签署、批准该《公约》以及《公约》对我国生效以后,我国应当视不同情况作如下应对:(1)全国人大在批准《公约》时,如果现行国内法没有相应的执行《公约》的规定,则需要综合考虑我国对外经贸往来的情况、目前税收征管水平、能力以及国内税收惯例后,再行决定是否根据《公约》的授权保留条款的规定提出相应的保留。(2)对于无法提出保留但在国内法又没有相应规定的,通过补充立法的形式转化适用《公约》的相关规定。(3)如果国内法存在与《公约》相冲突的规定,则需修订与《公约》义务不相符合的法律法规,以排除《公约》在国内法适用中的障碍。（4）如果国内法中有相应的履行《公约》义务的规定，则需注意是否还需要进一步完善和细化国内的相关规定。

根据笔者对《公约》文本的分析，现阶段我们要做的工作是重点分析《公约》规定的缔约国需要承担的信息交换、追缴协作和文书送达这三项义务。因为这些条约义务在国内的实施还需结合我国税收征管的实践展开，所以只有完善中国国内税收征管法律体系，才能达到全面履行《公约》义务的目的。具体分析如下：

一、国际税收信息交换义务中要解决的问题

目前我国已与许多国家签订了有关避免双重征税和防止偷漏税的协定，国际金融危机后，为了积极响应20国集团伦敦峰会打击国际避税地的倡导，2009年至2011年间又与巴哈马、英属维尔京、马恩岛、根西、泽西、百慕大、开曼和阿根廷签订了8个税收信息交换协定。国家税务总局为了规范国际税收信息交换亦制定了《规程》。《规程》中的许多内容与《公约》中信息交换的内容具有一致性，但是在关于境外税务检查这种信息交换方式以及信息交换涉及的范围问题上，目前国内法中还存在一些问题需要解决。

（一）《公约》在我国的适用范围

税收信息交换的适用范围如何确定是我国日后批准《公约》所面临的一个问题，包括适用领域范围和税种范围两个方面。在《公约》适用领域范围方面，由于第29条第1款规定缔约国在签署《公约》或者交存批准书时可以明确说明《公约》应该适用的领域或领土范围，因此对我国来说不存在困难。即使我国香港特别行政区和澳门特别行政区根据各自的基本法实行独立的税收制度，[①] 我们也完全可以通过声明的形式来解决，从而维护这些地区的独立税收管辖权。

目前需要解决的是《公约》适用税种范围的问题。《规程》第8条把情报交换的范围限制在税收协定规定的税种中，最主要的是具有所得和财产性质的税种。[②] 而《公约》第4条对于适用的税种进行了说明，同时还

[①] 参见《中华人民共和国香港特别行政区基本法》，第108条、《中华人民共和国澳门特别行政区基本法》，第106条。

[②] 《国际税收情报交换工作规程》，第8条。

允许缔约国按照第 30 条的规定有限制地对某些税种提出保留。但是缔约国不能就《公约》第 2 条第 1 款 a 项列明的税种做出保留,主要是指中央政府就所得或收益、资本收益或净资产征收的税。但是,《公约》允许缔约国根据自身情况在符合相应条件时,对《公约》第 2 条第 1 款 b 项所列举的其他各种税收进行保留。① 实践中,绝大部分缔约国都根据本国的情况对于税种做出了保留。我国在批准《公约》时,可以根据《公约》的规定,并参照与其他国家签订的税收协定的情报交换条款及情报交换协定进行保留。但是,由于我国与其他国家或地区进行信息交换涉及的税种主要是所得税,批准《公约》时也不妨将交换的税种限制在所得税范围内。值得进一步考虑的是,我们在将交换的税种限制在所得税范围内的同时,也限制了我国要求其他国家或地区提供税收信息的范围,因此,在税种范围的限制上还需作进一步的研究和斟酌。

(二) 税收信息交换的方式

《规程》第 7 条对专项情报交换、自动情报交换、自发情报交换以及同期税务检查等作了规定,因此,除了《公约》中规定的"境外税务检查"这种信息交换方式外,《公约》中有关信息交换方式的大部分问题都可以通过我国现行的国内法得到解决。

对于"境外税务检查",我国与其他国家或地区签订的 8 个税收信息交换协定也加入了相关条款的规定,如《中华人民共和国政府和英属维尔京群岛政府关于税收信息交换的协定》第 6 条、《中华人民共和国政府和巴哈马国政府关于税收信息交换的协定》第 6 条规定等。② 通过对比我们发现,我国签署的税收信息交换协定与《公约》第 9 条对于"境外税务检查"的规定在如下方面具有一致性:第一,应请求方主管当局的请求,被请求方主管当局可以允许请求方主管当局代表出现在被请求方境内税务检查的现场;第二,被请求方主管当局应当尽快通知请求方主管当局税务检查的时间、地点,被授权实施税务检查的机构或人员,以及被请求方对实施税务检查所要求的程序和条件;第三,所有有关实施税务检查的

---

① See OECD, Text of the Revised Explanatory Report to the Convention on Mutual Administrative Assistance in Tax Matters as Amended by the Protocol, 2010, para. 264 (http: //www. oecd. org/ctp/exchange-of-tax-information/Explanatory_ Report_ ENG_ %2015_ 04_ 2010. pdf).

② 我国目前已经与巴哈马、英属维尔京、马恩岛、根西、泽西、百慕大、阿根廷和开曼等 8 个国家签订了税收信息交换协定。

决定应当由实施税务检查的被请求方做出。但是，这些税收信息交换协定对于发起或者接受境外税务检查的具体操作程序并无详细的规定，我国国内法在这方面的规定也可以说是空白。既然我国在与相关国家的税收信息交换协定中已经涉及"境外税务检查"这种信息交换方式，相关主管部门不妨借鉴其他国家的做法并结合我国税务实践中的经验，出台规范具体的操作程序及符合《公约》标准的部门规章或规范性法律文件。

制定相应的国内法来指导税务实践工作，这是我国目前根据已经签署生效的税收信息交换协定行使境外税务检查权利和承担对应义务的迫切要求。同时，在国内法中有了与境外税务检查相配套的程序性规范，也可为日后我国批准《公约》打开方便之门。值得注意的是，由于我国在"境外税务检查"上缺乏实践经验，因此要请求到其他缔约国进行境外税务检查，首先要有掌握具体程序、具有丰富税收检查经验且能够与被请求国进行良好沟通的专业人员。而我国在这方面的人才比较匮乏，亟须培养一批此方面的高素质人才。

综上分析可知，《公约》在信息交换方面的大部分内容在我国是具有可行性的，它们基本可以通过我国现有的国内法律制度得到解决。

二、税收追缴协助问题

经济全球化使得税务机关更加难以准确判定其纳税人的正确纳税责任，从而也使税收征收变得困难重重。纳税人可能在世界各地拥有财产，而税务机关税收管辖权的执行一般情况下具有严格的地域限制。正是基于此种状况，《公约》规定了缔约国除了某些限制外有如下义务，即依据其在国内法下所拥有的权力追缴属于另一缔约国的税收。这里的税收追缴协助，包括税收主张的追索（Recovery of Tax Claims）和保全措施（Measures of Conservancy）。追缴协助本身就具有复杂性，如追缴协助除了涉及本来的纳税人之外，还涉及根据请求国国内法具有对另一人员有支付税款义务的人。因为在大多数国家，雇主都有义务从他们所要支付的薪金中代扣代缴相应的税款，并且将这些税款移交给征税人员。[①] 然而，一人对另

---

① See OECD, Text of the Revised Explanatory Report to the Convention on Mutual Administrative Assistance in Tax Matters as Amended by the Protocol, 2010, para. 101（http://www.oecd.org/ctp/exchange-of-tax-information/Explanatory_ Report_ ENG_ %2015_ 04_ 2010. pdf）.

一人的税款负有支付义务的情形，可能在每个国家会存在较大的差异。①这些问题不仅仅是《公约》本身的问题，还涉及许多缔约国相关国内法的具体规定问题。

关于《公约》第 11 条税收主张的追索，在我国与一些国家的税收信息交换协议中也有所涉及，但对此并无详尽的规范。②《公约》对下列事项进行了规范：被请求国在追索程序上应当依据本国成文法和相关的行政管理实践规范，如同追缴自己的税收一样去进行；授权追缴的法律文件存在并确定了追缴数额，避免提前追索并损害纳税人的利益。③ 分析《公约》的规定，我国在税收征管实践中可能会面临以下一些问题：首先，若请求国提出请求的税种在我国并不存在，那么在适用程序上可能就会不知所措。在没有类似税种的时候，《公约》所谓的"其他适当的程序"④依旧需要相关部门去进行具体调查。其次，双方对于追缴最小数额需要在后续工作中进行协商。在追缴中可能出现的情况是，追缴的成本超出了追缴税款的数额。因此，从协助所追求的效率上考量，《公约》允许双方缔约国就追缴的最小税款数额达成协议。⑤ 然而，由于《公约》涉及的缔约国众多，这里的最小税款数额的确定也往往要参考多次实践经验，此种协商义务必将带来相当大的工作量，并削弱税收主张追索的实践可操作性。最后，正如《公约》第 11 条第 1 款所规定的，在我国作为被请求国应请求履行追索义务时，执行机关的行为还会受到由请求国国内法规定的时间限制和优先受偿权（《公约》第 15 条）的限制。

《公约》第 12 条的保全措施包括在最终判决前扣押或冻结纳税人的资产，以确保在将来执行判决时这些资产仍然可供执行。由于每个国家对于提请保全措施的前提条件有不同的规定，《公约》亦放弃了对要求满足的所有的先决条件进行具体规定，而仅设立了一个前提条件：若只是暂时

---

① See Id. , para. 107.

② 如《中华人民共和国政府和英属维尔京群岛政府关于税收情报交换的协定》第 1 条指出"该情报应包括与这些税收的确定、核定、查证与征收，税收主张的追索与执行，税务调查或起诉，具有可预见相关性的信息"。

③ See OECD, Text of the Revised Explanatory Report to the Convention on Mutual Administrative Assistance in Tax Matters as Amended by the Protocol, 2010, para. 111—112（http：//www.oecd.org/ctp/exchange-of-tax-information/Explanatory_ Report_ ENG_ ％2015_ 04_ 2010. pdf）.

④ See Id. , para. 110.

⑤ See Id. , para. 111.

评估或部分地追缴应纳税款，也应当提前确定税额。同追缴协助一样，在请求国未穷尽自身国内救济方法时，不得向被请求国提请保全措施。在具体案件中，请求国应当指明评估或追缴程序进行到了哪一阶段；而被请求国则要考虑其法律和行政实践是否允许对此采取相应的保全措施。[①] 关于保全措施，以下两方面的问题值得特别注意：一是《公约》并未完全解决采取保全措施所要满足的先决条件的问题，这使得各国有关保全的分歧并未得到解决，将会导致在适用保全措施时产生种种矛盾；二是采取保全措施都是发生在追缴程序开始之前，而此时请求国方面常常对于应纳税是否存在或者应纳数额还尚无定论。[②]

虽然有关税收主张的追索和保全措施的规定在我国目前国内法和签订的税收信息交换协定中不存在，有可能会对批准后的国内法造成冲击，但是，《公约》允许缔约国对于追缴协助提出保留。其第 30 条第 1 款 c 项规定，对《公约》第 2 条第 1 款所列明的一个或几个税种或者所有税种的任何税收主张的追索或者对行政罚金的追缴，一国可以不提供援助。例如，意大利、斯洛文尼亚对《公约》第 4 条第 1 款 a 项所列税种不提供任何税收追缴金协助或者对行政处罚追缴金不提供援助；美国对任何税收在税金追缴协助或行政罚金的追缴协助时不提供援助。[③] 因此，我国在没有具体国内法相关配套制度的时候，也可以考虑对此项义务进行保留。

当然，从权利义务对等原则的角度看，我国一旦做出保留，也随即丧失了与此相关的权利。具体来说，我国将不能请求他国对在其领土范围内属于我国应当追索的税收进行援助。虽然我国目前仍然是以境外资本输入为主，但是国家也鼓励国内企业和资本"走出去"，到境外进行投资，这势必会带来税收征缴的问题。随着我国境外投资的增加，对于该部分投资的税收征纳问题的重要性将会日益凸显。寻求当地国家的行政援助将是避免境外资本逃避税、维护我国税收利益的重要途径。有鉴于此，对此问题

[①] See OECD, Text of the Revised Explanatory Report to the Convention on Mutual Administrative Assistance in Tax Matters as Amended by the Protocol, 2010, para. 123—125 (http://www.oecd.org/ctp/exchange-of-tax-information/Explanatory_ Report_ ENG_ %2015_ 04_ 2010. pdf).

[②] See Id., para. 127.

[③] See Council of Europe, "The List of Declarations Made with Respect to Treaty No. 127", August 25, 2013 (http://conventions.coe.int/Treaty/Commun/ListeDeclarations.asp? CL = ENG&CM = 1&NT = 127&VL = 1).

我们不能一味地采取消极的态度，为了避免承担义务而放弃权利，其实在条件允许的时候，撤回保留也是一种务实的选择，① 或者在维持对《公约》保留的基础上，与相关缔约国在具体合作中进行双边谈判，签订追缴协助的专项协定。因此，我国可有针对性地在国内法中逐步完善适应追缴协助的立法与执法，才是最终应当考虑的做法。

三、文书送达问题

文书送达也是《公约》的重要内容之一，《公约》第17条对此作出了规定。我国是世界上最重要的资本输入大国之一，外国在华投资不断增长可能引发大量的涉税纠纷的出现。所以作为资本输入国，在文书送达方面可能承担被请求送达的义务与请求向他方缔约国送达文书的权利不对等的风险，这种权利义务上的不对等对我国来说极为不利。目前，涉外文书送达由于程序烦琐，在我国实践中送达基于外国请求的文书往往需要耗费较长的时间，同时还需要承担高昂的费用。因此，我国批准《公约》并作为被请求国承担文书送达义务，必将承受巨大的压力。《公约》第30条第1款允许缔约国对于第17条的文书送达义务提出保留。根据第1款第d项规定，缔约国可以对所有的税种或者仅对第2条第1款中所列的一种或几种税种不提供文书送达；第e项则允许缔约国对《公约》第17条第3款所规定的通过邮寄形式的文书送达做出保留，即缔约国虽然应该就文书送达提供援助，但是不能接受通过邮寄方式对领域内的人直接送达。我国是《关于向国外送达民事或商事司法文书和司法外文书的公约》（即《海牙送达公约》）的缔约国，但是出于维护我国国家主权的考量，对于该公约第10条所规定的直接邮寄送达提出了保留，外国的司法文书不能够直接邮寄送达给身在我国境内的当事人。笔者建议我国也可以借鉴此前在民商事领域有关国际文书送达的做法，对各种文书送达方式包括直接邮寄的方式做出保留。实践中，已有意大利、荷兰、斯洛文尼亚、美国等缔约国对追缴协助或者文书送达做出保留。例如，意大利、斯洛文尼亚对于《公约》第30条第1款a项所列明的税种不提供文书送达援助；荷兰则对所有税种的文书送达不提供援助，同时，对于荷属安的列斯和阿鲁巴群

---

① 《议定书》第30条第4款规定："根据第1段和第3段做出保留的国家。可以通过向保存机关递交通知书全部或部分地撤回保留。保留的撤回在保存机关接收到该通知时生效。"

岛,不允许根据《公约》第17条第3款所规定的以邮寄方式进行文书送达;美国依据《公约》规定,对于任何税收按照《公约》第17条进行的文书送达不提供援助,但又例外地规定该项保留对于通过邮件方式提供的文书送达不适用。① 对此,我国完全可以借鉴上述缔约国的做法,对《公约》第17条规定的文书送达进行保留,甚至可以对所有税种不进行文书送达援助。由此看来,《公约》中有关文书送达的义务并不会在我国批准《公约》时带来太大影响,也不构成阻止我国批准《公约》的障碍。

综上,我国对《公约》生效后在国内的适用,可采用转化适用的方式,并应进一步调整国内立法以及制定配套的实施细则。我国加入《公约》后在信息交换方面并不存在太大的障碍,因为《公约》规定的适用在我国国内法中能够找到相应的配套制度和法律依据。至于文书送达,考虑到其程序烦琐、耗时耗力、成本昂贵等实际情况,我国可以提出保留。影响我国批准《公约》的主要问题在于追缴协助,鉴于目前的税收征管水平和能力,我国对这一义务可以暂时提出保留,待国内相关配套制度成熟时再考虑撤回保留。就现阶段而言,我们最需要做的工作是不断完善我国国内法上的相关配套制度,为《公约》在国内的适用铺平道路。

第三节 我国谈签《合规法案》政府间协议的应对方案研究

一、政府间协议的实际影响效果分析

为了促进《合规法案》法案的有效实施,减少外国金融机构满足合规要求的行政成本,避免金融机构所在国有关客户信息保密法的障碍,美国开始寻求与他国谈签合作协议,并为此出台了政府间协议范本供各国参照。对此,需要明确的是,与人权领域的条约、议定书所不同的是,国际税收合作条约、协议是以实现国家利益为其宗旨和内容的。因此,以《合规法案》法案为基础的政府间协议的确立和履行必须是以互惠权益为

---

① See Council of Europe, "The List of Declarations Made with Respect to Treaty No. 127", August 25, 2013 (http://conventions.coe.int/Treaty/Commun/ListeDeclarations.asp? CL = ENG&CM = 1&NT = 127&VL = 1).

基础和条件,完全以"利他"为目的的义务规范是很难确立和履行的,为确保中、美之间在《合规法案》法案问题上通过谈判协商达成一种真正平等互惠的解决方法,仅仅只是分析双方在协议条款上是否做到对等、平衡是远远不够的,有必要全面、深入地分析比较以《合规法案》法案为基础的政府间协议给双方经济利益方面所带来的实际影响,这将涉及到实际税收利益的获得、国家对外投资政策、履行协议的成本以等具体影响的问题。一个充分考虑实际影响效果并能够予以合理调整的解决方案才能真正实现平等互惠。

中美双方签订政府间协议从表面上来看,有着共同的目标:即中美在课税上都采用来源地税收管辖权和居民税收管辖权并存的原则,双方都希冀通过签订协议以加大透明度、强化报告、加大处罚力度,从而获得本国纳税人在海外拥有的账户和投资信息,最后达到增加本国税收之目的。然而,在现实中,中美双方自海外投资中获得的收益显然是非常不对称的。

(一) 中美双方自动交换信息的不对等性

政府间协议要求来源地国获取投资者在其境内的税收信息,然后向居民国交换,居民国再根据所交换的税收信息对本国从事海外投资的投资者征税。因此,一国对外投资的数额及其收益直接影响着该国是否能从政府间协议获得实质利益。简单地说,在不考虑投资回报率、税率等因素情况下,投资越多,意味着投资所得相对越多,来源地国获取的税收信息就越多,居民国根据交换的税收信息所征收的税款就越多。

根据美国经济分析局(Bureau of Economic Analysis)的数据[①],中美双方相互实际投资相差巨大,投资所得数额悬殊。

图 7-2 为 2001 年到 2011 年间中国对美国直接投资和美国对中国直接投资额的对比,虽然两国的投资额在不断增长,但是自 2008 年起,美国对中国投资就一直在 500 亿美元以上,这 11 年间最低水平(即 2002)也在 100 亿美元以上。反观中国,对美国投资的历史最高水平(即 2011 年)也不过 38 亿美元,不到美国历史最低水平的 1/2。从图 7-3(不考虑现行成本调整的中美直接投资所得对比)中可以看出,2011 年美国对

---

① 图 7-2 至图 7-5 的数据均来源于美国经济分析局(U.S. Bureau of Economic Analysis),详细请访问:http://www.bea.gov/iTable/iTable.cfm? ReqID = 2&step = 1JHJreqid = 2&step = 1&isuri = 1,最后访问于 2012 年 12 月 3 日。

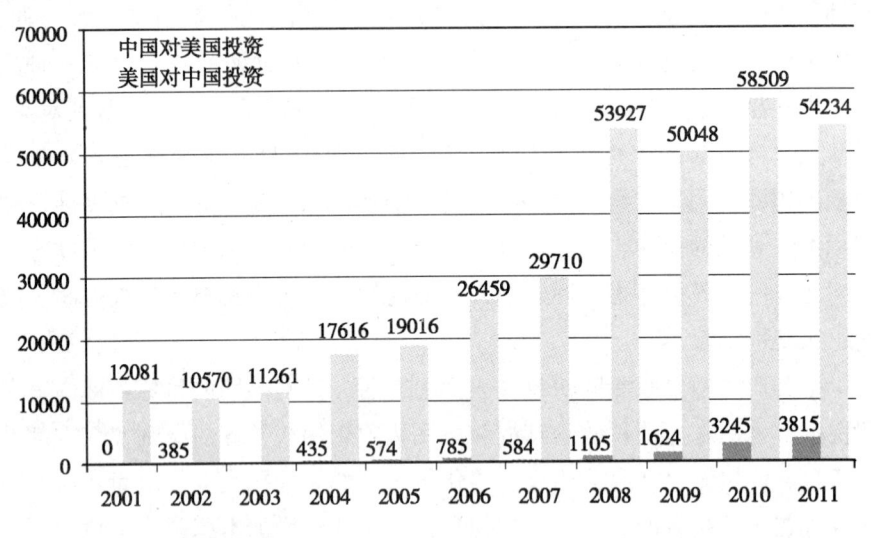

图 7-2 以历史成本计算的中美直接投资额对比（单位：百万美元）

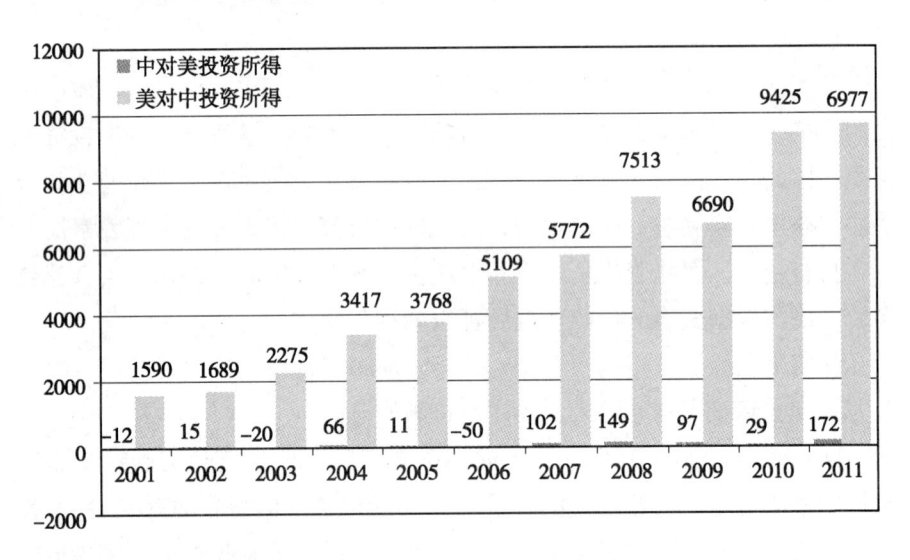

图 7-3 不考虑现行成本调整的中美直接投资所得对比（单位：百万美元）

华直接投资所得为 96 亿美元，是中国 2011 年对美直接投资所得的 56 倍。因此，通过政府间协议，中国从美国交换的信息是美国从中国交换信息的 1/56，这说明我国通过交换信息获取的利益与美国是不对等的。

反观图 7-4 和图 7-5，英美双方的投资额和投资所得是比较平均的。仍以 2011 年为例，美国对英国投资额为 5493 亿美元，投资所得为 317 亿美元；英国对美国投资额为 4421 亿美元，投资所得为 275 亿美元。

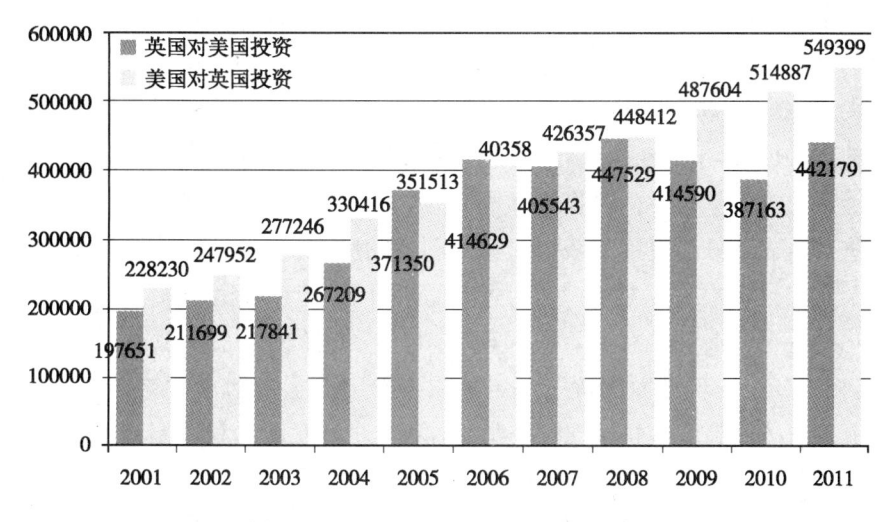

图 7-4　以历史成本计算的英美直接投资额对比（单位：百万美元）

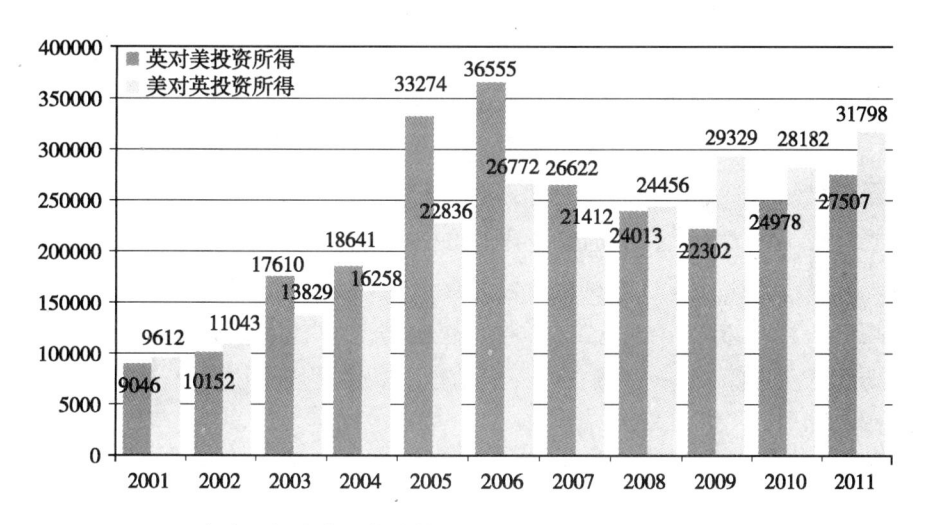

图 7-5　不考虑现行成本调整的英美直接投资所得对比（单位：百万美元）

双方在相互投资和投资所得上相差无几。

所以美国与英国之间的政府间协议是在两国相互投资额和投资回报率均等的条件下适用的，如果我国与美国签订此协议，则应当结合我国在美国的投资额以及在美投资的所得进行斟酌。

（二）中国对外投资政策等制约了税收利益的获取

自 20 世纪 90 年代起，我国为了促进经济发展，增强国际间合作，制定了一系列的优惠政策。我国对外直接投资在"走出去"战略的鼓励下取得了很大的发展,但发展仍不成熟,还处于第二阶段后期向第三阶段过渡时期。目前正在席卷全球的国际性金融危机,对于中国"走出去"企业无论是从外部环境分析还是从国内条件分析都是加快海外市场国际化脚步的难得机遇。支持"走出去"企业的政策涉及财税、信贷、保险、外汇等多个方面,其中,税收扶持是关键。税收扶持体系作为政府公共服务的重要组成部分,直接关系企业经济利益的获取,关系国家主权的维护,对于实施"走出去"战略,推动企业国际化经营和我国全面参与经济全球化具有十分重要的意义。我国现行对外投资税收体系在积极支持国内"走出去"企业等方面发挥了一定的积极作用。但从我国实施"走出去"企业发展战略高度,我国现行鼓励对外投资的相关配套税收制度仍存在不足之处,然而,政府间协议为中国所提供的并不是与之相匹配的支持,相反,从美国交换获得的中国海外账户信息如果得到强化利用,反而会削弱中国推行的对外投资政策。相比之下,政府间协议对美国不产生这种负面影响。

1. 中国给予海外企业宽松的税收政策

我国虽然鼓励本国企业"走出去",但是发达国家以极高的准入门槛以及各种法律,如社会保障法、劳动法、反垄断法等给我国企业进入国外市场造成了很大障碍,其加诸企业的法律、财政上的负担足以让其畏缩不前。尤其是美国,其《外国银行监管促进法》、《国际银行法》、《金融机构现代法》和2007年出台的《外国投资安全法》给我国企业进入美国市场树起了层层障碍。[①] 中国在海外成功投资的案例极为少见,尤其是在发达国家。

由于外国对中国企业的严格管理和监控,我国政府为了降低企业的成本,应给予海外企业一系列的优惠,实行宽松的税收政策。目前,我国对外直接投资在走出去战略的鼓励下取得了很大的发展,但我国的海外投资还相当的脆弱,发展仍不成熟,这与中国目前在世界经济格局中的地位和现阶段经济发展速度是不相称的,海外投资规模与经济地位的偏离,说明中国对外直接投资还没有形成综合性力量,仍处于探索性转型过渡阶段。有鉴于此,我国对海外投资的税收征管宜采用宽松的政策,应给予更多的

---

① 陈锋:《美国〈外国投资安全法〉对我国金融机构的影响及启示》,《金融与经济》2009年第7期。

税收优惠政策，在现行优惠的税收政策并没有配套的情况下，盲目收集在美国投资的中国企业和个人的税收信息，并严格地执行居民税收管辖权，这无疑给刚刚处于萌芽状态的海外投资雪上加霜，让他们在残酷的国际市场竞争中如履薄冰。美国在60年代为了刺激海外投资，占领海外市场，同样出台了不少优惠政策：包括延迟纳税制度；对特定产品等提供关税优惠；允许企业在发生亏损时将亏损抵销前三年利润，并将前3年利润所对应的税款返还企业等。

美国之所以在近年来迫切希望获取海外账户的信息，是因为美国人在境外藏匿了大量的长期脱离母国监管的海外资产，而滥用离岸税收的行为导致美国损失近1000亿美元。而我国的海外投资尚处于起步阶段，在美国这种市场经济和法制健全的国家进行逃避税行为毕竟是少数，所以，出于鼓励对外投资之目的，我国在短期内不会改变对本国企业提供优惠的政策。我国即使从美国获得了相关信息，能够予以运用并从中获得的回报仍然是有限的。

2. 中国账户信息的获取并不能增加中国的海外税收

企业在境外发生的成本费用所得等项目在计算时，应按照我国税法的规定进行调整，但是由于各国财会制度不同，成本费用的列支范围和标准千差万别，企业的所有境外所得都要按我国税法进行纳税调整，这就严重增加了企业的负担，特别是如果同时一个企业在多个国家投资，那么就需要应对巨大的财务调整的工作量，这无疑不适应当今企业多国跨洲的投资趋势，同时对于具体的调整标准还没有明确的规定，如：境外发生的费用需要哪些凭证资料才能扣除，扣除标准是多少，境外发票报表如何认证，母子公司之间垫支的费用怎样分摊才合理等，现行税法都未明确一些特殊行业的费用应如何列支，也还属于无章可循的状态。因此，在现行境外税收征管法规并不完善的前提下，即使我国与美国交换海外账户信息后，我国也很难清晰的确定企业的每笔海外投资所得，并根据居民税收管辖权对这些账户持有者征税。

（三）双方的利益需求与供给资源存在偏差

中国企业利用的离岸避税地多为群岛等地区，并非为美国。根据商务部发布的《2010年中国对外直接投资统计公报》，2010年末中国对外直接投资存量排名前三的地区分别为中国香港、英属维尔京群岛和开曼群岛，而美国排在第 7 位。① 这表明我国企业利用海外账户逃避税最严重的国家和地区并不是美国，即使我国与美国交换了信息，获得的信息对于打击逃避税行为仍然是非常有限的，从这一点上看，我国与美国在共同利益上也存在偏差。

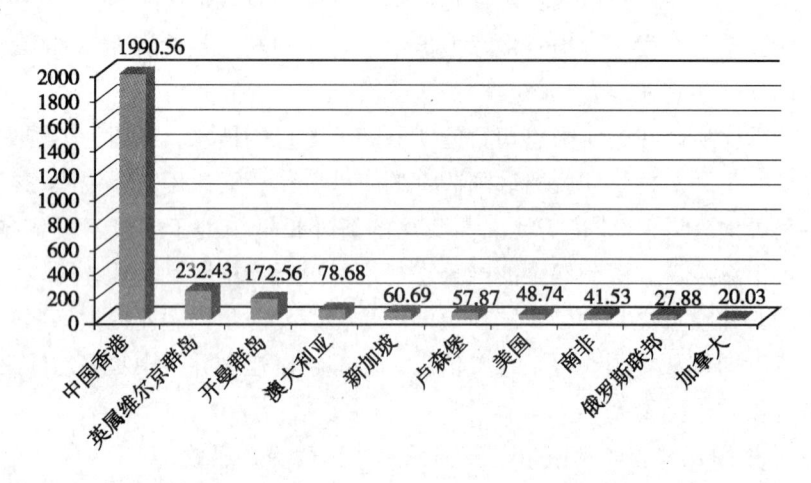

图 7-6　2010 年末中国对外直接投资存量前十的国家（地区）（单位：亿美元）

（数据：中国香港 1990.56；英属维尔京群岛 232.43；开曼群岛 172.56；澳大利亚 78.68；新加坡 60.69；卢森堡 57.87；美国 48.74；南非 41.53；俄罗斯联邦 27.88；加拿大 20.03）

二、政府间协议的应对方案分析

2013 年下半年，财政部、国家税务总局和中国人民银行已经开始就签订《合规法案》政府间协议与美国展开谈判协商。正如前文所述，签订政府间协议将会给我国带来巨大的影响，因此，我们必须审慎思考，借鉴他国经验，提出符合我国国情和利益的合理诉求，以减轻因实施政府间协议而产生的成本负担。为此，笔者提出如下建议：

（一）借鉴已签订政府间协议的区别条款，主张合理权利

美国财政部计划使每一份政府间协议符合一份范本，缔约国可以对正文和附件一做出少量的、非实质性的变更，同时结合各国国情对附件二加以明确或者调整。考虑到目前公布的一些政府间协议存在差异，范本的一致程度如何仍需拭目以待。这些差异可能体现了政府间的具体协商，也可能代表了更新完善政府间协议的发展进程。目前，英国、丹麦、墨西哥、

---

① 中华人民共和国商务部、国家统计局、国家外汇管理局：《2010 年中国对外直接投资统计公报》（http://images.mofcom.gov.cn/hzs/accessory/201109/1316069604368.pdf）。

爱尔兰、挪威、西班牙、德国七国均已按照《范本一》的互惠版本签订了政府间协议，笔者在此部分将深入比较七国协议与《范本一》的区别条款，并说明我国在谈签协议时可以借鉴效仿之处。

1. 用出生日期（注册成立日）代替纳税人身份识别号

在美国—英国政府间协议中，由于英国国内尚未建立类似纳税人身份识别号的识别号，因此主张用出生日期（或注册成立日）代替纳税人身份识别号。

在我国，纳税人身份识别号就是税务登记证上的号码，每个企业都有唯一的纳税人识别号，相当于企业的"身份证"号，而自然人则没有纳税人识别号。因此中美谈签协议时可以借鉴英国的做法，规定我国向美国提供美国账户持有人的纳税人身份识别号，而要求美国向我国提供与纳税人身份识别号具有相同作用的替代信息，如中国个人账户持有人在中国公安机关注册的身份证号或护照号信息或非个人在税务机关登记注册的纳税人识别号。

2. 将全球中介机构身份识别号作为本国金融机构的身份识别号

美国—德国政府间协议《谅解备忘录》规定，德国意图使用每个应申报的德国金融机构的全球中介机构身份识别号代替协议第2条第2款（a）（3）项规定的德国金融机构的身份识别号。

根据《实施细则》和《通知函》的规定，美国将于2014年起发放全球中介机构身份识别号。笔者认为，我国可以主张类似德国的做法，使用该识别号代替金融机构的身份识别号，以避免因整合国内金融机构而产生的行政负担和成本。

3. 明确第3条第7款和双边税收协定的关系

美国—德国政府间协议第3条第7款规定，所有交换的信息要遵守避免重复征税公约或税收信息交换协定规定的保密条款与其他保护条款，包括限制利用所交换信息的条款。《谅解备忘录》对之加以明确，规定德国和美国签订的避免双重征税协定第26条第1款第3—5句适用于根据协议交换的所有信息；第26条第1款第4句适用于在公共法庭程序或判决中披露交换信息的所有个人和当局。

我国可以参考德国做法，吸收中美双边税收协定的26条的规定，明确交换信息的保密和限制问题。

4. 本国金融机构的注册规定

美国—德国政府间协议第4条第1款（c）项规定，进行申报的德国金融机构应当遵守德国境内金融机构的注册规定。但是《谅解备忘录》却规定，德国金融机构向美国国税局注册并从美国国税局获得全球中介机构身份识别号。

我国也可以借鉴德国的做法，向美国国税局进行注册，并获得全球中介机构身份识别号，从而简化程序、降低成本。

5. 报告每一美国可申报账户的平均月余额或价值

《范本一》第2条第2款a）（4）项规定，伙伴国金融机构应当申报相关历年或其他适当申报期间终了时的账户余额或账户价值，如果账户在那一年被关闭，则申报即将关闭时的账户余额或账户价值。而美国—墨西哥政府间协议则规定，墨西哥金融机构应当申报相关历年或其他适当申报期间的平均每月账户余额或账户价值。如果账户在该历年被关闭，则申报截止关闭时的该历年的平均每月账户余额。墨西哥政府似乎特意就该条款进行协商，以使《合规法案》申报与墨西哥现行法律规定的义务相一致。尤其是，金融机构对来源于他们控制的特定投资的利息承担每月所得预提的义务。他们也必须每年向墨西哥税务当局申报累积实际利息或实际所得（名义利息减去通胀效应）。这两种计算都涉及每月账户余额，因此在墨西哥的金融机构早已在收集这一信息。

笔者认为，我国目前尚未收集有关账户余额或价值的信息，不具备墨西哥收集平均月余额和价值的条件，因此遵循《范本一》的规定即可。

6. 删除第4条第6款

目前按照《范本一》签订协议的七国，除德国外，均删除了第4条第6款（信息交换时间的协调问题），我国在谈判时也可以主张删除该条款。

7. 与美国相关财政政策的定义协调

美国—挪威政府间协议第4条，在《范本一》的基础上增加了第7款，规定在不违背协议目的的前提下，尽管有协议第1条和附件中提供的定义，在实施协议时挪威可以使用以及允许挪威金融机构使用相关美国财政政策中的定义以代替协议中相应的定义。该条款已经纳入更新后的《范本一》中。

8. 轻微错误和行政错误

《范本一》第5条第1款规定，当一国的主管机关有理由相信，行政上的错误或其他轻微错误可能导致信息申报的不准确、不完整或其他违反本协议的情况时,它可以直接对其他管辖区内进行申报的金融机构进行调查。主管机关之间的协议可以规定,当一国的主管机关对其他管辖区内进行申报的金融机构,就其是否遵守本协议进行直接调查时,该主管机关应通知对方主管机关。美国—墨西哥政府间协议规定,当墨西哥主管机关有理由相信行政错误或其他轻微错误已经发生时,墨西哥主管机关可以直接对美国金融机构进行调查。与此相反,如果美国主管机关有相似的顾虑,他必须向墨西哥主管机关提出请求,然后墨西哥主管机构将对该墨西哥金融机构做出调查。换言之,根据协议,美国主管机关不能直接联系墨西哥金融机构;然而《范本一》允许美国主管机关直接接触进行申报的外国金融机构。

笔者认为,我国在谈签协议时也可以提出类似的主张,防止因美国直接调查而侵犯我国的国家主权。

9. 在直接调查程序中,通过本国主管机关向对方主管机关提供信息

美国—挪威政府间协议《谅解备忘录》规定,就第5条第1款(主管机关直接调查),双方就此达成如下谅解:如果一个金融机构所在国的法律禁止其直接向对方主管机关提供信息,这些信息应该通过其本国主管机关提供给对方主管机关。在这种情况下,要求从金融机构处获取信息的主管机关应当通知对方主管机关对此种信息的要求。

此条款的规定与美国—墨西哥政府间协议的相应条款类似。从国际法基本原则的角度来看,一国主管机关直接调查的权利,本质上与各国之间的平等主权存在着根本冲突。基于国家主权平等原则,任何国家均不享有这种直接对他国主权范围内的机构进行调查的权利。此外,我国国内目前尚没有类似美国的合规法律,即便中国根据协定也可以直接到美国进行调查,但也只能是一项理论上的条款权利。因此,我国应当借鉴此项修订,避免因直接调查而侵犯我国的国家主权。

10. 中央证券托管机构代表金融机构申报

美国—丹麦政府间协议、美国—挪威政府间协议都规定了类似的中央证券托管机构代表金融机构申报。美国—丹麦政府间协议《谅解备忘录》对美国—丹麦政府间协议第1条(定义)做出补充规定:对于根据《丹麦证券交易法》第21节在丹麦中央证券存管机构注册,且由一个或多个其他金融机构持有的证券,相关金融账户将被视为由这些金融机构所持有,并且这些金融机构将承担申报义务。尽管如此,中央证券存管机构可

以依照协议第 5 条第 3 款代表上述其他金融机构申报。

丹麦中央证券存管机构是向投资者、证券发行商及有关证券业务参与方提供证券账户服务，使其获得必要的资本、所有权信息，登记股权并进行证券管理和交易。其主要业务涉及股权登记、清算和结算、股票发行商服务和共同基金四个领域。我国是否存在相同或类似的中央证券存管机构，能否主张类似丹麦的代表申报，这些在谈签协议时都应当加以注意。

11. 明确协议自较晚一方发出通知之日起生效

鉴于在签订政府间协议时，英国尚不具备实施协议的条件，因此英国选择在完善实施协议的国内法基础之后再通知美国协议生效。

根据更新后的《范本一》，协议自伙伴国书面通知美国其已完成令本协议生效的必要的内部立法程序之日起生效，因此该条款遵循更新后《范本一》的规定即可。中国一旦签署协议后就应当履行相应的义务，违反协议就会产生国际法上的责任。为了实施《合规法案》及政府间协议，税务当局必须做出高水平的承诺，以顺利开展情报交换，尤其是自动情报交换。目前，我国的信息交换制度与《合规法案》及政府间协议范本存在冲突。首先，我国立法上对银行保密义务规定相对较多。《商业银行法》、《银行业监督管理法》、《税收征管法》、《储蓄管理条例》都规定了保密制度，其主体涉及商业银行及其工作人员、储蓄机构及其工作人员、银行业监管机构的工作人员、税务机关等等。其次，我国关于信息交换规定的账户信息，其范围是小于《合规法案》的规定，某些《合规法案》要求获取并申报的信息在我国属于银行保密义务之列。最后，我国允许交换的信息往往加以诸多限制性规定，在获取并交换的程度、程序等方面与《合规法案》的规定仍存在差距。所以，《合规法案》和协议在我国适用的前提是对现行国内法做出适当的修订和补充，以避免国际协议与国内法的冲突。我们建议，全国人大常委会应当将修订国内法列为议事议程之一，尽早启动修订程序。但是，此次修订涉及到诸多国内法，关系到大量个人、机构的切身利益，需要经过周密的筹划，详细的论证，协调维护各方的利益与诉求。我们预测，完成国内法的修订将耗费大量的时间。因此，我国应当坚持在修订完善国内立法之后，经书面通知协议方可生效。

12. 协议批准前本国金融机构的地位

美国—挪威政府间协议和美国—德国政府间协议都增加了关于批准前本国金融机构的地位的条款。根据美国—挪威政府间协议《谅解备忘录》,挪威政府计划在2013年提请议会批准协议,并计划于2015年9月30日进行协议生效的立法。基于此,自协议签订之日起,在挪威进行必要的协议生效的内部程序期间,美国财政部计划将每个挪威金融机构视为合规。一旦挪威财政部意识到在挪威内部批准程序可能会有所延迟,以至于挪威将无法根据协议在2015年9月30日做出通知时,挪威财政部应尽快联系美国财政部。如果基于与挪威的磋商,美国财政部认为挪威可以依据协定第10条第1款的规定在2016年9月30日之前发出通知,就可以决定继续将挪威金融机构视为合规,而无须履行预提税义务。

基于我国现行法律基础,正式批准协议还需要耗费一定的时间,因此,我们可以借鉴挪威的做法,要求在协议批准之前,将我国的金融机构视为遵守《合规法案》的金融机构。同时,我国必须对各部委提出修改国内相关立法的意见以及全国人大启动和完成修改国内法的时间进行推测,以免在2015年9月30日后协议终止。

(二) 明确附件二的豁免列表

附件二是我国在谈签协议时需要加以确定的部分。豁免列表的范围直接影响到我国履行协议义务,因此需要明确附件二规定与我国的对应概念。

表7-1 附件二与我国的对应概念

附件二规定的豁免类型	我国的对应概念
中央银行	中国人民银行及其完全所有的分支机构
符合协定规定条件的退休基金	在我国政府与美国政府之前签订的双边税收协定及其议定书,以及关于该双边税收协定第19条解释的主管当局协议中,没有规定可以享受税收优惠待遇的退休基金。
广泛参与的退休基金	例如:我国的基本养老保险基金、符合条件的企业年金基金
有限参与的退休基金	例如:符合条件的企业年金基金
某一豁免受益所有人的养老基金	由于我国尚未建立公务员的养老保险制度,因此,暂时没有与这一类别相对应的基金
豁免受益所有人完全所有的投资实体	七国协议均不包括该项
退休和养老账户	例如:社会保障基金财政专户、基本养老保险个人账户
非退休的储蓄账户	例如:基本医疗保险个人账户、基本失业保险个人账户、住房公积金专户、住房公积金个人账户、企业年金基金账户、教育储蓄账户
由遗产持有的账户	较为接近的情形:被继承人亡故后,尚以其名义,维持在金融机构的账户

笔者认为,我国应当结合实际对附件二加以研究,为更多的金融机构

和金融产品争取豁免的资格待遇,从而减少我国需要执行《合规法案》的金融机构的数量,减轻金融机构的负担。例如,根据《范本一》规定,如果金融机构在我国境外没有固定营业场所,并且占在该金融机构所维持的金融账户总金额至少 98% 的金融账户均由我国居民持有,那么该金融机构就是基于本地客户的金融机构。按照此标准,我国大部分金融机构将被认定为基于本地客户的金融机构,并予以豁免。

(三)明确交换信息的使用范围

综观各国已经签订的政府间协议,对《范本一》所做的修订并不十分显著。假设我国与美国在现有的范本框架下谈签协议,谈判的余地有限。于是,在承担如此沉重的信息交换负担的情况下,我们预测我国当下最现实的选择可能是通过提高交换信息的利用效率以实现获取信息利益的最大化。

如上文所述,《范本一》第 3 条第 7 款规定:"所有交换的信息要遵守[避免重复征税公约或税收信息交换协定]规定的保密条款与其他保护条款,包括限制使用所交换信息的条款。"第 3 条第 8 款规定:"协议生效后,各主管当局应向其他主管当局发出书面通知,当其他主管当局的管辖区已经具有适当的保障措施以确保按照本协议收到的信息将保密并仅仅用于税收目的。"

我国对于限制使用所交换信息的规定主要存在于双边税收协定、税收情报交换协定以及《规程》中。《中美双边税收协定》第 25 条第 1 款规定,缔约国一方收到的情报应作密件处理,仅应告知与本协定所含税种有关的查定、征收、管理、执行或起诉、裁决上诉的有关人员或当局(包括法院和行政管理部门)。上述人员或当局应仅为上述目的使用该情报,但可以在公开法庭的诉讼程序或法庭判决中透露有关情报。《中华人民共和国和阿根廷共和国政府关于税收情报交换的协定》第 8 条则限定在未经被请求方主管当局明确许可的情况下不得将情报用于除第一条规定以外的任何其他目的。简言之,根据我国目前已经签订的双边税收协定和税收情报交换协定,我国将所交换信息的使用限制在基于"税收目的"的范围之内。

但是,目前经合组织的研究成果和其他国家的实践表明,将交换信息的利用范围从仅仅用于税收目的扩展到打击贩毒、反贪反腐、反洗钱等金融犯罪和恐怖主义犯罪已经是大势所趋。虽然《国际税收情报交换工作规程》第29条规定，应经总局批准后，国家审计部门、纪律检查部门、反金融犯罪部门可以使用其需要的相关税收情报，但是《规程》作为一个部门规章，根据《立法法》的相关规定，其效力远低于法律、法规，很可能因为其他高效力法律文件而导致其适用的困难。吸收借鉴各国的立法实践，启动国内法修订程序，明确交换信息的适用范围势在必行。

一方面，如前所述，我国一旦与美国成功谈签协议，双方所承担的信息交换义务存在着实质上的不对等；另一方面，我国目前面临着贪官外逃，反腐反贪、反洗钱、反避税相互交织的严峻情形。基于上述两方面的考量，我国应当变被动为主动，充分利用交换的税收信息，将这些税收信息作为侦查贪污腐败、洗钱等金融犯罪的线索，在与美国承担相同成本和负担的前提下最大程度维护我国谈签协议的利益。因此，我们认为我国在签订协议时应当明确可以将交换的信息用于反腐反贪、反洗钱、反恐等非税收目的的刑事犯罪。

（四）借鉴《瑞英税收合作协议》和《利息税指令》，降低合规成本

根据《瑞英税收合作协议》第34条的规定，瑞士主管当局应依照协议规定从转移给英国主管当局的税款中扣除0.1%的费用津贴。既然如此，我国的金融机构为美国充当税务中介，理应收取一定比例的中介费，以弥补高昂的合规成本。笔者建议，可以参照尽职调查程序，区分高价值账户和低价值账户，适用不同的比例进行收费。中国金融机构为了履行美国提出的严格和繁复的合规义务，达到苛刻的尽职调查标准，必然要支出巨额的银行系统软件开发、升级换代、人员培训和系统维护等等高昂的管理费用，如前所述，我们支出的费用换回的仅仅是美国税收增长的1/56税收信息。而且，即使我们从美国获取了中国人或企业的税收信息，鉴于目前中国走出去企业的艰难状况，我们的税收政策应该是宜宽松不宜严格，即中国根据现实情况很有可能放弃理论意义上的居民税收管辖权。

此外，2003年6月瑞士与欧盟达成双边利息税协定，同意从2005年1月起对欧盟成员国居民在瑞士的存款征收15%的利息预提税，这一税率到2007年提高至35%，瑞士将把税款的75%交还给储户原籍国。我国同样可以借鉴这种模式，要求在美国利用中国获取并交换的信息对其纳税人征税之后，通过某种模式将一定比例的所得税款返还给中国。因为《合规法案》毕竟不同于瑞士的匿名预提税，《合规法案》只要求交换信息，美国就是根据中方交换的信息据以征税，这些信息对美国至关重要，我方

完全可以要求美国通过某种模式将部分税款返还给中国。

（五）参考美国已研发的软件系统，助力研发银行系统

美国部分专业服务公司已研发出专利软件，利用动态决策流程、案例管理系统等评估《合规法案》合规所需的数据，以满足外国金融机构履行尽职调查程序之要求。[①] 笔者主张，我国可以借鉴这些软件中的技术，以加快我国金融机构系统的研发与升级，减轻金融机构的行政负担。美国耗资开发的软件可以在中国升级银行系统时无偿的作为一种技术参考。

总之，无论采取哪种模式，我国都应当结合中国的实际，坚持自己的立场，降低合规的成本，以求达到实质上的对等。

第四节　充分利用20国集团框架下的全球税收治理机制

国际组织在构建国际经济秩序方面发挥了不可或缺的作用。二战后建立的以关贸总协定、世界银行和国际货币基金协定为支撑的世界经贸体系三大支柱，在世界贸易和金融格局中发挥着关键作用。在国际税收领域，长期以来经合组织在避免双重征税，抵制恶性税收竞争，打击避税地以及促进国际税收行政合作等方面发挥了非常重要的作用，为奠定公平、合理和中性的国际税收秩序打下了坚实的基础。正是基于经合组织长期致力于国际税收合作工作以及取得的丰硕成果，许多国家公认它是制定市场税收标准和准则的领导者，对国际税收政策的制定发挥了重要的主导作用。然而，2009年秋，全球经济危机似乎引发了政策制定权的重大改变，由于20国集团具有的广泛包容性和代表性，国际税收政策与规则的制定权开始向20国集团这个年轻的国际机构转移，经合组织因自身代表的局限性和影响力的有限性，使它在税收决策中只能充当配角和幕后参谋的作用。但是，作为20国集团成员的许多发展中国家，在国际税收政策制定中的作用仍然有限，在税收决策中过度依赖经合组织提供的决策方案。为此，

---

① See Reuters, "Navigant Introduces Additional FATCA FIND[SM] Module Designed Specifically to Meet Requirements of New Intergovernmental Agreements", September 2012（http：//www.reuters.com/article/2012/09/12/idUS156486＋12-Sep-2012＋BW20120912）.

中国在参与全球税收政策制定中需要承担和发挥建设性的作用,一方面中国将积极履行国际义务,维护和建设公正合理的国际税收秩序,彰显了自己负责任大国的形象,另一方面中国应积极地在20国集团机制中提出自己独立的诉求和主张,坚决捍卫自己的税收主权和利益。

一、20国集团与经合组织在税收决策权上的比较

被称为"发达国家俱乐部"的经合组织,是由世界上最富裕的30多个市场经济国家组成的政府间国际经济组织,它的特点在于拥有发达的机构基础设施资源,能够围绕税收法律与政策话题召集并调动专家、政府行政人员和私人部门利益团体,其在税收政策上的领导,主要通过以组织各成员国的个人来研究特定领域的问题,并在报告和指南的基础上得到一致意见的常设秘书处来实现。与经合组织完善的机构框架和其重要的历史作用相比,1999年9月25日由八国集团的财长在华盛顿宣布成立的20国集团是一个相对年轻的机构,它属于布雷顿森林体系框架内非正式对话的一种机制,由11个发达国家和8个欠发达国家的财政部长和央行行长,以及来自欧盟,国际货币基金组织和世界银行的代表构成的国际经济合作交流论坛。与经合组织完善的机构设置和其重要的历史作用相比,尽管20国集团缺少常设秘书处并且只有一些新成立的工作组,但是广大的新兴国家的参与,使它的会员身份更具有广泛的包容性和代表性。因此,经合组织在很多问题上的立场和观点可以通过20国集团这个平台达成共识,为更多的国家所接受和认可,并形成对各国的约束。例如在2009年4月伦敦召开的20国集团金融峰会上,"避税地"成了20国集团成员的指责对象,这些全球"避税地"每年吸引资金多达5万亿至7万亿美元,这些资金逃脱了所属国的金融监管,逃避了巨额税款,被认为是间接导致了金融危机的"黑洞",并充当了金融危机的"帮凶"。峰会中各国通过广泛磋商达成了共识,在最后做出的峰会20国集团公报中认为,20国集团领导人同意对拒不合作的"避税天堂"采取行动,并准备实施制裁。20国集团公报具有较强的政治影响力,它迫使一些拒绝与资本输出国进行国际税收行政合作的避税港国家和地区,改革现行税制,增加税收透明度,积极与在岸国进行税收信息交换,并用签订专项税收协定的法律手段,保证国际税收行政合作的畅通无阻。然而,20国集团的声明仅仅传达出了应对危机的一个税收政策信息:各国有财政收入问题,避税港的改革是关

键。从 20 国集团的实际运作来看，它并没有完全脱离经合组织而独立行事，20 国集团更倾向于将这一问题交由经合组织设立的全球税收论坛来商讨和处理。各国税收官员可针对消除离岸中心对本国金融客户信息保密的国内法和国家实践方面，在此论坛讨论决定关于解决避税港问题的各种战略方案。尽管 20 国集团的领导人的声明中并未提及经合组织与此税收问题讨论的关系，但全球税收论坛是隶属于经合组织，在 2000 年设立用来在全球推广其停止避税港滥用政策的一个机构。经合组织声称这个已经拥有超过 105 个成员国"受邀参与"的论坛的设立是为了"建立一种同期审查机制，以确保由经合组织建立，现今几乎全世界都已认可的税收透明度标准得到充分的实施和落实"。

因此，经合组织和 20 国集团在应对危机，反避税港滥用中已经形成了相互配合，相互作用的关系：一方面，由经合组织作出税收决策方案，例如厘定黑名单并准备对避税地国家作出经济制裁，为 20 国集团峰会的最后抉择提供了参考和借鉴，充当了智囊团的作用，即 20 国集团充分利用了经合组织的决策模式和组织机构这些优越的制度能力；另一方面，经合组织提出的方案只有在 20 国集团的框架下，才能广泛的凝聚共识，达成一致，经合组织只有借助 20 国集团这个宽广的平台才能推广和实施它的主张。

二、发展中国家在国际税收决策中的话语权问题

没有一个统一的公约来判断一个国家是"发展中国家"还是"发达国家"，但是这个概念被普遍适用于反映一个国家的经济地位或者发展潜力。美国使用了人均 GDP 10000 美元作为大致的区分发达国家和发展中国家的标准，但其区分范畴是前后矛盾的，于是美国根据一种发展等级制度来区分，从而得出 34 个"发达国家"，27 个"前苏联/东欧国家"和 172 个"欠发达国家"，其中包括不同经济体制（和社会、政治体制不同）的国家，像中国、古巴、科摩罗和乍得。除此之外，国际货币基金会制定了一个相似的（但不相同的）发展等级制度，将世界划分为"发达经济国家"（34 个国家）和"新兴与发展中国家"（149 个国家）。其他机构如世界银行制定了详细的分类法。根据国际货币基金会和美国分类法，20 国集团包含了 8 个"发展中国家"：阿根廷、巴西、中国、印度、印度尼西亚、南非、土耳其和沙特阿拉伯。其中，3 个国家（阿根廷，巴

西和沙特阿拉伯)超过了人均GDP 10000美元的门槛。这3个国家同时也超过了当前大约为10500美元的世界人均GDP平均值。①

这些相对的人均GDP的数据,所传达的关于这些国家本身的内容很少,更多是官僚主义者去归类和区分的强烈愿望,然而这个调查引发了20国集团是否能够充分代表发展中世界的一些问题。20国集团的支持者指出,20国集团的成员占了"几乎世界65%的人口,世界70%左右的贫困人口和超过世界75%的经济体"。但是,20国集团的对话中却没有充分反映出这些因素,以及相关的百分比所传达的关于在全球性政策制定中的发展中国家的包含性与代表性。

即使这些发展中国家能够在经济计量如人均GDP上被看作一个联合体,但是被选出在20国集团中代表这个群体的八个国家,能否完全地代表对于其他发展中国家非常重要的观点和立场是值得怀疑的。这八个国家中,每个国家可能都有不同(或相同)的税收政策目标,同时,没有被邀请参加20国集团的100多个发展中国家可能也有不同的目标。

尽管20国集团为发展中国家在全球范围的税收政策制定中获得发言权提供了更多的开放性与可能性,但其组织结构运行并不能充分体现广大发展中国家的意志和利益。这源于它缺少对在国际范围内促进税收政策发展十分必要的组织机制。由于缺乏发达的机构基础设施资源,20国集团在税收决策中过度依赖经合组织提供的决策方案。20国集团成员资格显得过于代表创设它们的发达国家,并且税收政策、规则的组织协商与决策权牢牢被这些发达国家所控制。因为,美国、日本、德国、法国、英国、加拿大、韩国具有经合组织和20国集团峰会的双重身份,基于这些重复参与者彼此之间的历史渊源和共同利益关系,以及这些国家税收官员在经合组织工作组积累的共同经验,他们通常了解各自在税收上的特定技术问题的观点和立场,因此,即使在峰会之前并未交换过意见,他们也会相互之间对某些问题形成一种默契。20国集团虽然以提供外交协商平台为手段,来调和各国的政策立场,起草讨论文件,并组织定期峰会的议程。但是,发展中国家很难实质性地参与税收政策的制定,只有在方案框架制定后被动地作出决定,而无法通过正当合法的组织协商机制参与谈判,并主

---

① See Martin Wolf, "The West No Longer Holds All the Cards", *Financial Times*, September 24, 2009.

动提出代表自己利益的方案,这就造成了无论是在峰会之前还是峰会上,参加谈判对新兴国家参与者来说并不当然产生实际的话语权的局面。总之,发展中国家只在政策制定的外交签字阶段有所参与,而无法介入到税收政策谈判的重要阶段,发展中国家的包含性将来会被巧妙地规避,国际税收政策制定的决策权仍然牢牢地为发达国家所掌握。20国集团在税收政策方面的作用很可能沦为对由经合组织所制定、讨论和执行的税收政策、规则赋予强制性,达成一致意见的国际协调场。

三、中国参与税收决策中的作用

中国作为最大的发展中国家,从2005年开始以临时观察员身份参见经合组织的工作组会议,并已成为20国集团会议的新兴国家成员,在国际税收决策中展示了重要的影响力。以20国集团伦敦峰会议为例,"国际避税地"成了20国集团成员的指责对象,法国总统萨科齐认为应该将香港和澳门列入"避税天堂",并因此与中方发生争执。最终在中方的强烈反对和美国的调解下,港澳未列入黑名单。这是中国参与国际税收合作与对话,提升它在全球税收政策决策中的地位和作用,避免将法律问题政治化的一个很好的例证。基于国际税收合作秩序的不断发展,中国将更加全面深入地参与20国集团、全球税收论坛等国际协商决策机制的各种活动与组织建设,充分维护本国以及广大发展中国家的金融、税收主权与国家利益,推动国际税收合作中的协商决策具有更多实质内容的包容性与代表性。

经合组织所下属的全球税收论坛,作为世界上最大的税务组织,克服了经合组织的成员国局限性和政策主张有效性的障碍,涵盖了全球105个司法管辖区。它所倡导的全球税收信息透明度高标准和原则,已经为所有的论坛成员所接受,该论坛进一步朝着为税收透明度与信息交换确保一个全球性的公平竞争环境的方向前进,中国作为全球税收论坛的副主席国,积极参与了论坛的工作并发挥了应有的作用。为了监督和检查全球税收信息透明度标准在司法辖区的执行情况,从2010年3月开始,全球税收论坛发起首次同行评议,2011年11月,中国开始接受论坛的同行评议,中国长期致力于税收透明度制度上的建设和努力,已经得到了论坛秘书处主任帕斯卡·尚阿曼斯(Pascal·Saint-Amans)在上海预审会上的高度赞扬。

作为一个在国际社会中具有重大影响力的国家，中国一直同经合组织保持密切合作，积极推动国际税收合作领域的发展，在国际税收事务上表现活跃。中国一直致力于支持20国集团与经合组织的提案，对广大发展中国家起到巨大的引领作用，尽管一些国家一开始对这些提案抱有疑虑，但当他们听了中国的发言后疑虑就消除了。经合组织秘书长安赫尔·古里亚指出，中国是经合组织框架下的全球税收论坛的副主席国，同时也是其下属的同行评议小组的骨干成员，参与了其中所有税收方面的有关工作。此外，中国在税收领域也成绩斐然。据古里亚秘书长介绍，在经合组织即将发布的对100多个国家的税收评级报告中，对中国的评价是"几无瑕疵"。

2013年8月27日，在位于法国巴黎的经合组织总部，时任国家税务总局局长王军代表中国政府正式签署了《多边税收征管互助公约》，成为该公约第56个签约方。这是中国签署的第一个多边税收协议，表明中国在参与国际多边税收合作机制的道路上又迈出了历史性的、坚实的一步。王军局长在签字仪式上表示，中国将积极参与国际税收合作，展现了一个负责任大国的形象。他还强调，近年来，在外资不断进入中国的同时，中国对外投资规模和效益也在持续增长，在中国经济转型升级之际签署《公约》，将有利于中国进一步扩大国际税收征收网络，拓展国际税收合作的广度和深度，有利于提高中国对跨境纳税人的税收征管和服务水平，标志着中国税收领域改革开放的进一步深化和扩大，具有非常重要和积极的意义。经合组织秘书长安赫尔·古里亚评价说，中国签署《公约》不仅"时机非常好"，而且"意义重大"。中国加入《公约》是国际社会打击偷税漏税的里程碑事件，反映出国际社会在共同面对税收问题上的一致决心。在20国集团峰会召开前夕，中国签署《公约》无疑将受到特别的欢迎，对于还未加入到《公约》的国家，比如瑞士等，将起到"示范作用"。

鉴于目前发达国家主导20国集团，新兴经济体和发展中国家在20国集团集团中话语权旁落的局面，我国作为一个对世界经济具有影响力的重要经济体，在历届20国集团峰会上都代表广大发展中国家发出了响亮的声音。今后我国应当继续积极主动地在20国集团框架下参与国际事务，团结广大发展中国家，仔细研究经合组织的税收政策，争取在每次峰会前都能有针对性地提出代表国家主权利益的方案和计划；同时应该继续坚持成员国主导原则，充分考虑各国的不同国情和发展阶段，理解并尊重各国选择发展道路和发展政策的自主权；积极推进 20 国集团框架机制完善，加强组织机构建设，使它由一个应对金融危机的短期应急机制，向成为促进国际经济合作的主要平台的长效治理转变，防止 20 国集团成为某些西方大国推行自己经济政策的工具。

综上所述，经济发展是各国核心竞争力的重要指标，国家在制定对外政策时，需要审时度势，立足于现实，在正确务实的政策指导下签订条约和制定的法律，才会有更大的经济效应和经济产出，否则就会对经济发展产生负面影响，严重的甚至会使经济出现倒退。中国应秉承一贯的立场和原则，逐步参与国际合作，坚持自己的利益诉求，敢为天下先，在国际税收决策的制定中发挥自己的重要影响力，以崭新的姿态树立于民族之林。

参考文献

一、部分中文参考资料

（一）图书资料

[1] 布朗利：《国际公法原理》，曾令良、余敏友译，法律出版社 2003 年版。

[2] 刘剑文：《国际税法学》，北京大学出版社 2004 年版。

[3] 刘剑文、熊伟：《税法基础理论》，北京大学出版社 2004 年版。

[4] 靳东升、龚辉文：《经济全球化下的税收竞争与协调》，中国税务出版社 2008 年版。

[5] 廖益新、朱炎生：《国际税法学》，高等教育出版社 2008 年版。

[6] 辛乔利、张潇匀：《避税天堂》，社会科学文献出版社 2012 年版。

[7] 崔晓静：《欧盟税收协调法律制度研究》，人民出版社 2011 年版。

[8] 杨泽伟：《主权论——国际法上的主权问题及其发展趋势研究》，北京大学出版社 2006 年版。

[9] 陈琍：《全球视野下的税收协调理论与实践》，中国税务出版社 2010 年版。

[10] 邓力平、陈涛：《国际税收竞争研究》，中国财政经济出版社 2004 年版。

[11] 经济合作与发展组织：《有害税收竞争——经济合作与发展组织的两个研究报告》，国家税务总局国际税务司译，中国税务出版社 2003 年版。

[12] 赵洲：《主权责任论》，法律出版社 2010 年版。

[13] 付慧姝：《税收情报交换制度法律问题研究》，群众出版社

2011年版。

［14］国际税务总局政策法规司编：《中国税收政策前沿问题研究》，中国税务出版社2009年版。

［15］刘剑文：《国际所得税法研究》，中国政法大学出版社2000年版。

［16］张守文：《税法原理》，北京大学出版社2012年第6版。

［17］翟继光：美国税法典，经济管理出版社2011年版。

［18］熊伟：《美国联邦税收程序》，北京大学出版社2006年版。

［19］李哲松：《韩国公司法》，中国政法大学出版社2000年版。

［20］李哲松：《韩国公司法》，中国政法大学出版社2000年版。

［21］潘福仁主编：《股权转让纠纷》，法律出版社2007年版。

［22］余卫明：《信托受托人研究》，法律出版社2007年版。

［23］高凌云：《被误读的信托——信托法原论》，复旦大学出版社2010年版。

［24］肖太寿：《中国国际避税治理问题研究》，中国市场出版社2012年版。

（二）论文资料

［1］杨春国：《经济全球化推动下的税收竞争及其对我国税制的挑战》，载《涉外税务》2001年第2期。

［2］刘力：《经济全球化对国家主权的冲击与"新主权观"》，载《世界经济与政治》2002年第4期。

［3］俞可平：《论全球化与国家主权》，载《马克思主义与现实》2004年第1期。

［4］崔晓静：《论国际税收协调法律机制之构建——以负责任税收主权为基础》，载《法学评论》，2010年第5期。

［5］谷口和繁：《国际间的税收竞争与OECD的实施对策》，载《税收译丛》1999年第1期。

［6］邓力平：《税收竞争辩证观》，载《涉外税务》2000年第10期。

［7］鲍灵光：《关于恶性税收竞争的报告》，载《涉外税务》1999年第3期。

［8］高小萍：《国际税收竞争与国际税收协调》，载《上海财税》2001年第4期。

[9] 余敏友：《以新主权观迎接新世纪的国际法学》，在《法学评论》2000年第3期。

[10] 李爽：《国际反避税合作中进行信息交换的障碍及对策》，载《涉外税务》2002年第6期。

[11] 熊少平：《国际避税与反避税若干理论综述》，载《湖北财经高等专科学校校报》2007年第4期。

[12] 聂洪杰：《国际税收竞争的实质与应对》，载《涉外税务》2007年第3期。

[13] 刘永伟：《国际税法基本原则之探讨》，载《法制与社会发展》2002年第1期。

[14] 唐俊、张怡：《税法理念初探》，载《深圳大学学报》（人文社会科学版）2011年第4期。

[15] 吴寒青：《金融隐私权保护制度探析》，载《西南民族大学学报》（人文社科版）2006年第12期。

[16] 崔晓静：《美国海外账户税收合规制度及我国的应对之策》，载《法商研究》2013年第1期。

[17] 张泽平，杨金亮：《美国〈海外账户税收遵从法案〉及其背后的战略意图》，载《涉外税务》，2013年第4期。

[18] 崔晓静：《从"瑞银集团案"看国际税收征管协调机制的走向》，载《法学》2010年第12期。

[19] 宋兴义：《瑞银集团税案：瑞士银行百年保密制度的致命打击?》，载《中国税务》2009年第10期。

[20] 陈锋：《美国〈外国投资安全法〉对我国金融机构的影响及启示》，载《金融与经济》2009年第7期。

[21] 崔晓静：《〈多边税收行政互助公约〉修订及我国之应对》，载《法学》2012年第7期。

[22] 崔香梅：《我国股票善意取得制度的立法缺失与完善》，载《法学》2010年第11期。

[23] 杨涤：《股权托管为非上市公司股权流动提供规范服务》，载《产权导刊》2005年第3期。

[24] 郑榕：《国际税收情报交换：最新动态和中国对策》，载《涉外税务》2006年第12期。

[25] 王君：《国际税收情报交换的最新动态和启示》，载《涉外税务》2006 年第 9 期。

[26] 贾军安：《国际税收情报交换：发展与困境的思考》，载《涉外税务》2007 年第 9 期。

[27] 崔晓静：《国际税收情报交换制度的困境分析》，载《涉外税务》2011 年第 4 期。

[28] 崔晓静：《我国跨境税收行政合作制度的深化拓展——以法国和欧盟的税收行政合作的新发展为借鉴》，载《法学杂志》2011 年第 5 期。

[29] 崔晓静：《后危机时代国际机制中的税收决策权力分析》，载《税务研究》2012 年第 6 期。

（三）其他中文资料

[1] 侯茜：《经济全球化背景下的税收主权问题研究》，重庆大学博士学位论文，2007 年 4 月。

[2] 孙有强：《股权公示制度》，中国政法大学博士学位论文，2005 年 5 月。

二、部分英文资料

（一）图书资料

[1] Martin Loughlin: The Idea of Public Law, Oxford University Press, 2003.

[2] John H. Jackson: Sovereignty, the WTO and Changing Fundamentals of International Law, Cambridge University Press, 2006.

[3] Randolph E. Paul: Taxation for Prosperity, The Bobbs-Merrill Company, 1947.

[4] Lorraine Eden: Taxing Multinationals: Transfer Pricing and Corporate Income Taxation in North America, University of Toronto Press, 1998.

[5] Reuven S. Avi-Yonah: Global Perspectives on Income Taxation Law, Oxford University Press, 2011.

（二）论文资料

[1] Robert Jackson: Sovereignty in World Politics: A Glance at the Conceptual and Historical Landscape, Political Studies, 1999, 47（3）.

[2] See Allison Christians: Sovereignty, Taxation and Social Contract, Minnesota Journal of International Law, 2009, 18 (1).

[3] Kenneth L. Sokoloff & Eric M. Zolt: Inequality and Taxation: Evidence from the Americas on How Inequality May Influence Tax Institutions, Tax Law Review, 2006, 59 (2).

[4] John B. Taylor: Reassessing Discretionary Fiscal Policy, Journal of Economic Perspectives, 2000, 14 (3).

[5] Diane Ring: Democracy, Sovereignty and Tax Competition: The Role of Tax Sovereignty in Shaping Tax Cooperation, Florida Tax Review, 2009, 9 (2).

[6] Diane Ring: What's at Stake in the Sovereignty Debate?: International Tax and the Nation-State, Virginia Journal of International Law, 2008, 49 (1).

[7] Michael S. Kirsch: Taxing Citizens in a Global Economy, New York University Law Review, 2007, 82 (2).

[8] Craig M. Boise & James C. Koenig: Practical and Policy Considerations in Corporate Inversions Transactions, Corporate Business Taxation Monthly, 2002, 3 (3).

[9] Robert J. Peroni: Back to the Future: A Path to Progressive Reform of the U. S. International Income Tax Rules, University of Miami Law Review, 1998, 51 (2).

[10] Michael Keen, Jenny E. Ligthart: Information Sharing and International Taxation: A Primer, International Tax and Public Finance, 2006, 13 (1).

[11] Bradley J. Bondi: Don't Tread On Me: Has the United States Government's Quest for Customer Records from UBS Sounded the Death Knell for Swiss Bank Secrecy Laws?, Northwestern Journal of International Law & Business, 2010, 30 (1).

[12] Susan C. Morse: Tax Compliance and Norm Formation under High-Penalty Regimes, Connecticut Law Review, 2012, 44 (3).

[13] Eric M. Victorson: United States V. UBS AG: Has the United States Successfully racked the Vault to Swiss Banking Secrecy?, Cardozo Journal of International and Comparative Law, 2011, 19 (3).

［14］Miguel Gonzalez Marcos: Seclusion In (Fiscal) Paradise Is Not An Option: The OECD Harmful Tax Practices Initiative And Offshore Financial Centers, New York International Law Review, 2011, 24 (2).

［15］Nina E. Olson: Minding the Gap: A Ten-Step Program for Better Tax Compliance, Stanford Law and Policy Review, 2009, 20 (2).

［16］Frank P. Cihlar: Coming to America: the Extraterritorial Reach of US Judicial Process, Journal of Financial Crime, 2009, 16 (2).

［17］Emily Ann Busch: To Enforce or Not to Enforce? The UBS John Doe Summons and a Framework for Policing U. S. Tax Fraud amid Conflicting International Law and Banking Secrecy, Temple Law Review, 2010, 83 (1).

［18］Bernard Schneider: The End of Taxation without End: A New Tax Regime for U. S. Expatriates, Virginia Tax Review, 2012, 32 (1).

［19］Maria Tihin: The Trouble with Tax Havens: The Need for New Legislation in Combating the Use of Offshore Trusts in Abusive Tax Shelters, Columbia Journal of Law and Social Problems, 2008, 41 (3).

［20］J. Richard Harvey: Offshore Accounts: Insider's Summary of FATCA and Its Potential Future, Villanova Law Review, 2011, 57 (3).

［21］Leandra Lederman: The Use of Voluntary Disclosure Initiatives in the Battle of Offshore Tax Evasion, Villanova Law Review, 2012, 57 (3).

［22］Melissa A. Dizdarevic: The FATCA Provisions of the HIRE Act: Boldly Going Where no Withholding Has Gone Before, Fordham Law Review, 2011, 79 (6).

［23］Stafford Smiley: Qualified Intermediaries, the EU Savings Directive, TRACE-What Does FATCA Really Add?, Corporate Taxation, 2011 (5).

［24］Samantha H. Scavron: In Pursuit of Offshore Tax Evaders: The Increased Importance of International Cooperation in Tax Treaty Negotiations after United States V. UBS AG. Cardozo Public Law, Policy and Ethics Journal, 2010, 9 (1).

［25］Bruce Zagaris: Bilateral Agreement Alternative to FATCA Implementation Brings New Twist to International Tax, International Enforcement Law Reporter, 2012, 28 (4).

［26］Maria Tihin: The Trouble with Tax Havens: The Need for New

Legislation in Combating the Use of Offshore Trusts in Abusive Tax Shelters, Columbia Journal of Law and Social Problems, 2008, 41 (3).

[27] Tyler J. Winkleman: Automatic Information Exchange as A Multilateral Solution to Tax Havens, Indiana International & Comparative Law Review, 2012, 22 (1).

[28] Laura Szarmach: Piercing the Veil of Bank Secrecy? Assessing the United States' Settlement in the UBS Case, Cornell International Law Journal, 2010, 43 (1).

[29] Niels Jense: How to Kill the Scapegoat: Addressing Offshore Tax Evasion with a Special View to Switzerland, Vanderbilt Law Review, 2010, 63 (6).

[30] Itai Grinberg: Beyond FATCA: An Evolutionary Moment for the International Tax System, Georgetown Law Faculty Working Papers, 2012.

[31] Scott D. Michel & H. David Rosenbloom: FATCA and Foreign Bank Accounts: Has the U. S. Overreached?, Tax Analysts, 2011.

[32] Roger S. Wise & Mary Burke Baker: Next Phase of FATCA Guidance Arrives with Proposed Regulations and Announcement of Possible Intergovernmental Approach, Journal of Investment Compliance, 2012, 13 (2).

[33] Joanna Heiberg: FATCA: Toward A Multilateral Automatic Information Reporting Regime, Washington & Lee Law Review, 2012, 69 (3).

[34] David C. Donald: Heart of Darkness: The Problem at the Core of the U. S. Proxy System and Its Solution, Virginia Law & Business Review, 2011, 6 (3).

(三) 其他英文资料

[1] OECD: Harmful Tax Competition: An Emerging Global Issue [R/OL], http://www.oecd.org/tax/transparency/44430243.pdf, 最后访问于 2013 年 7 月 22 日。

[2] OECD: Towards Global Tax Co-operation: Progress in Identifying and Eliminating Harmful Tax Practices [R/OL], http://www.oecd.org/tax/transparency/44430257.pdf, 最后访问于 2013 年 7 月 22 日。

[3] OECD: The OECD's Project on Harmful Tax Practices: The 2001 Progress Report [R/OL], http://www.oecd.org/ctp/harmful/2664438.

pdf，最后访问于 2013 年 7 月 22 日。

［4］OECD：The OECD's Project on Harmful Tax Practices：The 2004 Progress Report［R/OL］，http：//www.oecd.org/ctp/harmful/30901115.pdf，最后访问于 2013 年 7 月 22 日。

［5］FSA：The Turner Review：A Regulatory Response to the Global Banking Crisis［R/OL］，http：//www.fsa.gov.uk/pubs/other/turner_review.pdf，最后访问于 2013 年 2 月 11 日。

［6］IMF：Debt Bias and Other Distortions：Crisis-Related Issues in Tax Policy［R/OL］，http：//www.imf.org/external/np/pp/eng/2009/061209.pdf，最后访问于 2013 年 2 月 11 日。

［7］OECD：Countering Offshore Tax Evasion：Some Questions and Answers on the Project［OL］，http：//www.oecd.org/dataoecd/23/13/42469606.pdf，最后访问于 2013 年 5 月 23 日。

［8］OECD：Model Tax Convention on Income and on Capital［OL］，http：//www.keepeek.com/Digital-Asset-Management/oecd/taxation/model-tax-convention-on-income-and-on-capital-condensed-version-2010_mtc_cond-2010-enJHJpage1，最后访问于 2013 年 8 月 6 日。

［9］OECD：The 2006 OECD Manual on Information Exchange［OL］，http：//www.oecd.org/ctp/exchange-of-tax-information/36647823.pdf，最后访问于 2013 年 8 月 6 日。

［10］OECD：Tax Co-operation：Towards a Level Playing Field - 2006 Assessment by the Global Forum on Taxation［R/OL］，http：//www.oecd.org/tax/transparency/44430286.pdf，最后访问于 2013 年 8 月 25 日。

［11］OECD：Promoting Transparency and Exchange of Information for Tax Purposes［R/OL］，http：//www.oecd.org/dataoecd/26/28/44431965.pdf，最后访问于 2013 年 8 月 12 日。

［12］G20：Declaration of the Summit on Financial Markets and the World Economy［R/OL］，http：//www.g20.utoronto.ca/2008/2008declaration1115.html，最后访问于 2013 年 5 月 14 日。

［13］OECD：Tax Co-operation 2010：Towards A Level Playing Field［R/OL］，http：//www.keepeek.com/Digital-Asset-Management/oecd/taxation/tax-co-operation-2010_taxcoop-2010-enJHJpage1，最后访问于 2013 年 8

月15日。

［14］Global Forum on Transparency and Exchange of Information for Tax Purposes：Tax Transparency 2011：Report on Progress［R/OL］，http：//www.oecd.org/dataoecd/52/35/48981620.pdf，最后访问于2013年8月15日。

［15］PSI：Tax Haven Banks and U.S. Tax Compliance［R/OL］，http：//www.hsgac.senate.gov//imo/media/doc/071708PSIReport.pdf?attempt＝2，最后访问于2013年8月20日。

［16］PSI：Tax Haven Abuses：The Enablers, The Tools and Secrecy［R/OL］，http：//www.taxjustice.net/cms/upload/pdf/Senate_Sub-Committee_report_-_AUG-2006.pdf，最后访问于2013年8月20日。

［17］David Jolly & Brian Knowlton：Law to Find Tax Evaders Denounced［N］，New York Times，Dec. 27，2011.

［18］OECD：OECD Reports to G8 on Global System of Automatic Exchange of Tax Information［R/OL］，http：//www.oecd.org/ctp/oecd-reports-to-g8-on-global-system-of-automatic-exchange-of-tax-information.htm，最后访问于2013年7月26日。

［19］OECD：OECD Secretary-General Report to the G20 Finance Ministers［R/OL］，http：//www.oecd.org/tax/2013-OECD-SG-Report-to-G20-Heads-of-Government.pdf，最后访问于2013年4月30日。

［20］OECD：Automatic Exchange of Information：What It Is, How It Works, Benefits, What Remains to Be Done［R/OL］，http：//www.oecd.org/ctp/exchange-of-tax-information/AEOI_FINAL_with%20cover_WEB.pdf，最后访问于2013年7月21日。

［21］Reuters：Navigant Introduces Additional FATCA FINDSM Module Designed Specifically to Meet Requirements of New Intergovernmental Agreements［N/OL］，September 12，2012，http：//www.reuters.com/article/2012/09/12/idUS156486+12-Sep-2012+BW20120912，2012年9月12日访问。

［22］OECD：Text of the Revised Explanatory Report to the Convention on Mutual Administrative Assistance in Tax Matters as Amended by the Protocol［OL］，http：//www.oecd.org/ctp/exchange-of-tax-information/Explanatory_Report_ENG_%2015_04_2010.pdf，最后访问于2013年8月25日。